高等院校**通识教育**“十三五”规划教材

中华传统文化——**峨眉武术**示范教程

大学体育

微课版

谭伟平 赵明 / 主编　林健 李俭莉 杨忠建 / 副主编

人民邮电出版社

北京

图书在版编目（CIP）数据

大学体育 : 微课版 / 谭伟平，赵明主编. -- 北京 : 人民邮电出版社，2020.9（2024.7重印）
高等院校通识教育“十三五”规划教材
ISBN 978-7-115-54616-6

Ⅰ. ①大… Ⅱ. ①谭… ②赵… Ⅲ. ①体育－高等学校－教材 Ⅳ. ①G807.4

中国版本图书馆CIP数据核字(2020)第143231号

内 容 提 要

本书依据科学发展的规律，紧密结合当前高校体育教学的需要和大学体育改革的现状，以学生为本，从实际出发进行编写，让学生不仅掌握体育的基础知识、基本技术和基本技能，而且接受中华优秀传统文化的熏陶。本书主要介绍与健康、锻炼、保健等相关的知识，详细介绍了田径、篮球、足球、排球、乒乓球、羽毛球、体操、健美操、水上运动与定向运动的常识与技术，重点介绍了巴蜀传统体育项目——峨眉武术。本书内容丰富，特色鲜明，实用性强，便于学生拓宽视野，提高锻炼的积极性。

本书适合作为高等院校体育课程的教材，也可供对体育锻炼尤其是峨眉武术感兴趣的读者参考。

◆ 主　　编　谭伟平　赵　明
　副 主 编　林　健　李俭莉　杨忠建
　责任编辑　王亚娜
　责任印制　王　郁　陈　犇
◆ 人民邮电出版社出版发行　　北京市丰台区成寿寺路 11 号
　邮编　100164　　电子邮件　315@ptpress.com.cn
　网址　https://www.ptpress.com.cn
　涿州市京南印刷厂印刷
◆ 开本：787×1092　1/16
　印张：14　　2020 年 9 月第 1 版
　字数：308 千字　　2024 年 7 月河北第 7 次印刷

定价：42.00 元

读者服务热线：(010) 81055256　印装质量热线：(010) 81055316
反盗版热线：(010) 81055315
广告经营许可证：京东市监广登字 20170147 号

前 言 PREFACE

大学体育是高等院校一门重要的公共课程。大学生应树立“健康第一”的理念，掌握科学的锻炼方法，养成良好的生活习惯，学会体育运动的技能，领悟中华优秀传统文化，为“终身体育”打下坚实的基础。本书注重对体育基本概念和基本技能的介绍，为大学生进行体育锻炼提供了理论知识与实践指导。

二十大报告中指出，推进文化自信自强，铸就社会主义文化新辉煌，要坚守中华文化立场，提炼展示中华文明的精神标识和文化精髓，加快构建中国话语和中国叙事体系，讲好中国故事、传播好中国声音，展现可信、可爱、可敬的中国形象。加强国际传播能力建设，全面提升国际传播效能，形成同我国综合国力和国际地位相匹配的国际话语权。深化文明交流互鉴，推动中华文化更好走向世界。峨眉武术是本书的重点和特色内容。峨眉武术是中华民族传统武术文化不可或缺的组成部分。近年来，峨眉武术在各级政府和民间组织的共同推动下，被越来越多的人了解。“峨眉武术”是国家第二批“中国非物质文化遗产”项目，也是教育部第一批全国高校中华优秀传统文化传承项目和四川省委宣传部、省社科联的文化普及项目。2018年，“全国普通高校中华优秀传统文化传承基地——峨眉武术”在内江师范学院正式挂牌。在相关部门的支持和峨眉武术众多练习者的共同努力下，峨眉武术文化的推广、普及与传承取得了阶段性的成绩。随着全球化进程的不断加快，西方体育文化给我国民族传统体育文化带来了一定的冲击，峨眉武术文化的推广、普及与传承面临前所未有的挑战。只有让更多的人了解峨眉武术的渊源与发展，让更多的人见识峨眉武术的魅力，才能使其得到更有效的推广、普及与传承。为此，我们组织内江师范学院一线体育教师共同编写了本书，旨在推广、普及与传承峨眉武术，弘扬民族传统体育文化精神，强化大学生的传统文化认同意识，为新时代“健康中国”这一发展战略提供坚实的文化支撑。

本书在精选内容的基础上，增添了以二维码为载体的微课，在方便教师授课的同时，有效地扩充了学生的知识面，响应了新时代教学改革的要求。

本书由谭伟平、赵明任主编，林健、李俭莉、杨忠建任副主编，吴保占、左蓉、曾勇、马传奇、郭恩赐、刁沛、姜国雷、关倩倩、蒋晨曦、谢建生、申向军、李才宝、徐武、魏勇、涂学敏、伏静、许艳玲、付成林、卢月、邢程、叶莲子、赵光明、魏玲、夏冬梅任编委。本书在编写过程中，得到了四川省武术协会、内江市体育局和内江市武术协会的大力支持。“中国非物质文化遗产”传承人尤再清、赵通强、许克、罗国建、陈建国、宋子方、王恩平、苏阳、李安富、胡小静、肖玉川等人为本书的编写提供了珍贵的原始资料，唐小慧、杨鑫、李雨霞、罗佑仁、杨宇文、王成、付诗蓓、刘双麟等人协助了本书照片的拍摄工作。在此对他们一并表示由衷的感谢。

由于编者水平有限，书中难免存在疏漏之处，恳请广大读者不吝赐教。

编者
2020年4月

目　录

CONTENTS

第一章

体育与健康

“健康”是如今使用频率最高的词语之一。互联网的中文搜索引擎中，“健康”的相关条目数以千万计，可见人们对健康的关注度极高。古希腊哲学家赫拉克利特呼吁：“如果没有健康，智慧就不能表现出来，文化无从施展，力量不能战斗，财富变成废物，知识也无法利用。”

近年来，随着社会机械化、信息化的程度日益加深，社会竞争的日趋激烈，人们的体力活动相对减少，在精神和心理方面承受了更多的压力。随之而来的是，高血压病、糖尿病、冠心病、高脂血症、肥胖症等多种慢性病的发病率攀升。体育运动对防治各种慢性病的重要性越来越得到人们的认可，受益于体育运动带来的健康效应的人越来越多。体育教育是高校教育教学工作的重要内容之一，也是促进大学生身心全面健康成长的重要手段。新时代的大学生应深刻认识到体育运动对健康的促进作用，并践行“终身体育”行为，对自己的身心健康负起应有的责任。

第一节 影响健康的因素

在古代，人们对生命活动的认识极为肤浅，对健康的认识仅仅局限于没有疾病。随着社会的发展和医学的进步，人们逐渐能够使用各种仪器检测、发现身体的生理变化，健康也就被视为“器官发育良好，体质健壮，体能充沛”。毋庸置疑，这种建立在生理基础上的健康定义是一种巨大的进步，但它忽视了人的心理因素和社会属性。20世纪末，世界卫生组织又把道德修养纳入了健康的范畴。在一定的历史范畴内，健康的定义与特定的社会、经济、文化、伦理道德等密切相关。

一、环境与健康

自然环境是人类赖以生存的基础，为人类提供生存的必需物质。良好的自然环境可以陶冶情操、放松精神、愉悦心情，有利于人的身心健康。恶劣、被污染的自然环境则会损害人的身心健康，如酷暑、严寒、飓风、雪灾、空气中的有害气体、河流中的有毒微生物等，会引起人体的种种不适，甚至引发疾病。社会环境是人类在自然环境的基础上，有目的、有计划地创造而成的人工环境，是人类物质文明和精神文明发展的标志。在现代社会中，快节奏的生活、高强度的工作、激烈的竞争、巨大的压力，无一不影响人类的健康。因此，社会的快速发展也在一定程度上牺牲了人类的健康。

二、心理与健康

随着社会经济的发展，人们在生活、学习和工作中承受的心理压力越来越大，心理问题已经成为影响人们生活质量的重要问题。帮助大学生掌握心理健康知识，更好地认识自我，培养健康的人格，提高适应能力，以应对未来社会的激烈竞争，已经成为如今学校教育的重要任务。

心理学家马斯洛等人曾提出了判断人的心理是否健康的 10 条标准。

（1）是否有充分的安全感。

（2）是否对自己有较充分的了解，并能恰当地评价自己的行为。

（3）自己的生活理想和目标能否切合实际。

（4）能否与周围环境和事物保持良好的接触。

（5）能否保持自我人格的完整与和谐。

（6）能否具备从经验中学习的能力。

（7）能否保持适当的、良好的人际关系。

（8）能否适度地表达和控制自己的情绪。

（9）能否在集体允许的前提下，有限地发挥自己的个性。

（10）能否在遵守社会规范的前提下，适当地满足个人的基本要求。

我国学者王登峰等根据各方面的研究结果，提出了有关心理健康的 8 条指标。

（1）了解自我，悦纳自我。

（2）接受他人，善与人处。

（3）热爱生活，乐于工作和学习。

（4）心理健康的人能够面对现实、接受现实，并能够主动地去适应现实，进一步地改造现实，而不是逃避现实。

（5）能协调与控制情绪，心态良好。

（6）人格和谐完整。

（7）智力正常。

（8）心理行为符合年龄特征。

三、体育运动与健康

科技的进步和社会的发展提高了人类整体健康水平，但是新的健康问题（涉及人的机体功能状态、人与自然的关系和人与社会的关系等领域）不断涌现，严重威胁着人类的未来生存。体育的真谛和健康的内涵在现代社会中紧密地联系在一起，体育成为健康发展的核心主题之一，其对健康的特殊意义越来越受到人们的肯定和重视。

体育运动是保持健康的需要。经常进行体育运动能预防许多疾病，如心脏病、癌症、糖尿病等，也有利于维持健康的体重、增加抗压能力、改善睡眠质量等。专家认为，每天坚持运动半小时是保持健康的最低要求。缺乏体育运动的人容易超重、患慢性疾病、出现心理问题等。总之，重视体育运动对人类健康的良好效益，并采取切实有效的行动，只有这样我们才能获得体育运动的健康效应。

第二节　体育的概念和功能

一、体育的概念

在我国，“体育”有“广义体育”与“狭义体育”之分。广义体育，是体育运动的同义语，包括学校体育、竞技体育和群众体育（也称社会体育）。其根本任务是增强人民体质，提高人民运动技术水平，丰富人民文化生活，为社会主义建设服务。狭义体育，是教育的一个组成部分，是为全面发展学生身体，增强学生体质，教授学生体育知识、技能，培养学生优良的道德品质所进行的有目的、有组织、有计划的教育过程。体育作为一个教学科目，是从小学、中学到大学教育阶段的必修课程之一。

学校体育、竞技体育和群众体育的具体含义如下。

（1）学校体育是学校教育的重要组成部分。它是根据学校教育的目的和不同教育阶段学生的年龄特征，面向全体学生。它与学校智育、德育相配合，共同培养社会主义建设人才，为提高全民素质奠定基础。

（2）竞技体育是以取得优异运动成绩为目的，因追求“更快、更高、更强”而进行的科学训练和运动竞赛。竞技体育需要表现高超的运动技能，竞争性强，具有很高的观赏价值，因此它是传播精神文明，丰富和活跃社会文化生活，振奋民族精神，增进各国和各民族之间的友谊和团结的一种重要的社会文化现象。

（3）群众体育以广大人民群众为对象，将多种体育活动与体育医疗、体育保健、体育娱乐等形式相结合，因人、因时、因地制宜，达到健身、健美、医疗、康复、娱乐、交往等目的。群众体育是一种遍布整个社会，参加人数多，活动内容广，组织方法灵活，趣味性强的体育活动。

学校体育、竞技体育和群众体育共同构成了体育这一整体。它们之间既相互联系又有区别，既不可相互代替也不可相互混淆。

二、体育的功能

体育的功能归纳起来主要有健身功能、娱乐功能、教育功能。

（一）体育的健身功能

体育是通过身体运动的方式进行的，它要求人的身体直接参与运动，这是体育最本质的特点。这个特点决定了体育具有健身功能。参加体育运动可以促进人体的新陈代谢和血液循环，从而促使人体的生长发育，改善各器官、系统的机能，提高人体的工作能力。

1. 改善和提高中枢神经系统的工作能力

经常参加体育运动，可以增强大脑皮层的兴奋度，加深抑制，提高兴奋和抑制的转换能力；使神经过程的均衡性和灵活性得到加强，对体内外刺激的反应更加迅速、准确；提高大脑皮层的分析、综合能力，改善中枢神经系统对各器官、系统的调节作用，从而使各器官、系统的活动更加灵活、协调；提高人体对外界环境的适应能力和人体的工作能力。

2. 促进人体的生长发育和提高运动器官的机能

经常参加体育运动可以使管状骨变粗、骨密质增厚、骨结节和粗隆增大，骨小梁的排列也会随之发生适应性变化，使骨骼更加结实粗壮，抗折性提高。由于体育运动加强了肌肉的工作，它使肌肉中的毛细血管扩张，血液供应增加，人体对蛋白质等营养物质的吸收和贮存能力增强，肌肉收缩更加有力，关节更加灵活，人体的运动能力提高。

3. 促进内脏器官构造的变化和机能的提高

经常参加体育运动可以使人体内的能量消耗增加，代谢产物增多，促使新陈代谢和血液循环加速，进而改善心血管系统、呼吸系统、消化系统和排泄系统的机能。如心脏出现运动性肥大，心肌收缩功能增强，心壁增厚，心脏容积增加，从而使每搏输出量增加，心搏频率降低，出现“节省化”现象。肺的机能也会得到改善，肺活量增大，呼吸深度增加。在剧烈运动时，人体能高度发挥呼吸器官的机能，使能量物质的氧化过程进行得更加充分，以保证运动时能量物质的供应。

（二）体育的娱乐功能

体育运动由于其技术的高难性、造型的艺术性、配合的默契性和易于接受的朴素性，成了现代人余暇生活的一个重要组成部分。现代体育运动技术日益向难、新、尖、高的方向发展。一些杰出的运动员能够在一定的空间和时间内把身体控制到尽善尽美的程度，使健、力、美高度统一，加上和谐的韵律与鲜明的节奏的巧妙配合，表现出抒情诗般的艺术造型，使人们在观看体育比赛时，犹如在欣赏优美的舞蹈、线条明快的雕塑、光线谐和的摄影作品一般，得到美的享受。观看体育运动能使人们由于工作和生活所带来的紧张的神经、疲劳的脑力和紊乱的情绪得到积极有益的调节，有助于人们恢复元气，是一种精神上的享受。另外，人们通过参加体育运动，特别是参加那些自己特别喜爱和擅长的运动项目，能够在完成各种复杂练习的过程中，在征服自然障碍的斗争中，体验到美妙的快感。这种心理状态可以激发人的自尊心、自信心和自豪感。同时，由于不同的运动项目有不同的特点，人在运动中能获得各种不同的情感体验。

（三）体育的教育功能

由于体育运动竞赛具有群众性、国际性、技艺性和礼仪性（指有一定的仪式，如开幕式、闭幕式、颁奖仪式等）的特点，因此体育成了传播价值观的一种理想的载体。

1. 激发爱国热情

体育能激发人们的爱国热情，振奋民族精神，教育人们保持与社会价值取向相一致的行为。体育运动竞赛的国际性，不仅扩大了它的活动范围，而且加深了它所产生的社会影响，把本来属于运动技术的比赛，扩大和延伸成国与国之间的竞争，这种竞争超越了体育运动本身的价值，产生了不可低估的教育作用。例如，在国际比赛中，运动员按规定必须在胸前佩戴所代表国家（或地区）的鲜明标志，这增强了体育运动竞赛者和欣赏者的爱国意识。随着网络的普及，体育运动更加代表了一种富于感染、易于传播的精神力量，体育运动不仅与人们的生活息息相关，而且产生了巨大的教育作用。

2. 建设社会精神文明

学校体育作为教育的重要内容和手段之一，它在培养全面发展的新人方面具有独特的作用。

（1）文化建设

学校体育不仅可以为学生的智力开发提供良好的物质基础保证，而且可以传播文化，提高学生的文化素养。学校体育的内容和形式丰富多彩，体育知识、技能、运动规则与方法等都是人类长期体育实践经验的总结。学校体育是一种精神财富，是社会文化的一个有机组成部分。学校体育可以向学生传授体育知识、技能和技术，可以提高学生表现自我、发展自我的体育文化素养，丰富学生的课余文化生活，占领和扩大学校文化阵地，预防和矫正学生的不良行为，对建设健康的、生动活泼的校园文化，建设良好的校风和学风，以及促进精神文明建设等都具有重要作用。

（2）思想建设

学校体育是对学生进行思想品德教育的重要手段之一。学生可以通过参加体育活动、体育竞赛，来表现自我、发展自我。不同的运动项目，不同的体育手段与方法，都有不同的健身、启智、育德的价值，有助于培养学生的勇敢、顽强、坚毅等思想品质及团结协作的集体主义精神。

另外，体育还具有经济功能、社交功能、政治功能等诸多功能。体育的这些功能是潜在的，只有通过有目的的体育活动，才能在实践过程中得以实现。

第三节　体育锻炼的意义

运动是生命的表现形式，反过来又能促进生命活动。现代科学早已证明，科学地参加体育运动对人体各器官、各系统有积极影响，能有效地增强体质。实践证明，坚持科学的运动，可以提高人体对客观环境的调节能力和适应能力；可以使人们保持旺盛的精力，提高学习效率和工作效率，提高生命质量。

体育锻炼对健康的影响是多方面的，既有生理效应，又有心理效应，对个体的社会适应和道德建设都有良好的效应。体育锻炼的主要意义有以下 10 个方面。

一、提高神经系统的机能

进行体育锻炼，尤其是在新鲜的空气中锻炼，可以改善大脑的供血情况，使大脑消除疲劳，恢复活力。进行体育锻炼还可以延缓脑细胞的衰亡，保持大脑的“年轻态”。进行体育锻炼还可以改善神经系统的调节功能，提高其对复杂变化的判断和反应能力，并及时做出准确、迅速的应对。经常进行体育锻炼能够增强神经系统兴奋和抑制的转移能力，从而改善大脑皮层神经系统的均衡性和准确性，提高脑细胞工作的灵活性、协调性、反应速度、耐受能力等。如果缺乏必要的体育锻炼，神经系统的兴奋性将会下降，进而导致神经系统内的平衡失调，甚至引发某些疾病。

二、促进循环系统的机能

（1）经常进行体育锻炼能使心肌细胞内的蛋白质合成增加，心壁增厚，心肌收缩能力增强，每搏输出量加大，血液量增加，血液的质量提高。

（2）经常进行体育锻炼可以增加血管壁的弹性，并促使大量毛细血管开放，大大加快能量供应和新陈代谢的速度。

（3）经常进行体育锻炼可以显著降低血脂含量，提高血脂质量，在遏制肥胖、健美形体的同时，能有效地预防冠心病、高血压和动脉粥样硬化等疾病。

（4）经常进行体育锻炼可以降低血压，舒缓心搏，预防心血管疾病。病理学家通过解剖发现，经常运动的人患动脉硬化的概率要远远低于不常运动的人。

三、增强运动系统的机能

进行体育锻炼能够增强运动系统的准确性和协调性，使人保持较好的灵活性，从而有条不紊、准确敏捷地完成各种复杂的动作。

进行体育锻炼可使骨密质增厚，骨小梁排列得更加规则整齐，极大地提高骨的坚固性和抗弯、抗断、抗压能力，还可增加骨骼中钙的储存量，预防骨质疏松。

进行体育锻炼可使肌肉的效能增强，肌肉更加粗壮、结实、发达、有力，具体表现为肌红蛋白和肌糖原的数量增加，肌纤维增粗，肌肉体积增大，肌肉的收缩力量增强，收缩速度增快，弹性提高，耐力持久。经常进行体育锻炼还可以增强关节周围肌肉的力量和韧带的柔韧性，从而扩大关节活动的幅度和牢固程度，预防各种外伤和关节损伤。

四、完善呼吸系统的机能

经常进行体育锻炼，特别是做一些伸展扩胸运动，可使呼吸肌力量增强，胸廓扩大，肺活量增加，有利于肺组织的生长发育和肺的扩张。进行体育锻炼的同时，人体需要大量地吸入氧气和排出二氧化碳，这就要求呼吸肌加强收缩，使肺泡充分张开，加深呼吸的深度，从而有效地增加肺的通气效率，使人体能够承受更大强度的运动。

五、优化免疫系统的机能

体育锻炼本身是一种运动负荷的刺激，如果反复刺激，人体的各个系统就会产生形态及功能的适应性变化。在这种应激与适应的生理反应过程中，人体的免疫机能也会相应提高。

六、强健消化系统的功能

经常进行体育锻炼能促进胃肠蠕动，增加消化液分泌。进行体育锻炼时，肌肉的收缩和舒张能对胃肠起到按摩作用，在提高食欲的同时增强胃肠的吸收能力。但不宜在饭后立刻进行体育锻炼或在剧烈运动后马上就餐，运动和吃饭之间要有一定的间隔时间。一般认为，运动后休息 30～40 分钟再进食，或饭后间隔约 1.5 小时再进行运动较为科学。运动时，在中枢神经系统的调节下，全身的血液会进行重新分配，以保证对肌肉、骨骼所需的营养物质和氧气的供应。此时管理消化的神经尚处于抑制状态，消化液的分泌减少，胃肠蠕动减弱。运动愈剧烈、运动持续时间愈长，消化器官就愈需要更长的时间来进行恢复。同样，如果饭后立即进行剧烈运动，就会致使正在参与胃肠消化和吸收的血液重新分配，并流向肌肉和骨骼，从而影响胃肠机能，甚至可能因为胃肠的震动和肠系膜的牵扯而引起腹痛及不适感，影响人体的健康。

七、舒缓情绪

乐观的情绪是心理健康的重要指标。现代社会中，各方面的综合压力使人产生的焦虑、烦恼、紧张、压抑、暴躁、忧郁等都属于不良情绪范畴。医学研究发现，进行慢跑、游泳、骑自行车等体育运动对抑郁症、焦虑症、化学药品依赖等患者的治疗具有一定的效果。这充分说明体育锻炼能够转移注意力并帮助人们宣泄不愉快的情绪，使人精神愉快。

八、强韧意志

意志品质包括自觉性、果断性、坚韧性、自制力及勇敢顽强的精神。体育锻炼中可能充满了困难和挫折，积极主动、持之以恒地进行体育锻炼，要克服各种主观、客观困难，这个过程既是锻炼身体的过程，也是培养良好意志的过程。进行竞技体育运动更是能够激发人们奋发向上、顽强拼搏的斗志，使人们养成坚强、自信、勇敢、进取的优秀品质。

九、增强个体的社会适应性

社会适应性是指个体能正确认识自己所处的社会环境，能够融洽、愉快地扮演生活中的各种角色，如朋友、邻居、同学、恋人等，在社会各领域的生活中发挥积极的作用。进行体育锻炼能够增进人际交往，加强彼此交流，同时培养团结合作、协调一致、相互帮助、彼此鼓励的团队精神，有助于增强个体的社会适应性。

十、强化个体的道德建设

体育锻炼，不仅在于育体，也在于育心。西周的礼射，讲究“明君臣之礼，明长幼之序”，以射建德。我国将体育作为强化个体道德建设的积极手段之一，从竞技体育的爱国主义教育到学校体育的集体主义教育，务实肯干、自强不息、尊老爱幼、诚实守信、谦虚礼让、助人为乐等美德会随着体育的发展而不断传播。

第二章

科学锻炼

要想通过体育运动获得健康效应，大学生需要进行科学的体育锻炼。进行科学的体育锻炼才能实现最大的健康效应，且可以减少运动损伤。大学生应掌握科学锻炼的原则与体育锻炼的实施方法，并根据自身的情况，制订适合自己的运动计划。

第一节　科学锻炼的原则

科学锻炼的原则是指科学锻炼身体所必须遵循的规律。科学锻炼的本质在于增强体质，增进健康。教师只有运用科学的锻炼原则和实施方法去指导学生进行锻炼实践，才能事半功倍，获得理想效果，达到预期目标。科学锻炼应遵循以下原则。

（一）锻炼项目应恰当选择

教师要根据学生的健康状况和体能情况，合理制订锻炼计划，恰当安排锻炼内容，特别需要注意学生是否存在因身体残缺、疾病等导致的不宜进行锻炼的情况。在提高锻炼效果的同时，教师要最大限度地防止意外事故的发生。

（二）锻炼强度应切实适宜

教师应根据学生性别、体质、体能等诸多因素的差异，做到因人施教，在运动强度等方面有所区分，否则很容易产生有人“吃不饱”，有人“吃不消”的现象。学生也应该从自身特点出发，安排、调整锻炼的方法、内容和运动负荷等。例如，在长跑训练时，体质弱的女生可以先跑 600 米，进而逐步延长距离；在引体向上的练习中，体能极好的男生可以适当提高要求。

（三）锻炼内容应全面系统

不同的锻炼项目所引起的人体的生理变化和机能适应各不相同。例如，长跑侧重于提高学生的肺活量和耐力，吊环则能快速增强手部和手臂的力量。大学体育的教学内容包括跑、跳、投、攀爬、悬垂、支撑，以及球类运动、搏击类运动、户外运动、游戏等丰富的项目，其目的是使学生的身体得到全面锻炼，对良性适应起到互补和促进作用，从而促进身体各部分组织器官的发展，使身体素质和运动能力得到综合提高。反之，学生如果只是单凭兴趣，喜欢什么项目就只练什么项目，则可能造成身体发展的不均衡和不协调。

大学生进行体育锻炼时要尽可能考虑自己身体的全面发展，以功效强、兴趣浓的运动项目为主，其他运动项目为辅，进行全面锻炼，强调全身的活动，而不局限于某个部位。

（四）锻炼进程应持之以恒

1. 体育锻炼要循序渐进

强健体魄、提高素质、提高机能、形成技能，不可能一蹴而就，而是需要在长期的运动中，在反复的刺激下，使机能逐渐适应、积累、提高，逐步、依次、循序地发生变化，揠苗助长不但不利于身体的健康，甚至会造成身体的损伤。在体育锻炼的过程中，运动负荷的大小直接影响人体机能的变化，进而对锻炼效果产生影响。如果运动负荷过小，就无法促进人体机能发生变化，达不到锻炼的目的；如果运动负荷过大，超出了人体所能承受的范围，就会引起睡眠不宁、食欲不振、长期疲劳等不良反应。正确的做法是将一定的运动负荷作用于身体，一定次数和时间后，使身体适应这一运动负荷，然后再依据人体对运动的适应性变化，有计划地逐步增大运动负荷，最终达到增强体质的目的。适宜的运动负荷的大小因人、因时而异，同一个人在不同的机能状态下对运动负荷的承受能力也不尽相同。一般而言，每次体育锻炼以后感到有些累，但没有产生各种不良反应，通过休息可以较快恢复，这样的运动负荷基本是合适的。

2. 体育锻炼要坚持不懈

从生物学的角度看，人体的发展既不能立竿见影，也不能一劳永逸。根据“用进废退”的原理，人体对体育锻炼的适应呈现出经常锻炼则进步、发展，“三天打鱼，两天晒网”则退步、减弱的变化规律。大学生需要树立“终身体育”的理念，日、周、月、年持续地进行体育锻炼。

（五）锻炼热身应保证到位

锻炼开始前，大学生要重视热身活动。热身活动就是在进行体育锻炼前，根据体育项目的特点，相应地活动身体各部位。其作用在于提高神经中枢的兴奋性，加强心肺功能，使肌肉、肌腱、韧带处于伸展性良好的“工作状态”。它是人体从相对安静状态过渡到剧烈运动状态，克服生理惰性，进行自我保护的有效措施。尤其是在气温较低、气候寒冷的季节，大学生更应该重视锻炼前的热身活动。锻炼结束后，大学生要做好放松整理活动。整理活动的作用在于通过比较轻松、舒缓的身体活动，各个组织器官从紧张的运动状态中放松下来，增加吸氧量，“冲刷”体内的乳酸，从而加速疲劳的缓解和消除，使肌肉酸痛感大大减少。此外，剧烈运动时，肌肉有节律性地收缩，促使心跳和血液流动加快，毛细血管扩张。此时如果立即停止运动，肌肉的节律性收缩也会立即停止，进而导致肌肉中的大量血液淤积于静脉，造成暂时性的心脏缺血、脑部供血不足，引发心慌、头晕、眼花，甚至休克等症状。例如，急速奔跑到达终点后，大学生需借助惯性再慢跑一段直至步行状态，原因就在于此。

（六）锻炼意向应明确主动

首先，大学生应该确立明确的锻炼目标。大学生应根据个人实际情况，既不妄自菲薄，又不夜郎自大，既不急躁冒进，又不踏步不前，确定恰当的锻炼目标。大学生要在此基础上形成各个时期的锻炼计划和预期效果，并注意阶段性的调整，体育锻炼才能奏效。其次，大学生应该自觉积极地进行运动。这就要求大学生充分认识体育锻炼的价值，培养浓厚的体育兴趣。这样做，大学生才能克服自身惰性，把体育锻炼当作生活中必不可少的组成部分，以极大的主动性和自觉性投身体育运动，真正做到身心合一。

（七）女生经期锻炼原则

月经来潮期间，女生保持适当的体育锻炼，可以改善盆腔的血液循环，减轻不适感。女生可按个人的具体情况，进行与平时不同的体育运动。首先，女生可以适当减少运动量。她们可以做些运动量不大的体育活动，如打乒乓球、做广播操、散步等。其次，女生应选择合适的运动项目。她们应避免容易引起腹内压增高的运动，如猛烈的跳跃、收腹动作、用力憋气的静力性动作，以及长时间的耐力性练习。最后，女生若痛经严重，全身不适，出现食欲不佳、恶心、头痛、全身关节酸痛、失眠、经血量多、经期过长等情况，应立即停止体育锻炼。

第二节　体育锻炼的实施方法

常用的体育锻炼的实施方法有以下 4 种。

一、重复法

重复次数不同，体育锻炼对身体的作用亦不同，重复次数越多，身体承担的运动负荷越大。因此，运用重复法的关键是，根据实际情况掌握好运动负荷，并据此调节重复次数。

二、循环法

循环法由几个不同的练习点组成，一个点上的练习一经完成，大学生就迅速转移到下一个点，并依次完成剩下的练习点。大学生完成所有练习点，就算完成了一次循环。这种方式的运动负荷较轻，既简单有趣，又可使大学生获得综合锻炼，达到全面发展的良好效果。

三、连续法

连续法的作用在于将运动负荷维持在一定的水平上，既不下降，也不上升，使身体充分感受运动带来的好处。实践中，用于连续锻炼的主要是比较容易的，并已为大学生所熟悉的运动项目，如跑步、游泳、健美操等。

四、变换法

此法可以有效地提高大脑皮层的兴奋度，克服疲劳和厌倦情绪，进而强化锻炼意向，以达到较好的锻炼效果。一方面，锻炼条件、环境等的变化，可使大脑皮层不断地产生新的刺激，提高兴奋性，维持锻炼的兴趣，从而提高人体的承受能力，加强锻炼效果。另一方面，锻炼内容、时间、动作速率等的变化，可有效地调节生理负荷，使人体不断产生适应性变化，达到更好地锻炼身体的目的。例如，由田径场的长跑变为越野跑。

第三章 体育保健

为了促进身体发育，保持健康状况，提高运动水平，大学生需要进一步了解运动卫生知识，主要包括心理卫生知识和生理卫生知识。合理的饮食与适当的运动相配合，能更好地加强大学生的锻炼效果，帮助大学生消除疲劳和恢复体能，实现健身目标。大学生还要避免各种运动损伤的发生，最大限度地实现运动的积极作用。

第一节 运动卫生与营养

一、运动卫生

（一）心理卫生

1. 有强烈的运动欲望

运动前，人会存在跃跃欲试的情绪；运动中，应保持积极乐观的运动热情；运动后，人就会拥有酣畅淋漓的运动满足感。一方面，大学生可以与朋友、亲人等一起进行体育锻炼，在运动中互相鼓励，良性竞争；另一方面，大学生可以选择自己较为感兴趣的运动项目，尽量使运动与娱乐、健身与悦心相结合。

2. 有愉快的运动氛围

人体的心理活动直接影响生理机能。在进行体育锻炼时，大学生要重视心理调节，包括情绪、心境、意志等的调整，以保持心情舒畅，取得良好的锻炼效果。例如，运动前后照镜子时，看到面带微笑、身体强健的自己，自己的精神也会为之振奋，这便是一种积极的心理自我调节。

3. 避免厌恶情绪

一些大学生因性格内向、身体基础弱或运动能力差等原因，不爱运动，缺乏运动意愿和热情，对自己参加的体育锻炼抱有厌恶的态度，表现为“身随而心违”的被动状态。要改变一些大学生对运动的厌恶，应从培养体育兴趣、确立锻炼目标入手。例如，柔弱安静的女生可以从陶冶气质的形体运动入手；羸弱自闭的男生则可以从塑形的健美运动入手。运动贵在坚持，在长期的体育锻炼中，厌恶情绪自然会逐渐减少。

4. 克服胆怯心理

一些大学生因为运动项目过难、运动负荷过大、运动器械不良、意志品质薄弱等原因，对运动产生恐惧，表现为犹豫不决、欲动又止、半途而废等行为。在运动中，胆怯心理可以在与同学的交流中、在教师的示范下逐步克服。

5. 消除自卑心态

自卑是一种自我轻视的消极心理现象。导致自卑的原因很多，如自我评价过低、身心存在缺陷、体育成绩较差、别人过多指责等。对于自卑者，教师应多鼓励和安慰，对其取得的微小成绩也给予肯定和赞扬，并就以前和现在的状况进行比较，使其不断增强自信。

（二）生理卫生

1. 环境卫生

进行体育锻炼时，大学生应选择空气清新、地面平坦、设施安全的场所。植物具有净化空气的作用，因此，公园里、山脚下、绿化区等树木和草坪较多的地方是开展运动的最佳场所。忽视周围的环境卫生，不但不能达到锻炼的目的，甚至会危害健康，引发与呼吸系统相关的疾病。此外，大学生还应注意场地器材的卫生，如球场是否有杂物、沙坑是否挖松、单双杠是否牢固等，若发现隐患应及时消除。

2. 服装卫生

运动时穿的服装不仅要根据不同时节进行更换，更应满足体育锻炼的需要——轻便、舒适。

二、运动营养

大学生进行科学合理的饮食，能更好地提高运动成绩和锻炼效果，消除疲劳和恢复体能，实现运动促进健康的效益。

不同的运动项目对营养的要求不尽相同，合理地安排膳食营养是补充运动消耗的能量、提高运动成绩、维护身体健康的重要措施。运动训练膳食的基本要求是热量合理、酸碱平衡、维生素和矿物质充足、各种营养素比例恰当。

第二节　运动损伤

运动损伤，广义上就是指发生在体育活动过程中的机体伤害，由外部或内部的力量造成。具体的损伤部位与运动项目及专项技术特点有关。

造成运动损伤的原因是多方面的，概括为主观因素和客观因素。主观因素诸如缺乏安全意识、体质水平较差、体育基础薄弱、运动情绪低落、准备活动不充分、身体状态不佳等。客观因素诸如环境气候恶劣、运动负荷过大、运动技术较难、场地器材不当、违反规则等。

一、避免运动损伤的原则

（一）遵循科学原则

运动前做好准备活动，运动后进行放松整理；合理地设置运动强度，恰当地安排运动间歇；选择适宜的场地器材，穿着舒适的运动服装；配以运动按摩，以缓解疲劳、增强机体运动能力。

（二）加强自我保护

在运动过程中应形成防止意外受伤的保护意识，并具有防止损伤的知识和能力。例如，高速跑步时不能急刹停顿，应逐渐减速、缓停，避免踝、膝、髋等部位的关节严重受挫；由高处下落着地时，应双腿并拢，屈膝缓冲，若落地时身体失重不稳，则应低头屈肘，团身顺势滚翻，以减轻对踝、膝等部位的关节的剧烈撞击。

（三）坚持自我检查

根据不同项目的运动特点，持之以恒地进行自我检查，以便尽早发现端倪，及时治疗损伤。例如，进行易出现肩袖损伤的运动项目前应做肩的“反弓试验”；对于脚背外侧，拇指的根部等习惯性易伤部位，除要充分做好准备活动外，还要注意正确使用保护带，如护踝、护指、绷带等。

（四）补充医疗检查

除常规的健康检查外，应根据运动损伤的发生规律，补充有针对性的检查。

二、常见的运动损伤及处理方法

（一）擦伤

擦伤是指皮肤的表皮受到摩擦而导致的损伤。

处理：若创口较浅，面积较小，局部涂以红药水即可，无须包扎；若创面较脏或渗血较多时，可先用生理盐水清洗伤口，伤口周围以75%的酒精等消毒，若出血比较严重，还应进行止血处理；若是关节附近擦伤，经消毒处理后，多采用消炎软膏或多种抗生素软膏涂抹伤口，并用无菌敷料覆盖包扎。

（二）扭伤

扭伤是指关节部位突然过猛扭转，致使支撑关节的韧带发生损伤、撕裂等。

处理：停止运动，抬高受伤部位、冷敷，使血管收缩，减轻局部充血，抑制感觉神经，缓解出血、疼痛等症状；然后在伤处垫上棉花，用绷带加压包扎；受伤48小时以后改用热敷。

（三）挫伤

挫伤是指身体某部应由于受到钝性暴力而引起的组织损伤。

处理：轻者仅是皮下组织（如肌肉、韧带等）损伤，不需特殊处理，经冷敷，24 小时后可服用活血化瘀、消肿止痛的中成药，辅以理疗；重者常因某些器官的严重损伤而合并休克，较常见的是股四头肌和小腿前部挫伤，这种情况应及时去医院就诊。

（四）肌肉拉伤

肌肉拉伤是指肌肉撕裂而致的损伤。

处理：停止运动，冷敷疼痛处，切忌搓揉及热敷。

（五）脱臼

脱臼即关节脱位，是指关节之间失去正常的连接。

处理：停止活动，不可揉搓脱臼部位，用夹板和绷带临时固定受伤部位，尽快去医院治疗。

（六）骨折

若皮肤没有伤口，断骨不与外界相通，为闭合性骨折；若骨头尖端刺穿皮肤，皮肤出现伤口且断骨与外界相通，为开放性骨折。

处理：对开放性骨折，不用手回纳，以免引起骨髓炎；对于脊柱骨折者，不应抬起其头部，以免损伤脊髓或导致截瘫；应尽快拨打 120 急救中心电话，寻求专业的医疗帮助。

第四章

峨眉武术

本章首先对武术的形成与发展、武术的分类以及武术的特点与功能进行了介绍；其次对峨眉武术进行了概述，并对峨眉武术具有代表性的僧门、生门和松溪内家拳的套路种类和特点进行了梳理；最后重点展示了由内江师范学院体育学院峨眉武术教学科研团队创编的峨眉武术操和峨眉武术套路。

第一节　武术总论

中华武术源远流长，有悠久的历史和广泛的群众基础，是我国优秀的文化遗产之一。武术，亦称武艺，是以技击动作为主要内容，以功法、套路和搏斗为运动形式，注重内外兼修的传统体育项目。它是经历了漫长的历史发展过程而形成的精神内容丰富、社会价值广泛、文化色彩浓厚的，我国特有的体育文化形态，与我国传统文化的诸多方面有紧密的联系，是中华传统文化的重要组成部分。

一、武术的形成与发展

武术在我国有悠久的历史，它缘起于我国远古祖先的生产劳动。在原始社会时期，自然环境恶劣，生产工具简陋，生产力低下。为了生存，人们在狩猎等生产活动中，逐渐积累了劈、砍、刺的技能。为了生存，人们不仅逐渐学会了制造石制、木制工具，而且也学会了使用这些工具，并开始把它们作为武器使用。长期严酷的自然生活条件，迫使人们不断发展自己的体力和智力，他们将石器、木棒、骨器等作为工具和武器，并在搏斗中学会了一些徒手的技能，以及使用器械的劈、砍、刺、扎、掷等搏斗捕杀技能，这便是原始社会时期武术的萌芽。随着原始战争的出现和阶级的产生，这种狩猎性的格斗扑杀技能逐渐向军事化发展，并成为阶级斗争的一种手段，这使得武术在之后的历朝历代中得以快速发展。明、清两代是武术发展的鼎盛时期。在这一时期里，武术流派林立，不同风格的拳术、器械都有了空前的发展。武术融军事技术、健身活动及表演技艺为一体，在明代更为人们所喜爱。明代武术项目之多，是过去所没有的，通常概括为“十八般武艺”。戚继光的《纪效新书》就是在这一时期完成的，书中记载的拳术众多。其他形式的器械也在这一时期得到了不同程度的发展，刀术有单刀、双刀、藤牌刀，并且多以套路的形式出现。此外，武术还有南派、北派之分。

到了近代，武术逐步适应时代的变化，成为我国近代体育的有机组成部分。民间出现了许多拳社、武士会等武术组织。

新中国成立后，武术成了社会主义体育事业的一个重要组成部分，得到了蓬勃发展。各省、自治区、直辖市几乎都建立了武术协会，有不少地方还建立了武术馆、武术社、武术研究会、武术辅导站、业余体校武术班等，形成了一个具有广泛群众性的武术活动网。这些武术团体不仅传授各种武术技能，培训武术骨干，而且经常组织武术表演和比赛，活跃了群众的文化生活。武术也逐渐成为我国各级院校的体育教学内容。一些大专院校还成立了院、校武术协会和各种武术研究会，从事武术科学研究工作。

1990 年，在第十一届亚运会上，武术被列为正式比赛项目；1991 年，第一届世界武术锦标赛在北京举行；1998 年，在第十三届亚运会上，散打被列为正式比赛项目；1999 年 6 月，国际奥林匹克委员会承认了国际武术联合会的合法地位。

如今的武术发展不再是过去较单一的模式，而是向着以增强人们体质为宗旨的健身武术，以提高套路水平的竞技武术，以挖掘、整理为主的传统武术，以技击对抗为特点的散打运动，以科学研究为目的的武术科研，以教育与培养人才为方向的武术机构等方向发展。武术已走向世界。

二、武术的分类

武术按其运动形式可分为套路运动和搏斗运动两大类。

（一）套路运动

套路运动是以技击动作为素材，以攻守进退、动静疾徐、刚柔虚实等矛盾运动的变化规律编成的整套练习形式。套路运动按练习形式又可分为单练、对练和集体演练 3 种类型。

1. 单练

单练是指个人演练的套路，包括拳术与器械。

（1）拳术。拳术包括自选拳、规定拳、传统拳。

① 长拳。长拳是在吸取查、华、炮、洪等长拳型传统拳的精髓后发展起来的新拳种。它的动作具有舒展大方、快速有力、动迅静定、节奏鲜明等特点。

② 南拳。南拳是流传于我国南方各地的拳术的总称。南拳拳势刚劲猛烈，步法稳固扎实；以象为势，以息为神；陵桥硬弓，稳扎稳打；发劲刚猛，吐气发声，威武雄壮，气势磅礴。

③ 太极拳。现在流传较广的有陈、杨、吴、孙、武等各式太极拳。各式太极拳虽然各有其具体特征，但拳理相同，练习时身体各部位的姿势要求和运动特点基本一致。

④ 象形拳。象形拳是模仿某一动物的技能、特长和形态，或模仿某种特定人物的动作形态，结合攻防技法而编成的拳术。它包括醉拳、猴拳、螳螂拳、蛇拳、鹰爪拳等。

（2）器械。器械包括短器械、长器械、双器械和软器械 4 种。短器械主要有刀、剑、匕首等；长器械主要有棍、枪、大刀等；双器械主要有双刀、双剑、双鞭、双钩等；软器械主要有九节鞭、三节棍、流星锤等。

① 刀术。刀是由古代兵器演变而来的。早在原始社会，人们就把石刀、骨刀作为生产工具，后来又用于战争，成为短兵器。刀术的特点是勇猛快速、激烈奔腾、紧密缠绕、雄健剽悍。刀术是以缠头裹脑的招数为基本动作，再加上劈、砍、撩、扎、挂、斩、刺、扫、架等刀法所组成的套路。

② 剑术。剑是一种平直、细长带尖、两面有刃的短兵器，素有“百刃之君”的美称。剑术的特点是轻快敏捷、潇洒飘逸、灵活多变、刚柔相济、富有韵律，故有“剑如飞凤”“剑似游龙”之说。在“十八般兵器”中，剑术的变化最大，它有击、刺、格、挑、劈、格、托、带、云、点、拦、提等 50 余种。

③ 棍术。棍是武术器械中无刃的长兵器，素有“百兵之祖”之称。用棍时要求手臂圆热、身棍合一、力透棍尖、风声雷动。所谓“棍打一大片”，就是指舞棍时勇猛狠辣、横打一片、密集如雨、气势磅礴。棍术主要有劈、抡、戳、挂、崩、点、扫、穿，拦、架、砸、云、舞花等。

④ 枪术。枪是武术长器械中的一种，是古代四大兵器之一，誉称“百兵之王”。枪术是以拦、拿、扎枪（扎枪要平正迅速，力达枪尖，故有“枪扎一线”之说）为主，再配合舞花、劈、点、穿、缠、拨等各种枪法和各种步法、身法、跳跃等动作构成的套路。枪的演练和使用，变幻莫测、动若雷霆、势若游龙、节奏明畅、气势磅礴。

⑤ 双钩。它是双器械的一种。它以勾、搂、锁、挂及各种舞花为主。其运动特点是钩走浪式、身随钩走、钩随身活、身灵步轻、造型洒脱多变。

⑥ 九节鞭。九节鞭是软器械的一种。它以抡、扫、缠及各种舞花等为主。其运动特点是鞭走顺劲、抡舞如轮、横飞竖打、势势相连。

2. 对练

对练是指两人或两人以上，按照预定的程序进行的假设性实战演练。它包括徒手对练、器械对练、徒手与器械对练 3 种。

3. 集体演练

集体演练是指集体进行的徒手、器械或徒手与器械的演练。

（二）搏斗运动

搏斗运动是两人在一定条件下，按照一定的规则进行的斗智、斗勇的对抗练习。它包括散打、推手、短兵等。

1. 散打

散打是两人按照一定的规则，使用踢、打、摔等方法制胜对方的竞技项目。

2. 推手

推手是两人遵照一定的规则或原理，主要依据太极原理，采用借力发劲的方法将对手推出，以此判断胜负的竞技项目。

3. 短兵

短兵是两人手持一种用藤、皮、棉制作的短棒似的器械，在一定的范围内，按照一定的规则使用各种方法决胜负的竞技项目。

三、武术的特点与功能

（一）武术的特点

1. 技击性

武术将技击融于体育之中。武术最初作为军事训练手段，与古代军事斗争有着紧密的联系，其技击的特性是显而易见的。在实际运用中，其目的在于制限、杀伤对方，它常常以最有效的技击方法，迫使对方失去反抗能力。

武术作为体育运动，其技术仍不失攻防技击的特性，它将技击融于搏斗与套路运动之中。搏斗运动集中体现了武术攻防格斗的特点，在技术上与实用技击基本上是一致的，但从体育观念的角度来看，武术运动受到竞赛规则的制约，以不伤害对方为原则。如散手对武术中某些传统的实用技击方法进行了限制，而且严格规定了击打部位和保护护具；短兵使用的器具也进行了相应的变化；而推手则是在特殊技术规定下进行竞技对抗。因此，武术的搏斗运动具有很强的攻防技击性，但又与实用技击有所区别。

套路运动是我国武术的一个特有的表现形式，不少动作在技术规格、运动幅度等方面与技击的原型动作相比有所变化，但是仍然保留了技击的特性，仍然是以踢、打、摔、拿、击、刺为主，保留了套路的技术核心。它的攻防技击特性是通过一招一式来表现的，它的技击方法汇集百家，极其丰富，在散手、短兵中不宜采用的技击方法，在套路运动中仍有所体现。

2. 内外合一，形神兼备

既讲究形体规范，又追求精神传意、内外合一的整体观，是我国武术的一大特色。所谓内，即心、神、意等心志活动和气息的运行；所谓外，即手、眼、身、步等形体活动。内与外、形与神是相互联系的整体。

武术“内外合一，形神兼备”的特点主要通过武术功法和技法来体现。“内练精气神，外练筋骨皮”是各家各派练功的准则，如太极拳主张身心合修，要求“以心行气，以气运身”；形意拳讲究“内三合，外三合”；少林拳也要求精、力、气、骨、神内外兼修。此外，武术套路在技术上往往要求把内在精气神与外部形体动作紧密相合，完整一气，做到“心动形随”“形断意连，势断气连”。这一特点反映了武术作为一种文化形式，在长期的历史演进过程中备受我国古代哲学、医学、美学等方面的影响和渗透，逐渐成为独具民族风格的练功方法和运动形式。

3. 广泛的适应性

武术的练习形式、内容丰富多样，有竞技对抗性的散手、推手、短兵，有适合演练的各种拳术、器械和对练，还有与其相适应的各种练功方法。不同的拳种和器械有不同的动作结构、技术要求、运动风格和运动量，对人的年龄、性别、体质有不同的要求。大学生可以根据自己的条件和兴趣爱好选择练习项目。同时，武术练习对场地、器材的要求较低，俗称“拳打卧牛之地”。大学生可以根据场地的大小来变换练习内容和方式，即使一时没有器械也可以徒手练拳、练功。一般来说，武术练习受时间、季节限制也很小。与其他体育运动项目相比，武术具有更为广泛的适应性，武术能在广大民间经久不衰，与这一特点不无关系。利用这一特点可为现代群众性体育活动提供方便，使武术进一步社会化。

（二）武术的功能

1. 健身

人们千百年的习武实践和科学研究，都说明武术由于注重内外兼修，对身体有着多方面的良好影响，经常练习能达到壮内强外的效果。例如，长拳类套路，包括屈伸、回环、跳跃、平衡、翻腾、跌扑等动作，通过呼吸的配合，以及人体各个器官的参与，对人体的反应速度、力量、灵巧性、耐力产生良好的促进作用；太极拳和许多武术练功方法一样，注重调息运气和意念活动，长期练习对治疗多种慢性疾病和调节人体内在环境平衡均有良好的医疗保健作用。

2. 提高防身自卫能力

武术将技击作为主要内容，大学生长期练习，不仅可以增强体质，还可以学习一定的攻防格斗技术、掌握防身自卫的知识和方法，提高身体的灵活性和对意外情况的应变能力。

3. 锻炼意志

练武对意志品质的考验是多方面的。练习基本功，要克服疼痛关，磨炼“冬练三九、夏练三伏”、常年有恒、坚持不懈的意志品质。练习套路，要克服枯燥关，培养刻苦耐劳、砥砺精进、永不自满的品质。遇到强手，要克服消极逃避关，锻炼勇敢无畏、坚韧不屈的战斗意志。长期锻炼可以培养人们勤奋、刻苦、果断、顽强、虚心好学、勇于进取的良好习性和意志品德。

“教武育人”贯彻在武术教习全过程中，“未曾习武先学礼，未曾习武先习德”，武德始终是习武、教武的先决条件。我国一向重礼仪，讲道德，“尚武崇德”。武术包含了深刻广泛的道德内容，诸如尊师爱友、互教互学、以武会友、切磋技艺、讲礼守信、见义勇为、不凌弱逞强等品德。激烈的攻防技术和人生修行相结合，是我国武术传统道德观念的体现。随着社会的发展，武德的标准和规范不尽相同，但一直以来，尚武而崇德不仅能很好地陶冶情操，还有益于社会精神文明建设。

第二节　峨眉武术概述

“峨眉武术”具有深厚的川渝地域文化底蕴，辉煌的历史文明和浓厚的文化氛围，是中华文化不可分割的重要组成部分。“峨眉武术”是以川渝地域内名山符号命名，流传于川渝为核心（两湖以西、青藏以东、陕甘以南、云贵以北的西南大部）地域范围内的武术流派，是以相近的地理环境和相通的人文自然，所形成的风格特征相近相通的本土武术和外来武术融合嬗变后地域武术总称。简言之，受到巴蜀文化浸润的以川渝行政区域为核心的地域武术总称为“峨眉武术”。它包含但不仅限于峨眉山武术、青城武术、盘破门武术、黄林门武术和缠丝门武术等各门派和拳种。

据史料记载，峨眉武术的整体发展源于殷商，成于南宋，盛于明清，弘于现代。作为巴蜀文化风格的峨眉武术发展至今，有近三千余年的历史，门派众多，拳种成百上千，武功博大精深，广泛流传于整个大四川区域。

“峨眉”二字最早就见诸于公元前七百多年的西周时代，曾经是巴蜀地域的代名词。众所周知，上古时期巴蜀先人敬畏自然，认识自然、征服自然和改造自然的能力还很弱。信奉神灵，崇尚养生之术，希望自己能长生不老，能够成仙升天。导引作为一门古老的养生术在上古时期就初具雏形，古代巴蜀地区导引术发展较快，其代表人物之一就是四川的彭祖。“以形导气”对巴蜀导引养生和武术内功训练的特点有着深远的影响，也显现了峨眉武术“内外兼修”的特点。

古巴蜀地区除了典型的巴渝舞外，还有如“剑器舞”“斗牛戏”“角抵戏”“跳剑戏”“板盾舞” “傩舞”等很多以“舞”“戏”形式出现的“武术”雏形。这些带有神巫文化烙印的“戏”“舞”来源于生活，富有表现情趣，利于传播，具有顽强的生命力，客观上为“武术”的孕育起到了积极的作用。

峨眉武术有非常深厚的人文底蕴，他包容了释、儒、道多种文化的内涵：

道教的“道法自然，自然无为”思想，深刻地影响着峨眉武术，习练峨眉武术的道士们，无不尊崇这些教育。其“清静无为”、“返朴归真”、“顺应自然”、“贵柔”等观念，对峨眉武术有很大影响和促进。道家擅于导引术，即养生术，讲究炼丹、吐纳、服食，通过“吐纳、导引、坐忘、心斋、守一”等内炼法门，达到“意”、“气”、“神”三合的境界，实现“天人合一”。这些道家内功的基础，后来发展称之为“气功”，逐渐融合在技击之中，成为武术内功。

儒学是中华民族的文化遗产，具有几千年的历史。其“仁、义、礼、智、信、恕、忠、孝、悌”的核心思想成为对僧道们的基本要求，尤其是习武之僧人、道士，更以其作为“武德”来约束其行为，成为了峨眉武术品德与戒律。

佛教讲究“性空”、“有为法”、“无为法”、“心性清净”的佛教思想文化是峨眉武术发展的精神支柱和内在动力，僧人们习练的峨眉武术，无论是文化内涵，还是修炼方式，都体现“禅武一体”的特征。

就全景的峨眉武术而言，峨眉武术的各门派都经历产生、发展、鼎盛的各个阶段的历史时期。或同步，或错位，但终究不断发展，名师辈出，形成了拳种浩繁、流派甚多、传统文化底蕴深厚的峨眉武术，成为了中华武术的重要一支。

内江师范学院一直致力于对国家级“非遗”——峨眉武术的挖掘、整理、研究、传承及弘扬。2009 年峨眉武术入选国家第二批非物质文化遗产（编号Ⅵ-23），2014 年“四川峨眉武术文化普及基地”在内江师范学院体育学院正式挂牌。2018 年，“全国普通高校中华优秀传统文化传承基地——峨眉武术”正式挂牌。2020 年四川省首批重点文化学院——峨眉武术文化学院正式挂牌。2022 年四川省文化和旅游厅授予内江师范学院非物质文化遗产峨眉武术研培基地。内江师范学院作为峨眉武术的推广、普及和弘扬重要基地，一直将“挖掘、整理、研究、创新、弘扬”峨眉武术作为其推广、普及和弘扬的核心思路，开展了如：2019 年中央电视台《传承力量—清明篇》峨眉武术和央视七频道美丽乡村快乐行的拍摄；2020 年承办中国体育科学学会中国地域武术研讨会暨峨眉武术高峰论坛；2020 年、2021 年教育部“汉语桥”峨眉武术线上交流营培训；2022 年成功举办四川省峨眉武术非遗传承人研修班；2023 年 5 月，30 余名师生参与中央电视台《非遗里的中国》——四川篇峨眉武术拍摄；6 月，召开峨眉武术学术委员会研讨会；8 月，60 余名师生在世界大学生运动会武术专场展演《峨眉武魂》；青年教师峨眉武术文化沙龙；峨眉武术武学研讨会；峨眉武术进校园等活动。

扫一扫

拓展阅读

第三节　峨眉武术操

峨眉武术操是以峨眉武术传统动作为主，结合现代竞技武术动作创编而成的。

一、峨眉武术操基本功

峨眉武术操基本功趋于竞技武术基本功。重心较高，多趋于高架是峨眉武术操教学的基础和关键。练习基本功和基本动作，可使身体各部位都得到比较全面的训练，并能较快地提高武术运动的专项身体素质，为学习峨眉武术操打下良好基础。

（一）峨眉武术操的基本手型

手型是指手掌、手指的形状。武术中的许多上肢技法，最终都是通过手型来完成的，其作用效果也因手型不同而大不相同。另外，手型也是体现各拳种风格特点的重要标志之一。

1. 拳型

五指卷握称为拳。拳分为拳眼、拳心、拳面、拳背、拳轮。平拳拳心朝下，立拳拳眼朝上。

动作说明：如图 4-1 所示，五指卷紧，拇指压于食指、中指第二指节上。

要点：拳握紧，拳面平，直腕。

易犯错误：拳面不平，屈腕。

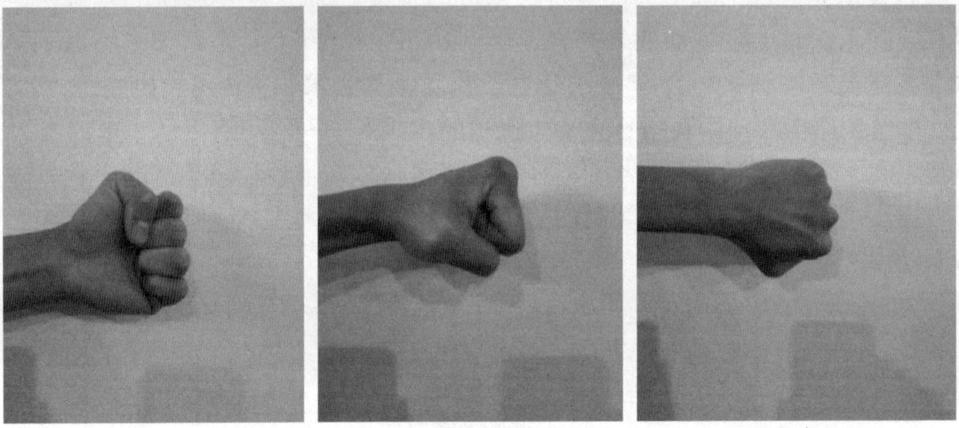

（a）　（b）　（c）

图 4-1　拳型

2. 掌型

掌分为掌指、掌背、掌心、掌根。

柳叶掌（又称蝴蝶掌）的动作说明：如图 4-2 所示，柳叶掌是由四指并拢、伸直，拇指屈扣于虎口并夹紧而形成的，似柳叶形的掌。

要点：手掌、手指要伸直，拇指屈扣要紧。

易犯错误：手指未伸直。

3. 勾型

五指指尖捏拢，用力屈腕称为勾。勾分为勾尖、勾顶。

动作说明：如图 4-3 所示，五指捏拢成勾，屈腕。

要点：屈腕。

易犯错误：松指，腕没有扣紧。

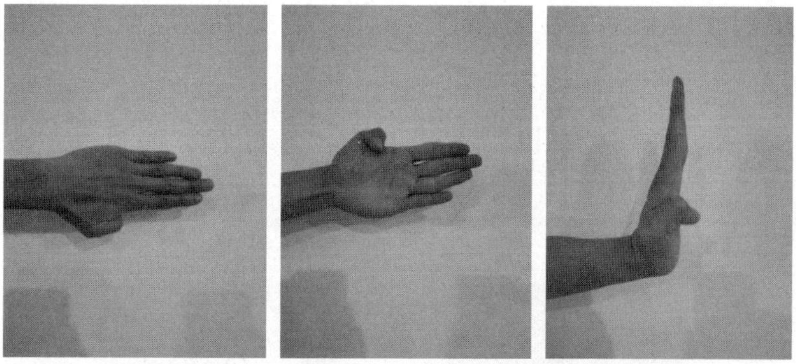

（a）　　（b）　　（c）

图 4-2　柳叶掌的掌型

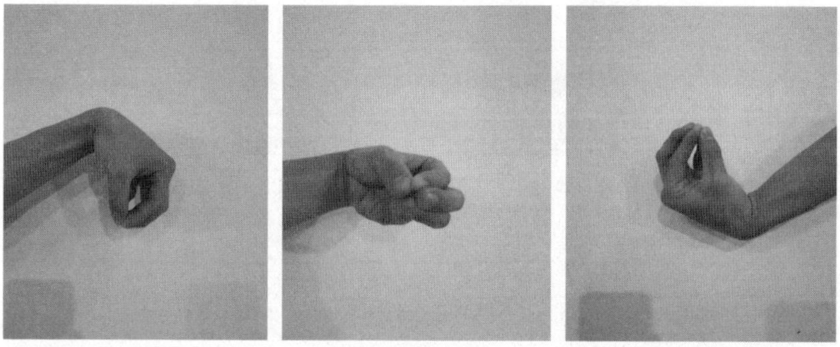

（a）　　（b）　　（c）

图 4-3　勾型

4. 爪型

五指张开或并拢，第二、第三指节屈扣或伸直，称为爪。爪分为爪尖、爪心、爪身、爪背、爪顶。

虎爪的动作说明：如图 4-4 所示，虎爪是由五指张开，第二、第三指节屈扣，拇指伸直或屈扣，腕节向后仰屈，掌心前突而成的爪。

易犯错误：腕关节不塌，指关节不扣。

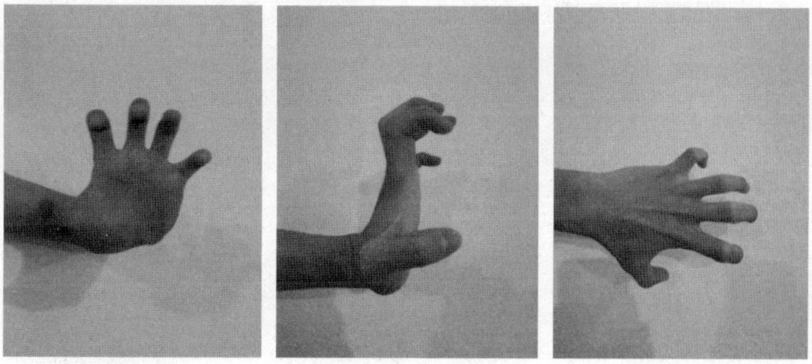

（a）　　（b）　　（c）

图 4-4　虎爪的爪型

（二）峨眉武术操的基本步型

1. 并步

如图 4-5 所示，两脚紧靠并拢，两膝挺直。

2. 开步

如图 4-6 所示，两脚左右分开至与肩同宽，脚尖向前。

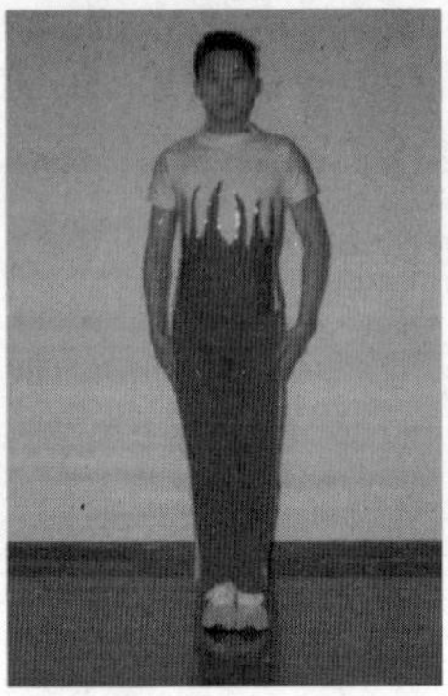

图 4-5　并步

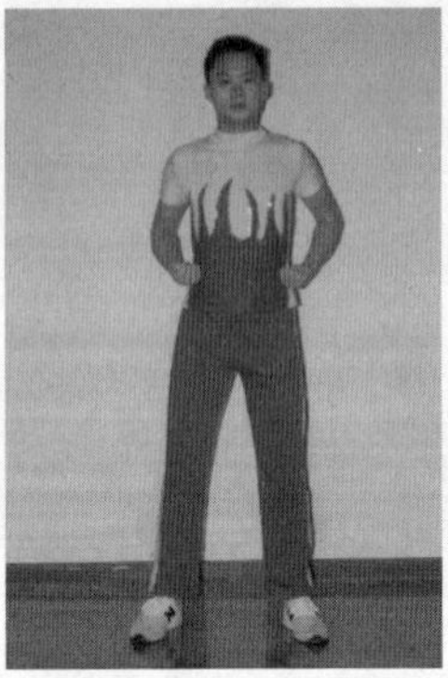

图 4-6　开步

3. 弓步

如图 4-7 所示，两脚前后开立（脚间距约为本人脚长的 4 倍）；前脚脚尖微内扣，前腿屈膝半蹲；后脚脚尖内扣（约 45 度），后腿挺膝伸直；后髋下沉内扣，两脚全脚掌着地。

要点：挺胸，立腰；前腿弓、后腿绷。

易犯错误：后脚拔跟或外掀脚掌，后腿屈膝，上身前倾。

4. 马步

如图 4-8 所示，两脚平行开立（两脚间距约为本人脚长的 3 倍），脚尖正对前方；屈膝半蹲；大腿略高于水平位置；身体重心放在两脚之间。

易犯错误：脚尖外撇，两脚间距过大或过小，弯腰跪膝。

5. 骑龙步

如图 4-9 所示，一条腿屈膝半蹲，全脚掌着地，脚尖微内扣；另一条腿跪地接近地面（不得贴地），脚跟翘起，两脚间距约为本人脚长的 2 倍。

图 4-7　弓步

图 4-8　马步

图 4-9　骑龙步

（三）眼法

（1）注视：两眼盯视某一方向或身体某部位。

（2）随视：两眼视线紧随肢体运动轨迹。

二、峨眉武术操系列动作图解第一部分

（一）动作构成

扫一扫

峨眉武术操（一）

峨眉武术操主要以富含地域文化底蕴的峨眉武术动作为素材，依托巴蜀地域文化特色，结合本土拳种、门派动作等创编而成。本套峨眉武术操是将峨眉武术的基本手型、手法、步型、步法、腿法、身法等进行动作分解，结合盘破门、直门、生门等动作创编而成的。全套动作共 8 节，每节 4 个 8 拍。

（二）动作内容

基本动作除去抱拳礼、起势和收势，共有 8 节。动作名称分别为金顶观日、灵猴抖臂、弯弓射虎、擒手箭锤、盘破蹬腿、熊猫洗面、伏虎势、清音双桥。

（三）动作说明

1. 抱拳礼

（1）并步直立，两臂垂于体侧，目视前方，如图 4-10 所示；

（2）两臂经斜前 45 度摆弓于胸前环抱，左掌掌心贴右拳拳面，左掌掌指朝上，右拳拳心向下，目视前方，如图 4-11 所示；

（3）两臂回落于体侧，目视前方，如图 4-12 所示。

动作要点：

（1）身体直立，挺胸，收腹；

（2）两臂微屈；

（3）动作干脆利落，回落快速有力。

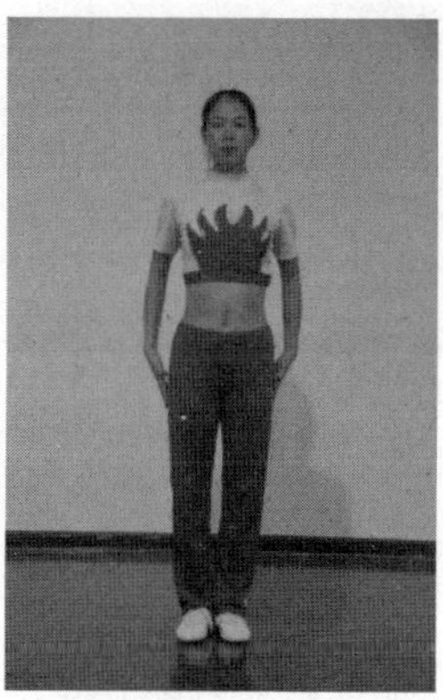

图 4-10　抱拳礼关键动作 1

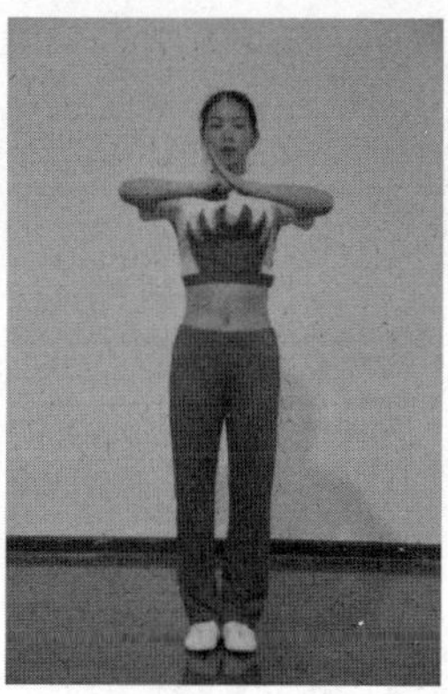

图 4-11　抱拳礼关键动作 2

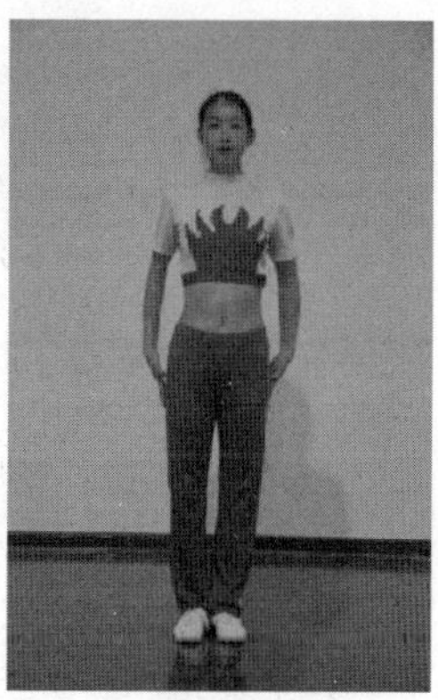

图 4-12　抱拳礼关键动作 3

2. 起势

并步抱拳：两手抱拳于腰间，目视前方，如图 4-13 所示。

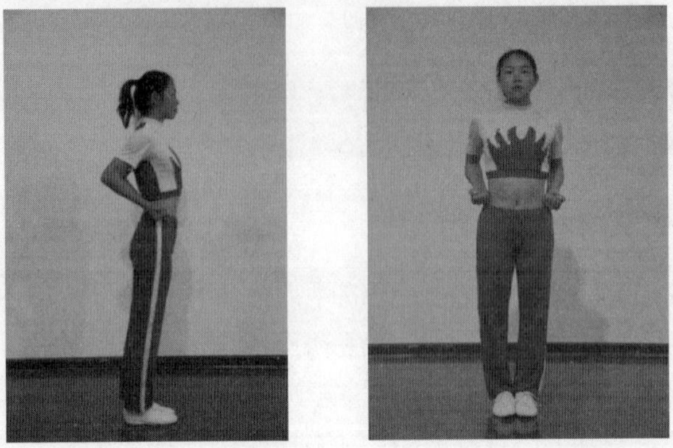

（a）　　　（b）

图 4-13　起势

动作要点：

（1）身体直立，挺胸，收腹；

（2）两臂夹紧；

（3）动作干脆利落。

3. 第一节 金顶观日（4×8）

预备姿势：并步抱拳。

1～2 拍：如图 4-14 所示，左腿侧出一步，成开立，两臂经侧、摆至头部上方亮掌，指尖相对，掌心向上，目视上方。

动作要点：两臂微屈，目视双掌。

（a）　　　（b）

图 4-14　金顶观日关键动作 1

3～4 拍：如图 4-15 所示，两臂向前、下、后摆起，两掌成勾手，勾尖向上，目视左侧。

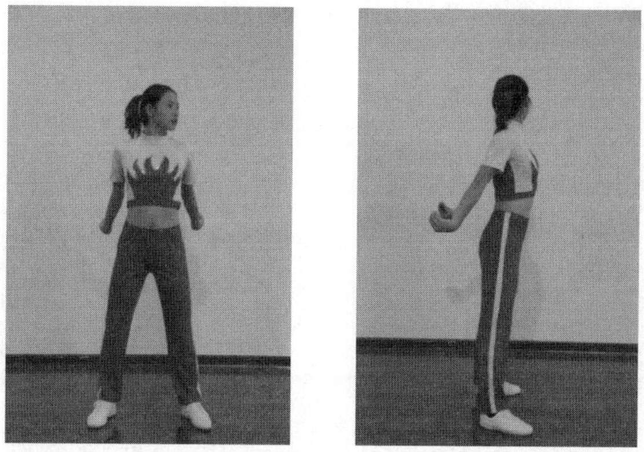

（a）（b）

图 4-15　金顶观日关键动作 2

动作要点：两臂伸直，两掌变勾，目视左侧。

5～6 拍：如图 4-16 所示，两臂经下、向前挑掌，目视前方。

动作要点：两臂伸直，挺胸，目视前方。

（a）（b）

图 4-16　金顶观日关键动作 3

7～8 拍：如图 4-17 所示，收左腿同时收两臂成预备姿势。

动作要点：收拳快速有力，挺胸，收腹。

第二个 8 拍同第一个 8 拍，但是方向相反，第三个、第四个 8 拍同第一个、第二个 8 拍。

4. 第二节 灵猴抖臂（4×8）

预备姿势：并步抱拳。

1～2 拍：如图 4-18 所示，左腿侧出一步，成开立同时两臂成胸前曲肘，两臂交叉，掌心向异侧，左臂在前，目视前方。

动作要点：两臂放体前，挺胸，收腹，两脚分开至与肩同宽。

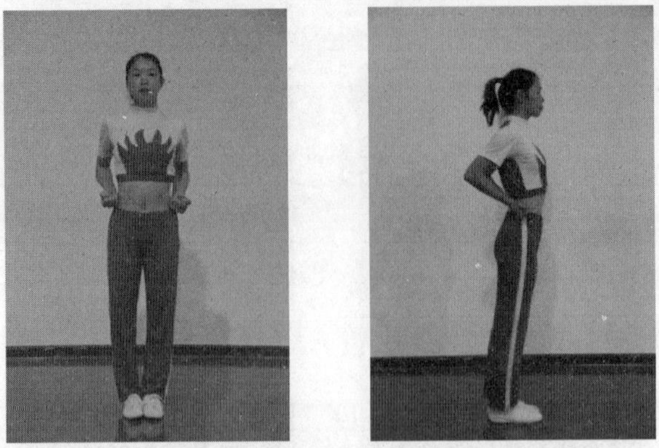

（a）　　（b）

图 4-17　金顶观日关键动作 4

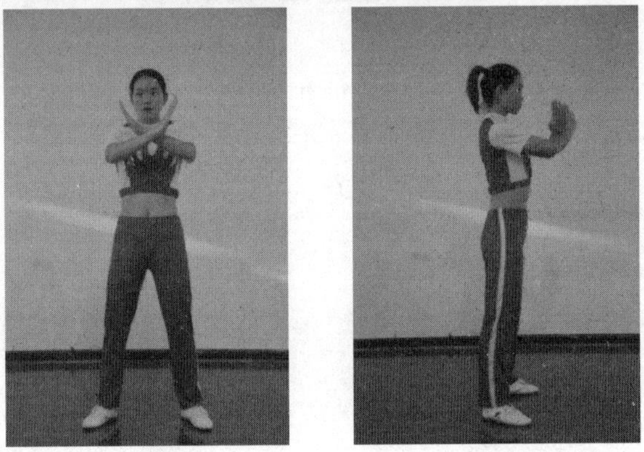

（a）　　（b）

图 4-18　灵猴抖臂关键动作 1

3～4 拍：如图 4-19 所示，以肩为轴，向外旋臂、抖臂成侧举，掌心向上，目视左掌。

动作要点：两臂微屈，目视前方。

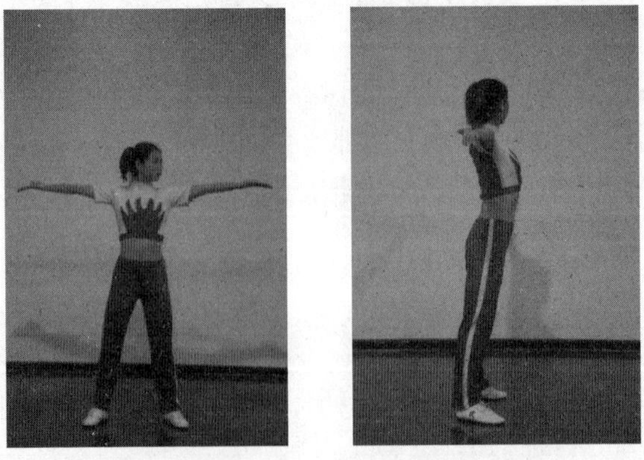

（a）　　（b）

图 4-19　灵猴抖臂关键动作 2

5～6 拍：如图 4-20 所示，同 3～4 拍，但方向相反。

动作要点：两臂伸直，双手略高于肩。

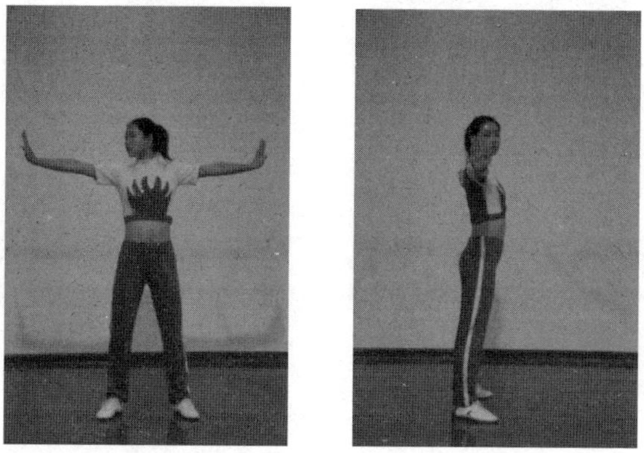

（a）　　（b）

图 4-20　灵猴抖臂关键动作 3

7～8 拍：如图 4-21 所示，收左腿同时收两臂成预备姿势。

动作要点：收拳快速有力，挺胸，收腹。

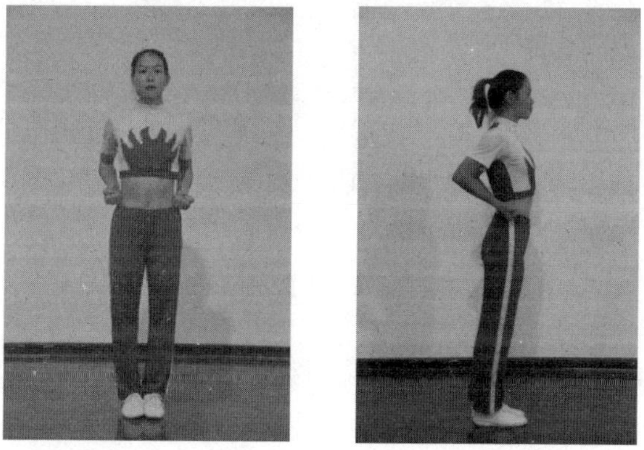

（a）　　（b）

图 4-21　灵猴抖臂关键动作 4

第二个 8 拍同第一个 8 拍，但是方向相反，第三个、第四个 8 拍同第一个、第二个 8 拍。

5. 第三节 弯弓射虎（4×8）

预备姿势：并步抱拳。

1～2 拍：如图 4-22 所示，左腿侧出一大步，成开立，比肩稍宽，同时两臂向侧插掌成侧举，掌心向前，目视左掌。

动作要点：两臂伸直，身体直立，挺胸，收腹，两脚间距比肩稍宽。

3～4 拍：如图 4-23 所示，上体左倾成左侧弓步，同时右臂经头上于左侧上方灌拳，目视右前方。

动作要点：两臂伸直，拧腰顺肩，快速有力。

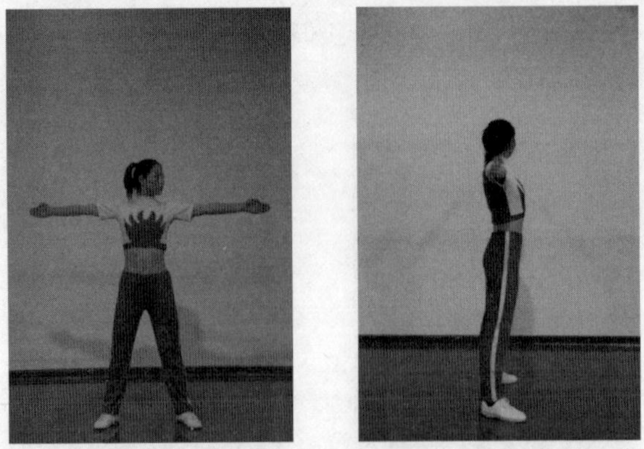

（a）　　　　（b）

图 4-22　弯弓射虎关键动作 1

（a）　　　　（b）

图 4-23　弯弓射虎关键动作 2

5～6 拍：如图 4-24 所示，身体重心右移，上身右倾成右侧弓步，同时右臂后拉成胸前平屈，握拳，拳心向内，左臂成侧举，握拳，拳心向前，目视左拳。

动作要点：右臂屈肘带回，与左臂协调一致，弓步略高于水平位置。

（a）　　　　（b）

图 4-24　弯弓射虎关键动作 3

7～8 拍：如图 4-25 所示，收左腿同时收两臂还原成预备姿势。

动作要点：收拳快速有力，挺胸，收腹。

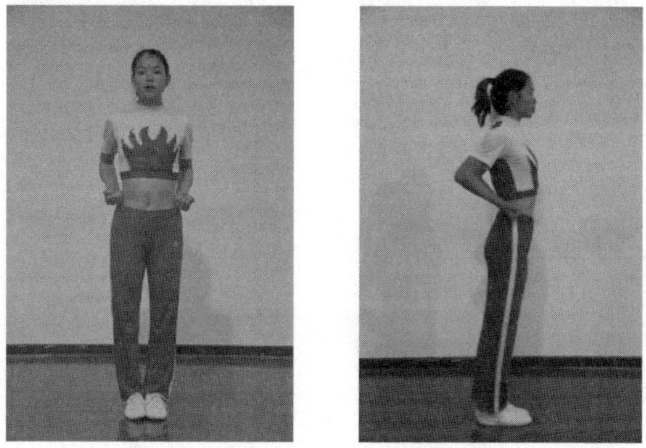

（a）　　（b）

图 4-25　弯弓射虎关键动作 4

第二个 8 拍同第一个 8 拍，但是方向相反，第三个、第四个 8 拍同第一个、第二个 8 拍。

6. 第四节　擒手箭锤（4×8）

预备姿势：并步抱拳。

1～2 拍：如图 4-26 所示，左腿侧出一步，成开立，比肩稍宽，同时左臂经胸前向侧砍掌，与肩同高，目视左手。

动作要点：砍掌快速有力。

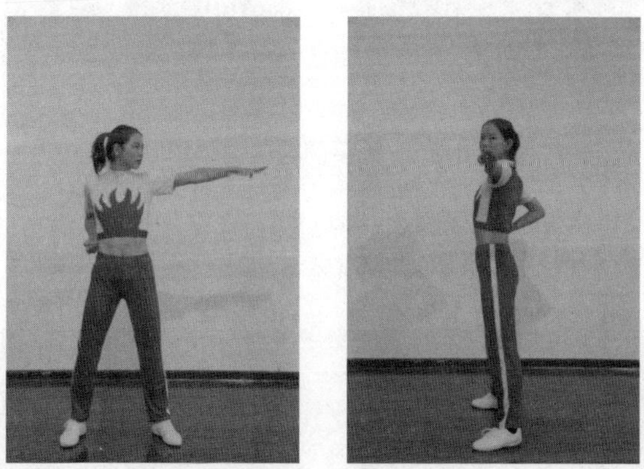

（a）　　（b）

图 4-26　擒手箭锤关键动作 1

3～4 拍：如图 4-27 所示，下蹲成马步，同时左臂下按成虎爪，爪心向外，目视左手。

动作要点：五指分开屈扣，腕节向后仰屈，掌心前凸。

5～6 拍：如图 4-28 所示，向左蹬转 90 度成左弓步，同时左臂收至腰间抱拳，拳心向上，右臂向前冲拳，拳心向下，目视右拳。

动作要点：弓步后腿挺膝伸直；后髋下沉内扣，大腿略高于水平位置，拧腰要快，力达拳面。

（a）　　（b）

图 4-27　擒手箭锤关键动作 2

（a）　　（b）

图 4-28　擒手箭锤关键动作 3

7～8 拍：如图 4-29 所示，收左腿，同时收两臂，成预备姿势。

动作要点：收拳快速有力，挺胸，收腹。

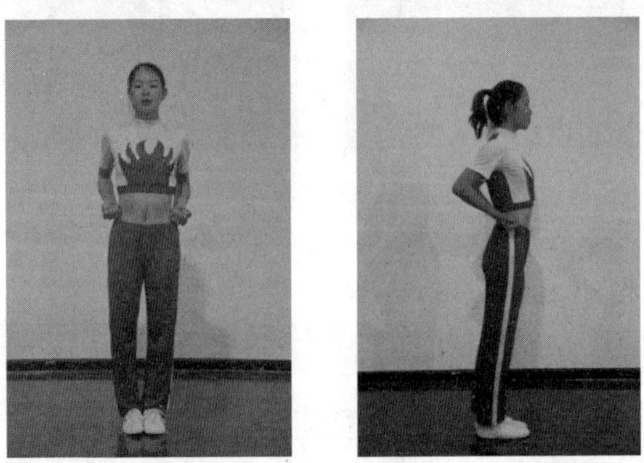

（a）　　（b）

图 4-29　擒手箭锤关键动作 4

第二个 8 拍同第一个 8 拍，但是方向相反，第三个、第四个 8 拍同第一个、第二个 8 拍。

7. 第五节 盘破蹬腿（4×8）

预备姿势：并步抱拳。

1～2 拍：如图 4-30 所示，左腿后撤一步成弓步，同时两臂经腰间推出成交叉掌，掌心向异侧，左臂在前，目视前方。

动作要点：弓步后腿挺膝伸直；后髋下沉内扣，大腿略高于水平位置。

（a）（b）

图 4-30 盘破蹬腿关键动作 1

3～4 拍：如图 4-31 所示，左腿提膝，向前下方踹腿，同时左掌经外旋抓成拳收至腰间，拳心向上，右臂胸前护掌，目视前方。

动作要点：踹腿勾脚尖，踹腿要快速有力，力达脚跟。

（a）（b）

图 4-31 盘破蹬腿关键动作 2

5～6 拍：如图 4-32 所示，上身右转 90 度，同时左脚下落成马步，左臂侧平顶肘，右臂收至腰间抱拳，目视左肘。

动作要点：肘关节抬高，力达肘尖。

（a）　　　　　　　　（b）

图 4-32　盘破蹬腿关键动作 3

7～8 拍：如图 4-33 所示，收左腿同时收两臂，成预备姿势。

动作要点：收拳快速有力，两臂夹紧，抬头挺胸，收腹。

第二个 8 拍同第一个 8 拍，但是方向相反，第三个、第四个 8 拍同第一个、第二个 8 拍。

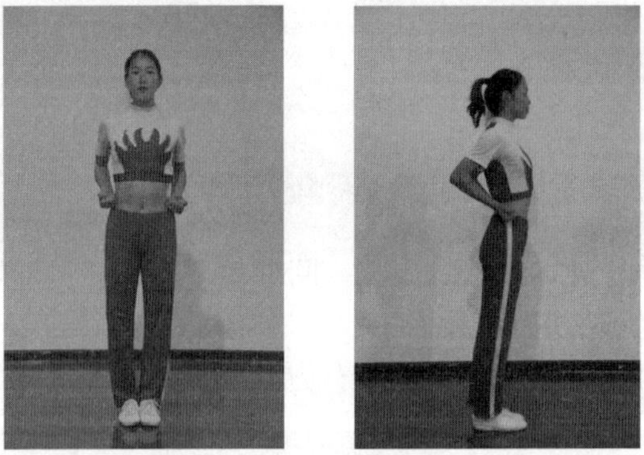

（a）　　　　　　　　（b）

图 4-33　盘破蹬腿关键动作 4

8. 第六节 熊猫洗面（4×8）

预备姿势：并步抱拳。

1 拍：左腿侧出一步，成开立同时两臂向前推掌，如图 4-34（a）、（b）所示。

动作要点：推掌有力，翻掌圆滑。

2 拍：两臂收至腰间，掌心向前，指尖向下，如图 4-34（c）、（d）所示。

动作要点：同 1 拍。

3～4 拍：如图 4-35 所示，体前屈，同时两臂向下插掌至体前交叉，左掌在前，掌心向下。

动作要点：同 1 拍。

5～6 拍：如图 4-36 所示，上体直立，同时两臂经胸前、上、侧成侧举，立掌，掌心向外，目视前方。

动作要点：转掌匀速。

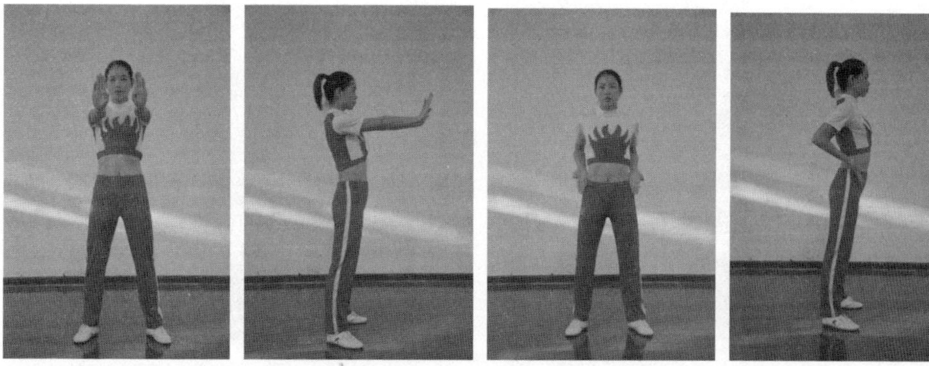

（a）（b）（c）（d）

图 4-34　熊猫洗面关键动作 1

（a）（b）

图 4-35　熊猫洗面关键动作 2

（a）（b）

图 4-36　熊猫洗面关键动作 3

7～8 拍：如图 4-37 所示，收左腿同时收两臂成预备姿势。

动作要点：收拳快速有力，两臂夹紧，挺胸，收腹。

第二个 8 拍同第一个 8 拍，但是方向相反，第三个、第四个 8 拍同第一个、第二个 8 拍。

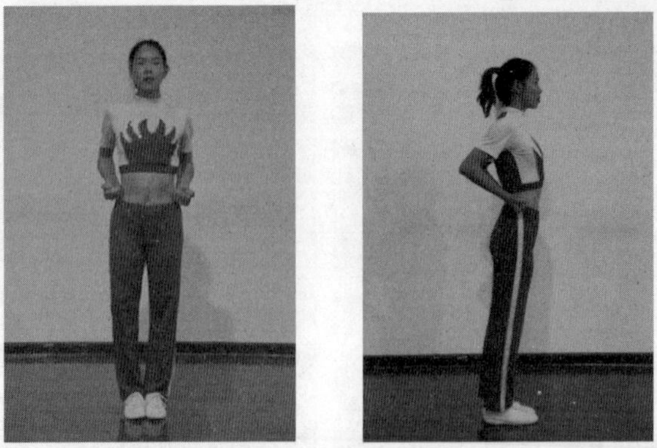

（a）　　（b）

图 4-37　熊猫洗面关键动作 4

9. 第七节 伏虎势（4×8）

预备姿势：并步抱拳

1 拍：如图 4-38 所示，左腿提膝跳起，同时左臂向侧推掌，掌心向侧，指尖向上，右臂在头上亮掌。

动作要点：跳跃动作与手上动作同时完成，保持踝关节、膝关节的弹动。

2 拍：并立，腰间抱拳。

（a）　　（b）

图 4-38　伏虎势关键动作 1

3～4 拍：如图 4-39 所示，3～4 拍同 1～2 拍，但方向相反。

动作要点：同 1～2 拍。

5～6 拍：如图 4-40 所示，两腿跳成左骑龙步，同时两臂经后、上摆成前举，两手成虎爪，爪心向前，目视前方。

动作要点：骑龙步膝关节不要着地，虎爪与骑龙步同时到位。

7～8 拍：如图 4-41 所示，收两臂同时跳成预备姿势。

动作要点：收拳快速有力，两臂夹紧，挺胸，收腹。

第二个 8 拍同第一个 8 拍，但是方向相反，第三个、第四个 8 拍同第一个、第二个 8 拍。

（a）　　（b）

图 4-39　伏虎势关键动作 2

（a）　　（b）

图 4-40　伏虎势关键动作 3

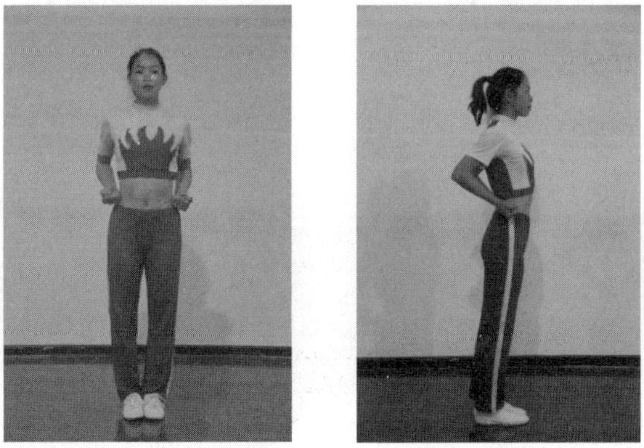

（a）　　（b）

图 4-41　伏虎势关键动作 4

10. 第八节 清音双桥（4×8）

（1）第一个 8 拍。

1～4 拍：如图 4-42 所示，左腿侧出一步，成开立两臂经体侧向内合抱成胸前平屈，掌心向内，目视前方。

动作要点：沉肩坠肘，动作轻松、柔和、缓慢，同时配合呼吸，手臂微屈。

（a）　（b）　（c）　（d）

图 4-42　清音双桥关键动作 1

5～8 拍：如图 4-43 所示，翻掌下按，掌心向下，指尖相对，同时体前屈。

动作要点：下按时配合呼吸。

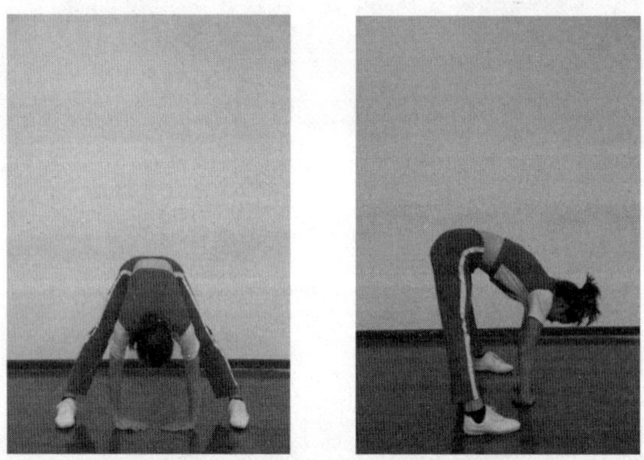

（a）　（b）

图 4-43　清音双桥关键动作 2

（2）第二个 8 拍。

1～4 拍：如图 4-44 所示，两掌外转，指尖向外，两臂经体侧成侧举。

5～6 拍：如图 4-45 所示，上身直立，同时两臂经前合抱成胸前平屈，掌心向内。

动作要点：沉肩坠肘，动作轻松、柔和、缓慢，同时配合呼吸，手臂微屈。

7～8 拍：如图 4-46 所示，收左腿，同时两臂翻掌下按，放至体前。

动作要点：沉肩坠肘，两臂微屈。

（3）第三个 8 拍同第一个 8 拍，动作相同，方向相反。

（4）第四个 8 拍同第二个 8 拍，动作相同，方向相反，但第四个 8 拍的最后一拍还原成预备姿势。

（a）（b）（c）（d）

图 4-44　清音双桥关键动作 3

（a）（b）

图 4-45　清音双桥关键动作 4

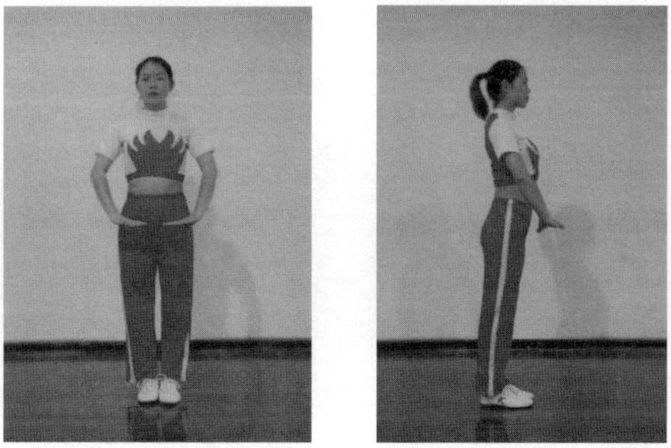

（a）（b）

图 4-46　清音双桥关键动作 5

11. 收势

（1）两臂斜前 45 度上举于胸前环抱，左掌掌心贴右拳拳面，左掌掌指朝上，右拳拳心向下，目视前方，如图 4-47 所示。

（2）两臂回落于体侧，目视前方，如图 4-48 所示。

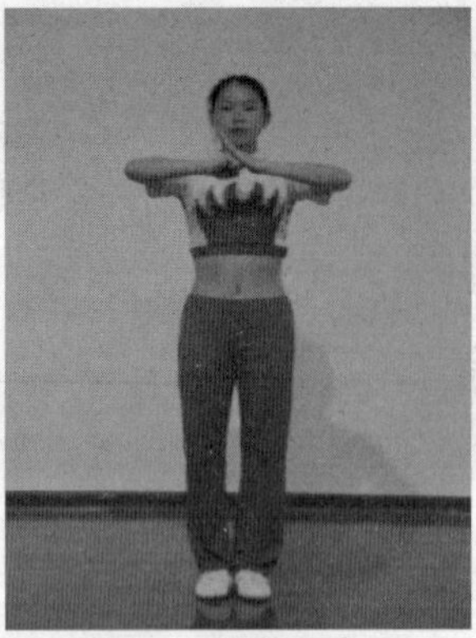

图 4-47　收势关键动作 1

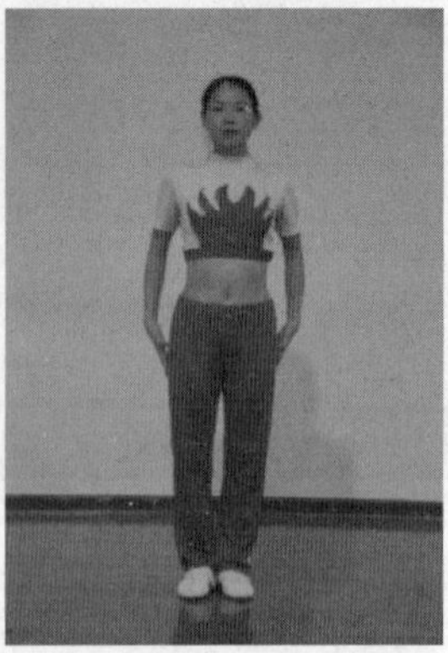

图 4-48　收势关键动作 2

动作要点：

（1）身体直立，挺胸，收腹；

（2）两臂微屈；

（3）动作干脆利落，回落快速有力。

三、峨眉武术操系列动作图解第二部分

（一）动作构成

本套峨眉武术操是在峨眉武术操系列第一部分的基础动作上的延伸，全套动作共 8 节，每节 4 个 8 拍。

扫一扫

峨眉武术操（二）

（二）动作内容

基本动作除去抱拳礼和起势，共有 8 节。动作名称分别为魁星点斗、开合功、上步卧牛、霸王挑车、美女梳头、滚心破锤、火龙摆尾、黄莺展翅。

（三）动作说明

1. 抱拳礼

（1）如图 4-49 所示，并步直立，两臂垂于体侧，目视前方。

（2）如图 4-50 所示，两臂斜前 45 度摆至胸前环抱，左掌掌心贴右拳拳面，左掌掌指朝上，右拳拳心向下，目视前方。

动作要点：

（1）身体直立，挺胸，收腹；

（2）两臂微屈；

（3）动作干脆利落，回落快速有力。

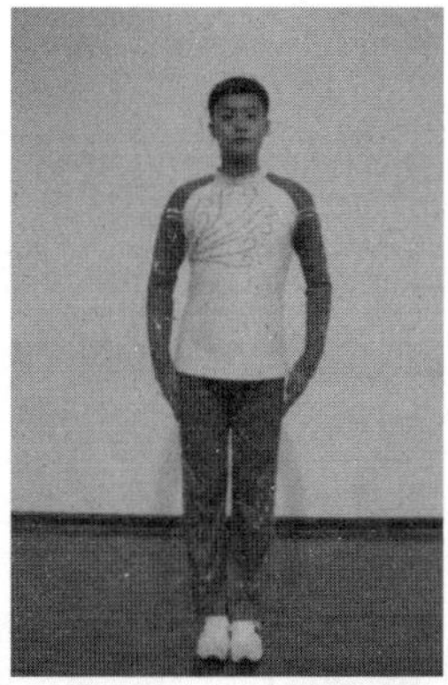

图 4-49　抱拳礼关键动作 1

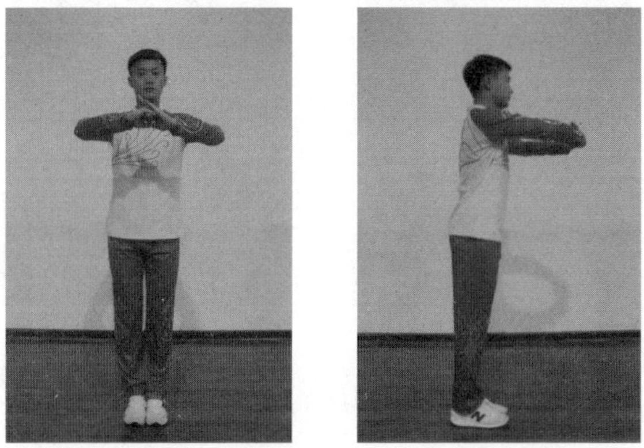

（a）　　　　（b）

图 4-50　抱拳礼关键动作 2

2. 起势

并步抱拳：如图 4-51 所示，两手抱拳于腰间，目视前方。

动作要点：

（1）身体直立，挺胸，收腹；

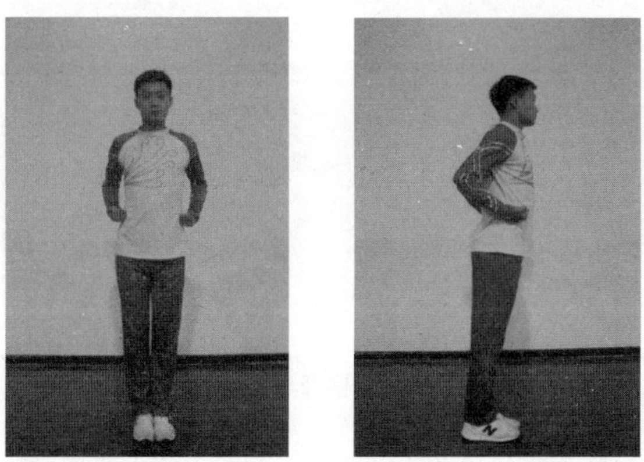

（a）　　　　（b）

图 4-51　起势

（2）两臂夹紧；

（3）动作干脆利落。

3. 第一节 魁星点斗（4×8）

预备姿势：并步抱拳。

1～2 拍：如图 4-52 所示，左腿向左一步，成开立，两脚间距略宽于肩，同时左臂经体侧握拳摆至胸前平屈举，拳心向内，目视前方。

动作要点：两臂微屈，目视前方。

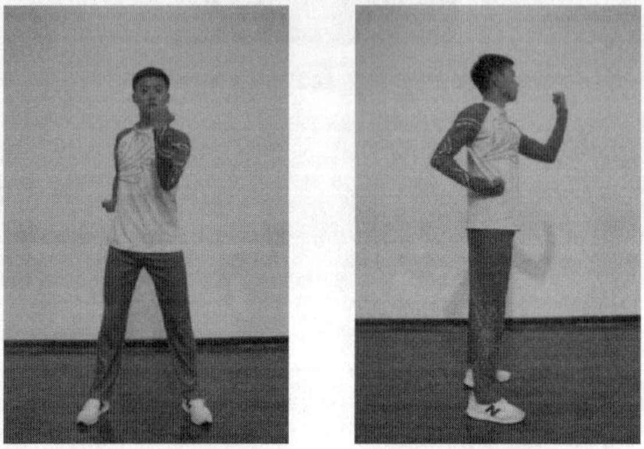

（a）　　　　（b）

图 4-52　魁星点斗关键动作 1

3～4 拍：如图 4-53 所示，左臂经体侧向上亮掌，掌心向上，指尖向异侧；同时右手翻拳变掌下按，掌心向下，指尖向前，抬头目视左侧斜上方。

动作要点：两臂伸直，两手拳变掌，目视左侧斜上方。

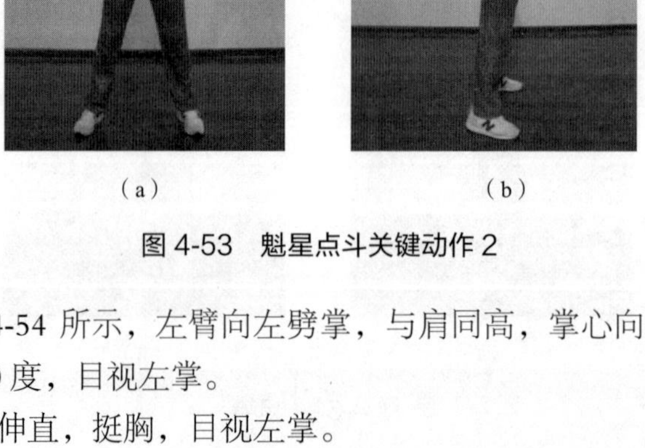

（a）　　　　（b）

图 4-53　魁星点斗关键动作 2

5～6 拍：如图 4-54 所示，左臂向左劈掌，与肩同高，掌心向前；同时右臂收至腰部抱拳，向左转头 90 度，目视左掌。

动作要点：左臂伸直，挺胸，目视左掌。

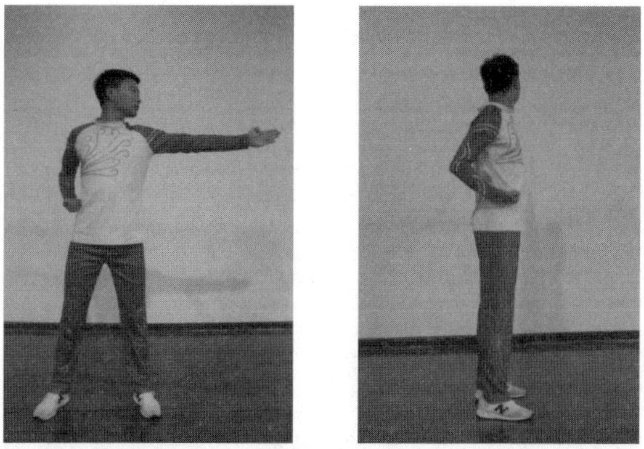

（a）　　（b）

图 4-54　魁星点斗关键动作 3

7～8 拍：如图 4-55 所示，收左腿同时收左臂成预备姿势。

动作要点：收拳快速有力，挺胸，收腹。

第二个 8 拍同第一个 8 拍，但是方向相反，第三个、第四个 8 拍同第一个、第二个 8 拍。

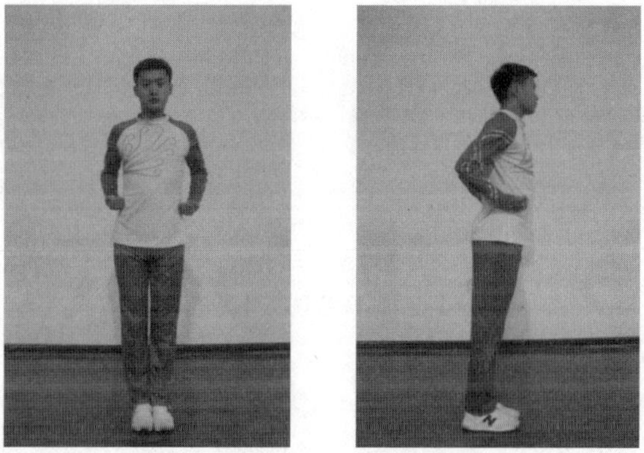

（a）　　（b）

图 4-55　魁星点斗关键动作 4

4. 第二节 开合功（4×8）

预备姿势：并步抱拳。

1～2 拍：如图 4-56 所示，左腿向左一大步成马步，两臂经腰部向两侧插掌，与肩同高，掌心向前，同时向左转头 90 度，目视左手。

动作要点：两臂插掌有力。

3～4 拍：如图 4-57 所示，两臂向内合抱交叉至胸前，左臂在外，指尖触肩，掌心向内，目视前方。

动作要点：目视前方。

5～6 拍：如图 4-58 所示，两臂收至腰间，经腰间向两侧插掌，掌心向前，同时向右转头 90 度，目视右手。

（a）　　　　　　　　（b）

图 4-56　开合功关键动作 1

（a）　　　　　　　　（b）

图 4-57　开合功关键动作 2

（a）　　　　　　　　（b）

图 4-58　开合功关键动作 3

动作要点：两臂伸直，与肩同高。

7～8 拍：如图 4-59 所示，收左腿成预备姿势。

动作要点：收拳快速有力，挺胸。收腹。

第二个 8 拍同第一个 8 拍，但是方向相反，第三个、第四个 8 拍同第一个、第二个 8 拍。

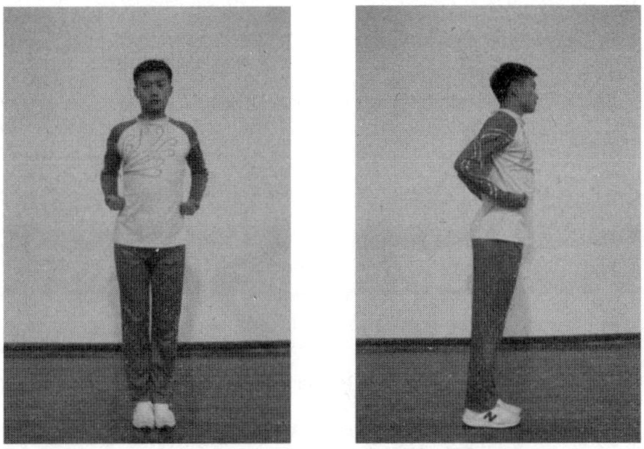

（a）　　（b）

图 4-59　开合功关键动作 4

5. 第三节 上步卧牛（4×8）

预备姿势：并步抱拳。

1～2 拍：如图 4-60 所示，左腿向左一步成左弓步，右臂经体侧向左侧上方插掌，掌心向前，上体、右臂、右腿成一条直线，左手胸前护掌。

动作要点：左侧大腿与地面平行，右臂、上体、右腿在一条直线上。

（a）　　（b）

图 4-60　上步卧牛关键动作 1

3～4 拍：如图 4-61 所示，左臂经右胸前向左穿掌，略高于肩，右手下按至左肘下方，掌心向下，目视前方。

动作要点：双手插掌快速有力。

5～6 拍：如图 4-62 所示，身体右转成马步，左臂翻掌侧推，指尖向前，右臂后拉至胸前平屈，握拳，拳心向下，目视左掌。

动作要点：左臂与右臂协调一致，弓步略高于水平位置。

（a）　　　　　　（b）

图 4-61　上步卧牛关键动作 2

（a）　　　　　　（b）

图 4-62　上步卧牛关键动作 3

7～8 拍：如图 4-63 所示，收左腿成预备姿势。

动作要点：收拳快速有力，挺胸，收腹。

第二个 8 拍同第一个 8 拍，但是方向相反，第三个、第四个 8 拍同第一个、第二个 8 拍。

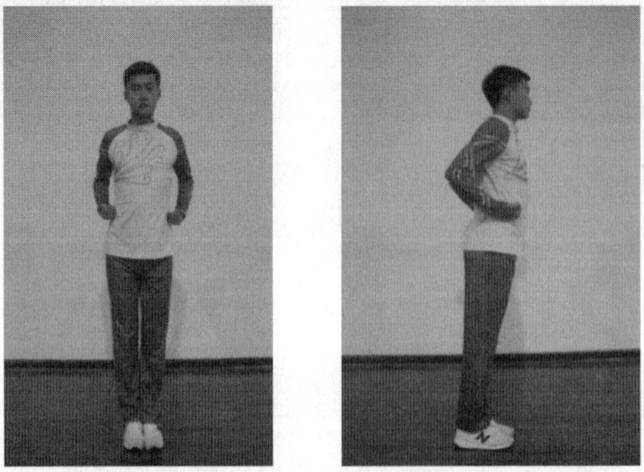

（a）　　　　　　（b）

图 4-63　上步卧牛关键动作 4

6. 第四节 霸王挑车（4×8）

预备姿势：并步抱拳。

1～2 拍：如图 4-64 所示，左腿向左一步成马步，同时向两侧推掌，两臂伸直，与肩同高，目视左掌。

动作要点：脚尖朝前，两臂伸直。

（a）

（b）

图 4-64 霸王挑车关键动作 1

3～4 拍：如图 4-65 所示，收右腿，两腿屈膝下蹲，同时身体向左转 90 度，左臂伸直向后勾手，右臂抡臂顺势变掌拍地。

动作要点：顺势拧腰要快速发力，勾手指尖朝上。

（a）

（b）

图 4-65 霸王挑车关键动作 2

5～6 拍：如图 4-66 所示，右腿向右撤步成马步，同时右臂侧推掌，左臂头上亮掌，目视右掌。

动作要点：脚尖朝前，目视右掌。

7～8 拍：如图 4-67 所示，收右腿成预备姿势。

动作要点：收拳快速有力，挺胸，收腹。

第二个 8 拍同第一个 8 拍，但是方向相反，第三个、第四个 8 拍同第一个、第二个 8 拍。

（a）　　　　　　　　（b）

图 4-66　霸王挑车关键动作 3

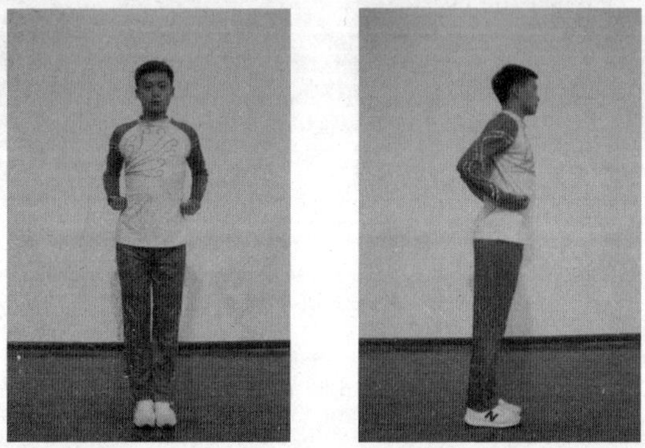

（a）　　　　　　　　（b）

图 4-67　霸王挑车关键动作 4

7. 第五节 美女梳头（4×8）

预备姿势：并步抱拳。

1 拍：如图 4-68 所示，左腿侧出一步，成马步，同时左臂经前向右画弧，至右侧前肘，右臂经左臂上向右前穿掌。

2 拍：两掌翻腕下按。

动作要点：大腿略高于水平位置，推掌有力。

（a）　　　　　　　　（b）

图 4-68　美女梳头关键动作 1

3 拍：如图 4-69 所示，右掌立掌于左胸侧，同时左手向上翻掌，顺时针画弧经前额、头部右侧、后脑绕环至头部左侧，目视前方。

动作要点：左手画弧自然。

（a）　　　　　　　　　　　　（b）

图 4-69　美女梳头关键动作 2

4 拍：如图 4-70 所示，右手变拳向下栽拳，同时跺左脚，屈膝半蹲，目视右下方。

动作要点：同 3 拍。

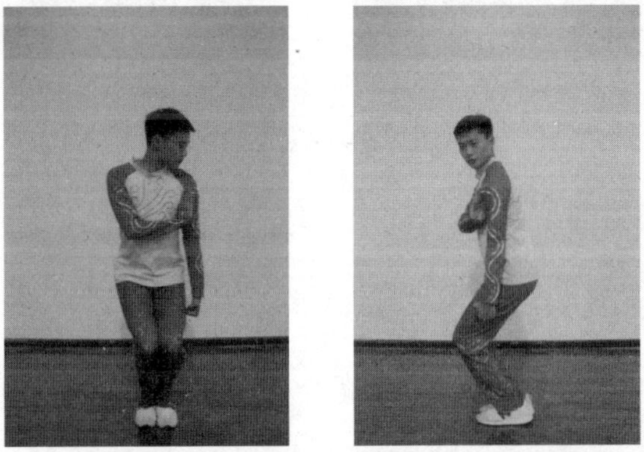

（a）　　　　　　　　　　　　（b）

图 4-70　美女梳头关键动作 3

5～6 拍：如图 4-71 所示，右手收至胸前护掌，同时身体直立，左腿向侧面踹出，力达脚跟，向左转头 90 度，目视踹腿方向。

动作要点：踹腿快速有力，脚后跟发力，发力点准确。

7～8 拍：如图 4-72 所示，收左腿同时收右臂成预备姿势。

动作要点：收拳快速有力，两臂夹紧，挺胸，收腹。

第二个 8 拍同第一个 8 拍，但是方向相反，第三个、第四个 8 拍同第一个、第二个 8 拍。

（a）　　（b）

图 4-71　美女梳头关键动作 4

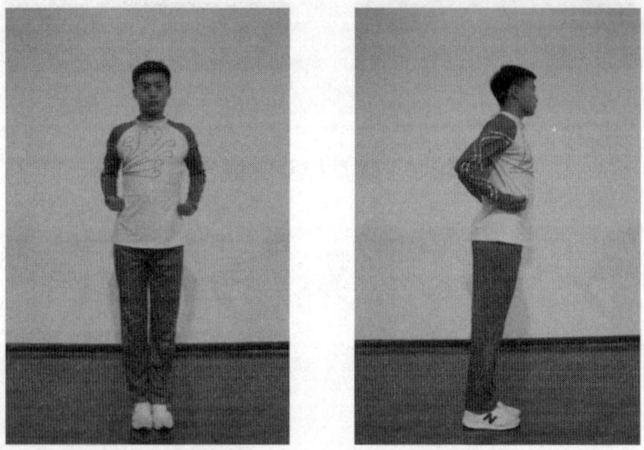

（a）　　（b）

图 4-72　美女梳头关键动作 5

8. 第六节　滚心破锤（4×8）

预备姿势：并步抱拳。

1～2 拍：如图 4-73 所示，左腿提膝独立，膝关节略高于大腿，左脚脚面绷直，两拳经腰间成右臂前下方冲拳，左臂胸前平屈后拉，拳心向下，目视右拳。

动作要点：提膝快速，双手对拉有力。

（a）　　（b）

图 4-73　滚心破锤关键动作 1

3～4 拍：如图 4-74 所示，身体右转 90° ，左腿正前方落脚成马步，同时左手握拳微屈，拳心向内，左拳略高于肩，右手抱拳于腰间，目视左拳。

动作要点：正前方落脚重心平稳，发力点准确。

（a）　　　　（b）

图 4-74　滚心破锤关键动作 2

5～6 拍：如图 4-75 所示，向左蹬转 90° 成左弓步，同时右手向胸前成虎爪，爪心向前，左手虎爪至右肘下方，爪心向下，目视前方。

动作要点：弓步后腿挺膝伸直，重心放在两腿之间，出手快速有力。

（a）　　　　（b）

图 4-75　滚心破锤关键动作 3

7～8 拍：如图 4-76 所示，收左腿成预备姿势。

动作要点：收拳快速有力，抬头挺胸、收腹。

第二个 8 拍同第一个 8 拍，但是方向相反，第三个、第四个 8 拍同第一个、第二个 8 拍。

9．第七节 火龙摆尾（4×8）

预备姿势：并步抱拳。

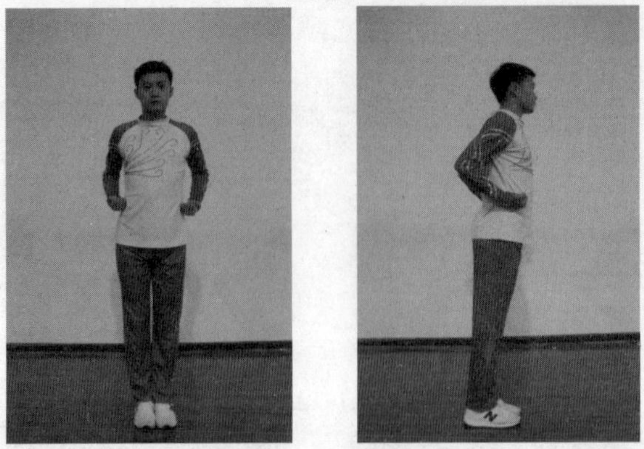

（a）　　（b）

图 4-76　滚心破锤关键动作 4

1 拍：如图 4-77 所示，左腿提膝跳起，同时左手向左侧推掌，右手头上亮掌，目视左掌。

动作要点：手脚动作协调一致，提膝推掌快速有力。

（a）　　（b）

图 4-77　火龙摆尾关键动作 1

2 拍：如图 4-78 所示，落左腿，同时收两臂成并步抱拳。

动作要点：目视前方。

3 拍：如图 4-79 所示，同 1 拍，但是方向相反。

动作要点：同 1 拍。

4 拍：如图 4-80 所示，落右腿成马步，同时两掌胸前交叉，左臂在外，上体中正，目视前方。

动作要点：落脚成马步，重心稳定，两手掌十字交叉快速有力。

5 拍：如图 4-81 所示，重心左移，身体直立，右腿屈膝后摆，右脚脚面绷直，同时左掌经胸前向上摆成侧举亮掌，掌心向左，右掌经胸前向上画弧，于头部上方翻腕亮掌，掌心向上，右臂紧贴于耳，目视左掌。

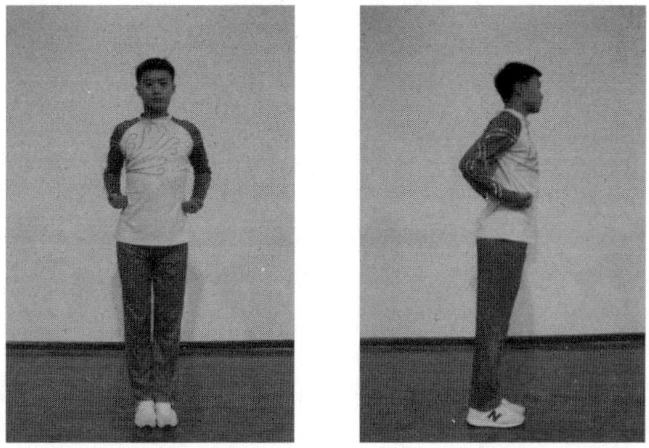

（a）　　　　　　　　　（b）

图 4-78　火龙摆尾关键动作 2

（a）　　　　　　　　　（b）

图 4-79　火龙摆尾关键动作 3

（a）　　　　　　　　　（b）

图 4-80　火龙摆尾关键动作 4

动作要点：翻腕亮掌有力，推掌用力，屈腿后摆时摆动腿贴近支撑腿，摆动腿的脚面绷直。

（a）　　　　　　　　　　（b）

图 4-81　火龙摆尾关键动作 5

6 拍：如图 4-82 所示，同 4 拍。

动作要点：同 4 拍。

（a）　　　　　　　　　　（b）

图 4-82　火龙摆尾关键动作 6

7 拍：如图 4-83 所示，同 5 拍，但是方向相反。

动作要点：同 5 拍。

（a）　　　　　　　　　　（b）

图 4-83　火龙摆尾关键动作 7

8 拍：如图 4-84 所示，收两臂同时收左腿成预备姿势。

动作要点：收拳快速有力，两臂夹紧，抬头挺胸，收腹。

第二个 8 拍同第一个 8 拍，但是方向相反，第三个、第四个八拍同第一个、第二个 8 拍。

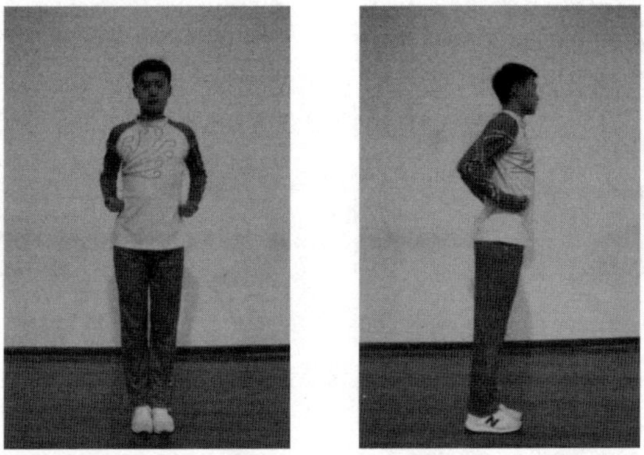

（a）　　（b）

图 4-84　火龙摆尾关键动作 8

10. 第八节 黄莺展翅（4×8）

预备姿势：并步抱拳。

1～2 拍：如图 4-85 所示，左腿侧出一步，成开立，与肩同宽，两掌经体侧向前画弧，合抱至胸前，两手掌心向内，目视前方。

动作要点：出手匀速缓慢，吸气均匀。

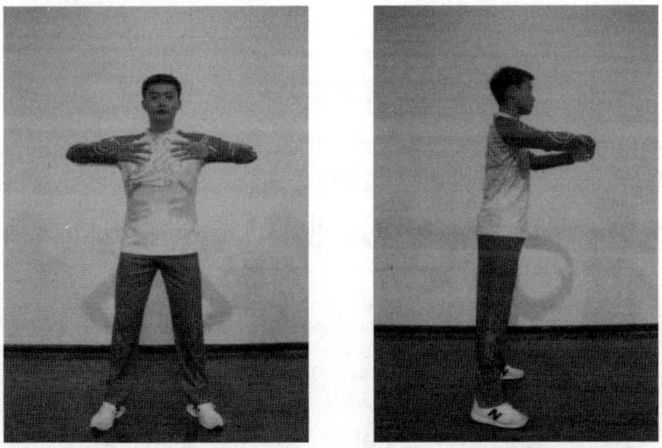

（a）　　（b）

图 4-85　黄莺展翅关键动作 1

3～4 拍：如图 4-86 所示，两手翻掌下按，按至腹前，指尖相对，目视两掌。

动作要点：两手下按缓慢，眼随手动，同时均匀呼气。

5～6 拍：如图 4-87 所示，右腿直立，同时提左膝，左脚脚面绷直，两臂经体侧摆至上举，手指成兰花指，掌心向外，目视前方，吸气。

动作要点：提膝关节独立，脚面绷直，双手上摆匀速，方向明确。

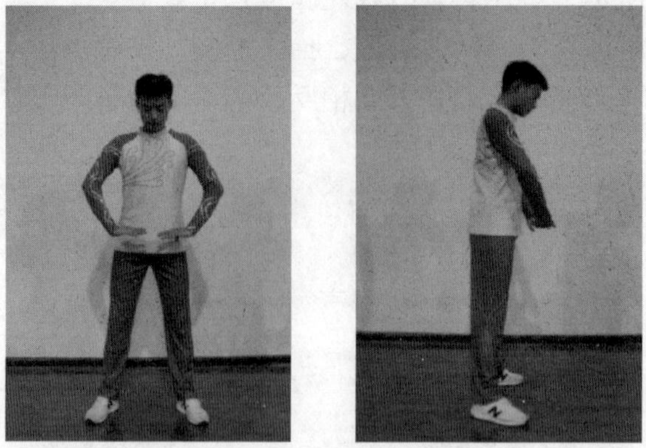

（a）（b）

图 4-86　黄莺展翅关键动作 2

（a）（b）

图 4-87　黄莺展翅关键动作 3

7～8 拍：如图 4-88 所示，收两臂同时收左腿成预备姿势，同时呼气。

动作要点：收拳匀速缓慢，抬头挺胸。收腹，调整呼吸。

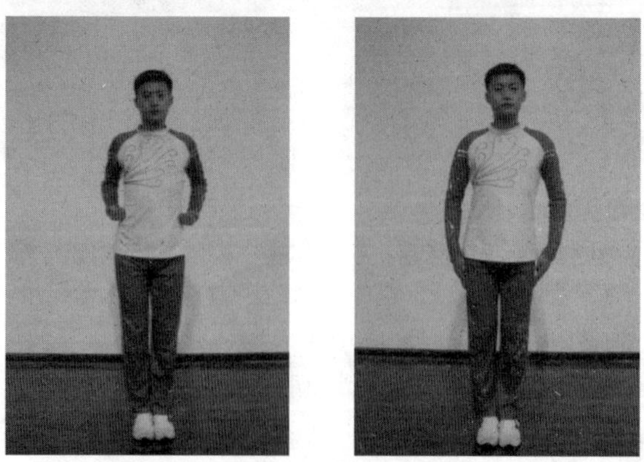

（a）（b）

图 4-88　黄莺展翅关键动作 4

第二个 8 拍同第一个 8 拍，但是方向相反，第三个、第四个 8 拍同第一个、第二个 8 拍。

第四节　峨眉武术套路

内江师范学院峨眉武术教学教研团队依据《关于实施中华优秀传统文化传承发展工程的意见》(以下简称《意见》) 的精神和指导思想，为发挥峨眉武术文化的教育与健身作用，增强大学生的民族认同感，弘扬民族精神、传承民族文化，创编了峨眉武术套路。峨眉武术套路主要以富含地域文化底蕴的峨眉武术动作为素材，依托巴蜀地域文化特色，结合本土拳种、门派动作等创编而成。

一、峨眉武术套路基本功

（一）基本术语

峨眉武术套路基本功分为肩功、腰功、腿功、手型、手法、步型、步法、跳跃等组合动作。峨眉武术套路基本功是初学者要掌握的入门功夫，更是峨眉武术套路教学的基础和关键。练习基本功和基本动作，可使身体各部位都得到比较全面的训练，并能较快地发展武术运动的专项身体素质，为峨眉武术套路学习打下良好的基础。本套峨眉武术套路基本功以峨眉武术传统动作为主，传统武术基本功趋于竞技武术基本功，基本功多趋于高架，不用像竞技套路那样规范标准。

（二）手型

手型是指手掌、手指的形状。武术中的许多上肢技法，最终都是通过手型来完成的，其作用效果也因手型不同而大不相同。另外，手型也是体现各拳种风格特点的重要标志之一。

1. 拳型

手掌伸开，除拇指外的四指并拢；并拢的四指弯回，卷向手心，拇指弯曲，其第一节压在食指、中指的中节上；拳面要平，握拳要紧，所谓“攥拳如卷饼”，拳背与手腕、前臂在一个平面上。拳眼朝上为立拳，拳背朝上为平拳，如图 4-89 所示。

2. 掌型

如图 4-90 所示，四指并拢伸直，拇指第一指节弯曲，扣在虎口处。

3. 刁手

如图 4-91 所示，四指并拢卷曲，大拇指也弯曲，虎口朝外，伸腕。

4. 八字掌

如图 4-92 所示，拇指外展，虎口张开，其余四指并拢伸直，拇指与食指大致成“八”字形。

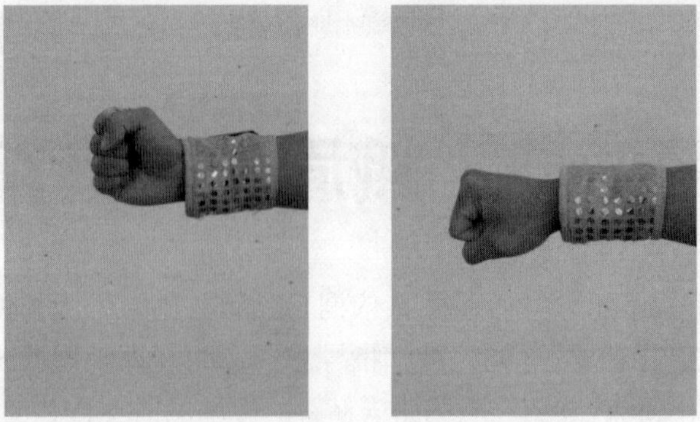

（a）　（b）

图 4-89　拳型

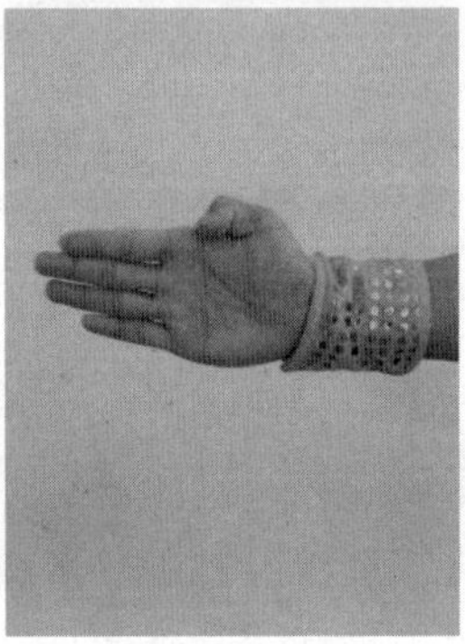

图 4-90　掌型

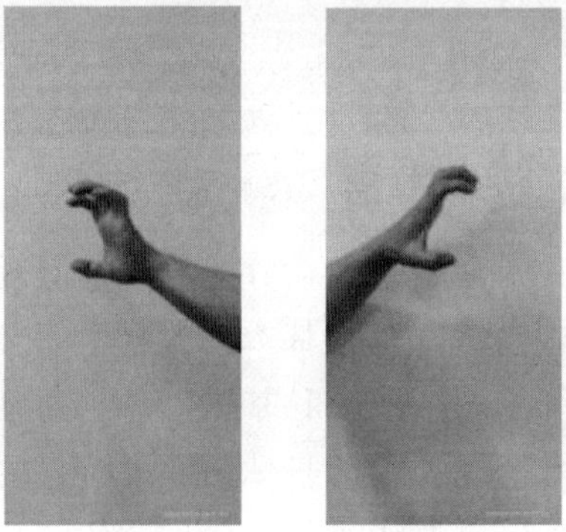

（a）　（b）

图 4-91　刁手

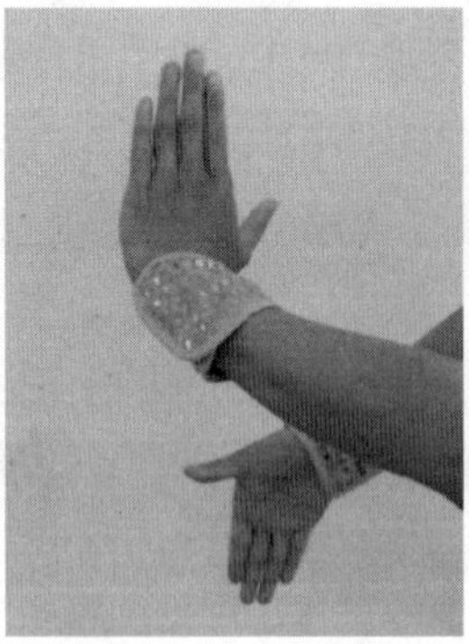

图 4-92　八字掌

（三）步型

1. 马步

如图 4-93 所示，两腿平行开立，两脚间距约为脚长的 3 倍，然后下蹲，脚尖平行向前，勿外撇。两膝向外撑，膝关节不能超过脚尖，大腿大致与地面平行。同时胯向前内收，臀部勿突出。这样能使裆呈圆弧形，俗称圆裆。马步要求含胸拔背，勿挺胸，胸要平，背要圆；两手可环抱胸前，如抱球状；头往上顶，头顶如同被一根线悬住。

2. 弓步

如图 4-94 所示，两脚前后开立，后脚尖与前脚跟距离为本人脚长的 3～4 倍，前腿屈膝半蹲，大腿略高于水平位置，脚尖稍内扣，斜向前方；两脚全脚掌着地，前脚跟与后脚跟内侧的横向距离为 5～10 厘米，两眼平视前方。弓左腿为左弓步，弓右腿为右弓步。

图 4-93 马步

图 4-94 弓步

3. 虚步

如图 4-95 所示，两脚前后站立，重心落于右腿，右腿屈髋屈膝或半蹲，脚尖外展约 45 度；左腿稍屈膝，膝关节稍内合，脚跟提起，脚面绷平，脚尖虚点地。双眼平视左前方。左脚在前为左虚步，右脚在前为右虚步。

4. 仆步

如图 4-96 所示，右腿屈膝全蹲，大腿、小腿靠紧，臀部接近小腿，脚尖和踝关节外展 30～45 度；左腿侧出挺直平仆，脚尖内扣。两脚全脚掌着地，上身稍左转，双眼平视前方。仆左腿为左仆步，仆右腿为右仆步。

图 4-95 虚步

图 4-96 仆步

5. 歇步

如图 4-97 所示，两脚左右交叉，左脚在前，右脚尖与左脚跟大致在一条直线上，两脚间距约为一条小腿的长度，大腿靠拢贴紧，屈膝全蹲；左脚全脚掌着地，脚尖外展，右脚前脚掌着地，右膝外侧与左小腿外侧贴紧；臀部坐于右小腿接近脚跟处，上身稍向前倾并向左方拧转。左脚在前为左歇步，右脚在前为右歇步。

图 4-97 歇步

6. 丁步

如图 4-98 所示，两腿半蹲，裆间并拢，一只脚脚尖点地，另一只脚全脚掌着地，同时挺胸、塌腰、落臀。

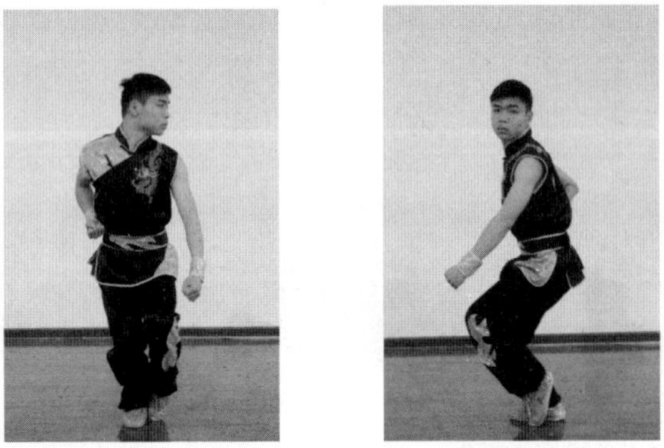

（a）（b）

图 4-98 丁步

7. 单碟步

如图 4-99 所示，一条腿屈膝下蹲，另一条腿跪地，跪地腿的小腿内侧贴于地面。

8. 骑龙步

如图 4-100 所示，一条腿屈膝下蹲，另一条腿跪地，跪地腿的小腿接近地面而不贴于地面，两脚间距约为本人脚长的两倍。

图 4-99　单碟步

图 4-100　骑龙步

二、峨眉武术套路系列动作图解第一部分

（一）动作构成

扫一扫 峨眉武术套路（一）第一段

扫一扫 峨眉武术套路（一）第二段

峨眉武术套路系列第一部分为初学者入门套路。这套套路将峨眉武术的基本手型、手法、步型、步法、腿法、身法等进行组合，并结合本土拳种峨眉盘破门、松溪内家拳、僧门、生门中的基本动作创编而成。

（二）动作内容

峨眉武术套路系列第一部分，除去起势（请手、抱拳礼）和收势，还有 13 个动作，分为两段。第一段动作名称分别为骑马问路、刁手破拳、盘破蹬腿、霸王顶肘、退步盖打、架马飞拳、闭门封喉。第二段动作名称分别为蛟龙出海、武松脱拷、进步连环掌、金蛇盘柳、挂臂、劈头盖脸。这套套路简单易学，易于推广普及。

（三）动作说明

1. 起势（请手、抱拳礼）

（1）两脚并拢成立正姿势，如图 4-101（a）、（b）所示。

（2）右手为拳、左手为掌，右拳拳面贴近左手掌心，从胸前将双手推出 20～30 厘米，两眼平视前方，如图 4-101（c）、（d）所示。

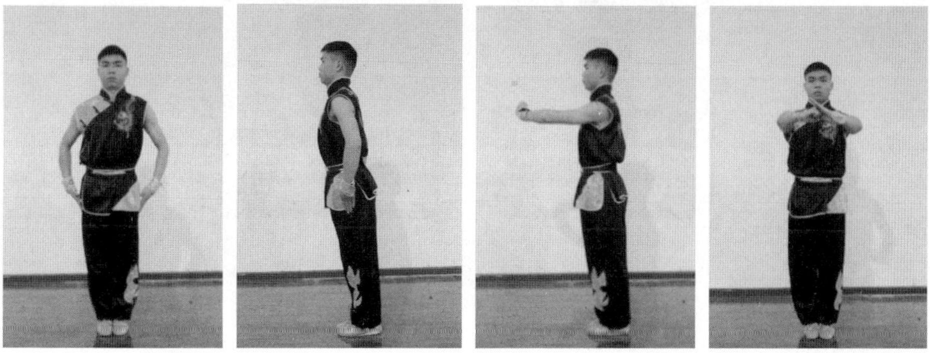

（a）　（b）　（c）　（d）

图 4-101　起势

攻防含义：礼中带攻防，若遇对方来拳，以左掌拨挡防守，以右拳进攻反击。

第一段

2. 骑马问路

如图 4-102 所示，右脚退步并外展 45 度，屈膝半蹲；左脚脚跟离地，脚面绷平，脚尖稍内扣，虚点地面，左膝微屈，成左虚步；左手掌心朝上，向前平伸（肘关节微屈），右手变掌置于左侧腋下（掌心朝下），两眼平视左前方。

攻防含义：右臂向内砍，以防止对方进攻胸、腹部；左臂顺势于右臂上方，可进攻对方上盘，也可隔挡对方进攻。

（a）　　　　（b）

图 4-102　骑马问路

3. 刁手破拳

（1）两脚动作不变，左手向外变刁手（四指并拢，虎口朝外，伸腕），右手握拳收于腰部。

（2）左脚向前跨步成左弓步，右拳从腰部向前平冲（竖拳与肩同高），左手变立掌护于右胸前，如图 4-103 所示。

攻防含义：左手可翻腕反擒对方，同时右拳可攻击对方腋下或腰部等要害部位。

（a）　　　　（b）

图 4-103　刁手破拳

4. 盘破蹬腿

如图 4-104 所示，右腿向左斜前方下蹬腿（勾脚尖），双手收回右侧腰部（左掌掌根贴近右拳拳轮），两眼直视蹬腿方向。

攻防含义：右手向内缠住对方手腕，左手助力拖曳对方手臂，下蹬腿攻击对方下盘的要害部位。

（a）　　（b）

图 4-104　盘破蹬腿

5. 霸王顶肘

如图 4-105 所示，右腿下落成马步，右手顶肘于右侧方（拳面护腮，拳轮贴近耳根），左手屈肘握拳于左下方（拳面向下），两眼右视手肘前方。

攻防含义：贴身靠，往上顶肘攻击对方的耳部、太阳穴，顺势往下猛砸肩，右拳护腮。

（a）　　（b）

图 4-105　霸王顶肘

6. 退步盖打

如图 4-106 所示，右脚向后退至左脚后面成左虚步，右拳向左格挡后收回腰部，紧接着左拳由左向右格挡后向下盖打至左膝上约 10 厘米处。

攻防含义：左右小臂向内格挡后再向下格挡，以防止对方进攻腿。

7. 架马飞拳

（1）左腿上前一小步，同时两臂微屈交叉至头顶上方（双手握拳），右腿提膝勾脚，如图 4-107（a）、（b）所示。

（a）（b）

（c）（d）

（e）（f）

图 4-106 退步盖打

（2）右脚向前跨步成右弓步，右手握拳向中侧击，左手抓住右手前臂，如图 4-107（c）、（d）所示。

攻防含义：上可抵挡对方棍棒器械，下可抵挡敌方腾空性攻击或腿法，侧身可横击敌方。

8. 闭门封喉

（1）双手体前交叉轮臂，同时提右膝震脚，左脚并右脚（双脚微屈成丁步），右拳收于腰部，左掌立于右胸前，如图 4-108（a）、（b）、（c）、（d）所示。

（2）左脚上步成马步，向前推掌时由马步变成弓步，左掌虎口向上推于与颈部同高处，右掌掌根朝上，大致与裆部同高，如图 4-108（e）、（f）所示。

攻防含义：上手推挡或迎击对方咽喉部位，下手撩阴。

（a）（b）（c）（d）

图 4-107　架马飞拳

（a）（b）（c）（d）

图 4-108　闭门封喉

（e）

（f）

图 4-108　闭门封喉（续）

第二段

9. 蛟龙出海

（1）转身，两腿变右仆步，右手变掌向下穿出，左手向头部后方穿掌，如图 4-109（a）、（b）所示。

（2）提右膝，重心前移，两臂向上，升重心时在头顶击掌，如图 4-109（c）、（d）所示。

（3）下落成马步、双砸拳，右拳在上，微屈左臂，左拳在下，护住腹部，如图 4-109（e）、（f）所示。

（a）

（b）

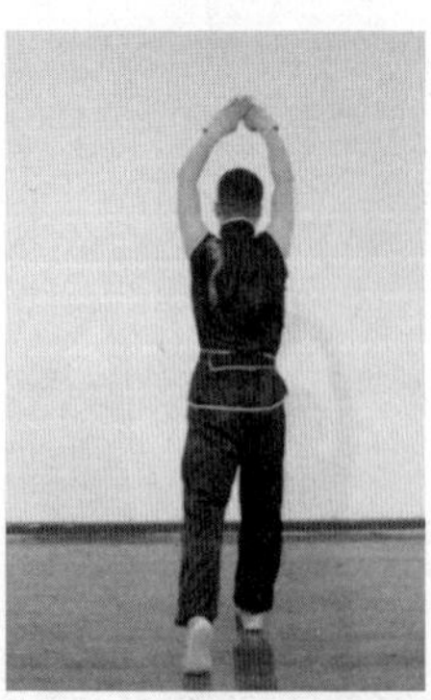

（c）

（d）

图 4-109　蛟龙出海

（e）　　　　（f）

图 4-109　蛟龙出海（续）

10. 武松脱拷

（1）右手缠腕，如图 4-110（a）、（b）所示。

（2）左脚向前一步成马步，同时左掌由右手上方向左推出，两眼向左手方向平视，如图 4-110（c）、（d）、（e）、（f）所示。

攻防含义：缠腕推掌，控制与对方的距离。

（a）　　　　（b）

（c）　　　　（d）

图 4-110　武松脱拷

（e）　　　　（f）

图 4-110　武松脱拷（续）

11. 进步连环掌

（1）两脚由马步蹬转成左弓步，同时右拳变掌从腰部向前推出，左掌收回腰部抱拳，如图 4-111（a）、（b）所示。

（2）右脚上步成右骑龙步，同时左拳变掌向前推出，右掌收回腰部抱拳，如图 4-111（c）、（d）所示。

（3）左脚上步成左蝶步，同时右拳冲出（立拳），左掌立于右胸前，如图 4-111（e）、（f）所示。

攻防含义：连续以掌、拳攻击对方上、中、下盘，使其方阵大乱。

（a）　　　　（b）

（c）　　　　（d）

图 4-111　进步连环掌

（e）　　　　（f）

图 4-111　进步连环掌（续）

12. 金蛇盘柳

如图 4-112 所示，两脚由单蹀步变歇步，同时右拳变掌收回并从左手下方插出，目视左侧。

攻防含义：左手抓臂，右手下砍。

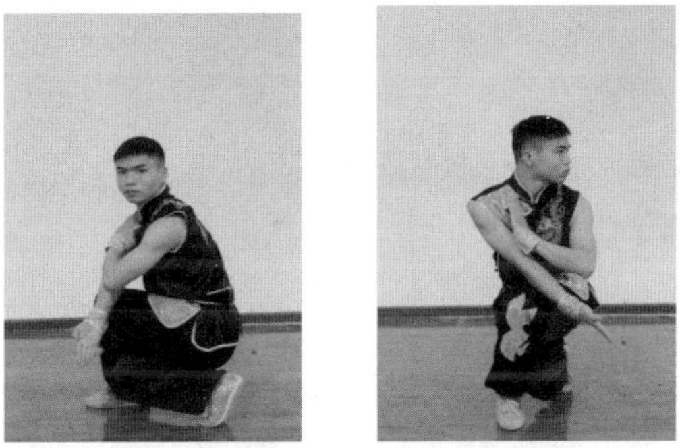

（a）　　　　（b）

图 4-112　金蛇盘柳

13. 挂臂

如图 4-113 所示，右脚上步成右弓步，同时左右两掌分开，两臂大致成一直线。

攻防含义：格挡并化解对方攻势，进可顺势击打对方颈部，退可拨挡对方来拳。

（a）　　　　（b）

图 4-113　挂臂

14. 劈头盖脸

（1）身体左后转，两脚变左弓步，同时左掌按逆时针轮臂立掌向下劈出，右掌随后轮臂掌心向下盖出，如图 4-114（a）、（b）、（c）、（d）所示。

（2）左脚向后退步（重心后移）成左虚步，同时左掌从左胸前推出立掌，右手抱拳于腰部，如图 4-114（e）、（f）所示。

攻防含义：不断攻击对方头部要害，致使对方失去抵抗能力。

（a）

（b）

（c）

（d）

（e）

（f）

图 4-114　劈头盖脸

15. 收势

（1）右脚上步与左脚并拢，两手行抱拳礼，如图 4-115（a）、（b）所示。

（2）双手放下成立正姿势，如图 4-115（c）、（d）所示。

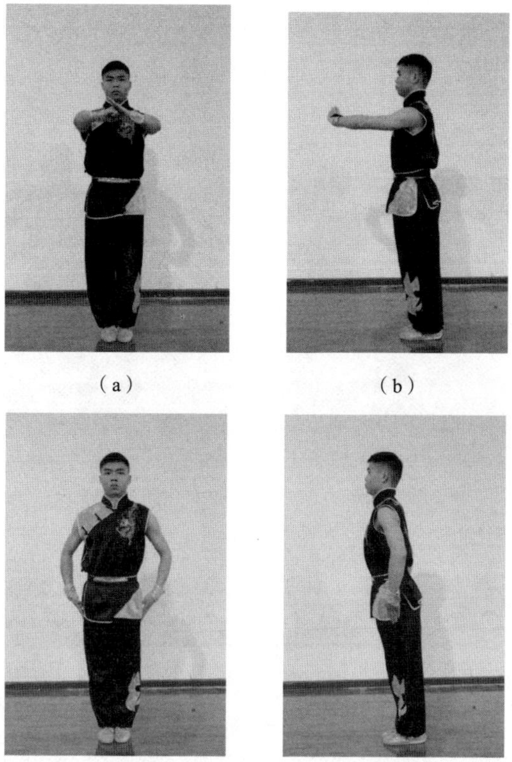

（a）（b）（c）（d）

图 4-115　收势

三、峨眉武术套路系列动作图解第二部分

（一）动作构成

本套峨眉武术套路动作主要以富含地域文化底蕴的峨眉彭家拳技术动作为素材，依托巴蜀武术文化特色，结合本土拳种探花拳、洪门、僧门、生门中的基本技术动作创编而成。本套套路包括起势、收势，共有 32 个动作，其套路组合包括峨眉武术的基本手型、手法、步型、步法、腿法、身法等。本套套路是对峨眉武术套路第一部分的延伸，本套套路中的动作劲力通达、身形低矮，手法灵活多变，手到脚到，且本套套路动作的进攻多于防守。

扫一扫　峨眉武术套路（二）第一段

扫一扫　峨眉武术套路（二）第二段

扫一扫　峨眉武术套路（二）第三段

扫一扫　峨眉武术套路（二）第四段

（二）动作内容

峨眉武术套路系列第二部分的基本动作共 32 个，动作名称分别为起势（请手、抱拳礼）、挽花左插花、右插花、仙人撒网、退步半弓、杀手削手、铲手、岩鹰展翅、半弓、上脚斩子、挑手破肘、削手、平斩双推、挑搭、平斩双推、挑搭、二龙戏珠、顺手牵羊、拐子、上步冲捶、挑搭、平斩双推、挑搭、平斩双推、醉手、二起腿、反身半弓、反身架捶、反身插掌、五花斩掌、左掌右腿、收势（挽花、抱拳礼）。

（三）动作说明

1. 起势（请手、抱拳礼）

（1）如图 4-116 所示，双脚成丁字步站立，双手放于大腿外侧，眼睛向下看，身体微微前倾。

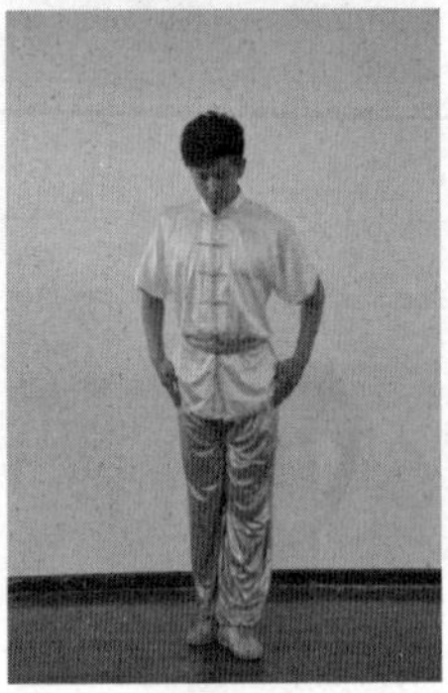

（a）

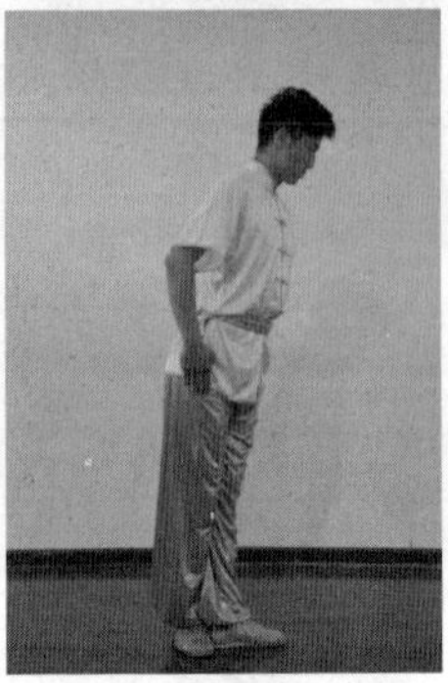

（b）

图 4-116　起势关键动作 1

（2）如图 4-117 所示，两手为掌，左掌在外侧，右掌贴近左掌心，从胸前推出 20～30 厘米，两眼平视前方。

（a）

（b）

图 4-117　起势关键动作 2

（3）如图 4-118 所示，双手由身体两侧画圆至胸口，并向前行抱拳礼。

攻防含义：礼中带攻防，若遇对方来拳，以左掌拨挡防守，以右掌进攻反击。

2. 挽花左插花

（1）双掌由下向外旋转至胸前，左手穿右手摆至左侧，右手掌心朝上弧形摆动放至左侧腋下，如图 4-119（a）所示。

（2）如图 4-119（b）所示，左手立掌，掌根发力，拇指内扣，目视正左方，双腿微屈半蹲。

攻防含义：左手翻腕反擒对方，同时右手保护左侧躯干。

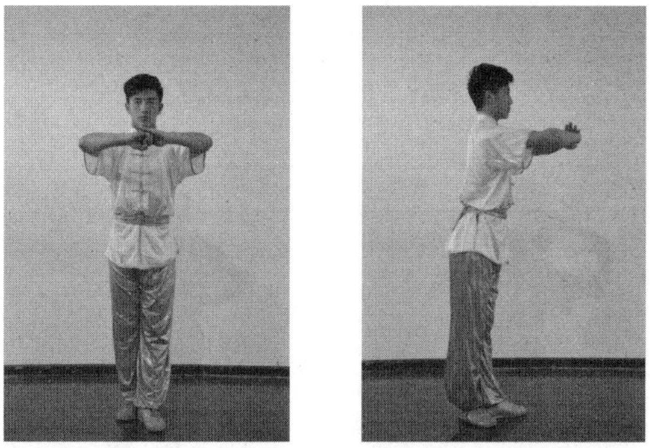

（a）　（b）

图 4-118　起势关键动作 3

（a）　（b）

图 4-119　挽花左插花

3. 右插花

如图 4-120 所示，左手向右弧形摆动，从右臂内侧下穿放至右侧腋下，左手掌心朝上，左手不动，右手经体侧向左翻掌至右胸前下穿，同时右手由下向上、向右摆动抖腕亮掌，拇指内扣，掌根发力，同时双腿微屈半蹲。

攻防含义：向右摆动，抖腕亮掌以击打对方，翻掌胸前下穿护胸。

（a）　（b）

图 4-120　右插花

4. 仙人撒网

（1）右手五指张开，以腕为轴向外旋转至掌心向上，瞬间抖腕变虎爪，左手放至右侧腋下，目视正右方，同时双腿微屈半蹲，如图 4-121 所示。

（a）　　（b）

图 4-121　仙人撒网关键动作 1

（2）如图 4-122 所示，重心不变，身体直立，两腿交叉，右腿向左前方迈步，同时左手变虎爪，与右手方向一致。

（a）　　（b）

图 4-122　仙人撒网关键动作 2

（3）如图 4-123 所示，左脚向左迈步，重心下移，右腿弯曲，膝关节着地成跪步，右手经体侧并由虎爪变拳，从右侧腰部向前冲出，力达拳面，同时左手变掌护胸。

攻防含义：左手以腕为轴向外旋转至掌心向上，瞬间抖腕变虎爪抓对方手腕，翻掌胸前下穿护胸，右手从右侧腰部握拳向前冲出击打对方。

5. 退步半弓

（1）如图 4-124 所示，起身直立，左腿向后插步，右腿在前，身体向右侧拧转，右手握拳向右后方顶肘，左手立掌掩右拳，转头平视右后方。

（2）如图 4-125 所示，右腿向后迈步成半马步，两脚尖朝前，双手变掌，顺时针经体前侧画圆摆至右侧，然后经体前横拉摆至左侧，双手立掌。

攻防含义：向后退步，顶肘击打对方，成半马步，成防守状态。

（a）　（b）

图 4-123　仙人撒网关键动作 3

（a）　（b）

图 4-124　退步半弓关键动作 1

（a）　（b）

图 4-125　退步半弓关键动作 2

6. 杀手削手

（1）如图 4-126 所示，接上一动作，右脚向右前迈步，双脚位置不变，身体向左侧转动，由马步转换为骑龙步，右手从左手下方向上穿掌，右手大致与肩同高，左手放至右臂下方。

（a）　　　（b）

图 4-126　杀手削手关键动作 1

（2）如图 4-127 所示，向前迈右脚，右手握拳抱于腰部，左手握拳横拉由上向下格挡至左胸前，同时身体向右转动，左脚并右脚成丁步。

攻防含义：右手掌向前插掌穿喉，左手格挡护胸。

（a）　　　（b）

图 4-127　杀手削手关键动作 2

7. 铲手

（1）如图 4-128 所示，左脚向左侧移动成左弓步，右手向前穿掌，指尖向前，与肩同高，左手成掌收至右胸前，掌心朝下。

（a）　　　（b）

图 4-128　铲手关键动作 1

（2）如图 4-129 所示，左脚靠右脚，左脚脚尖点地，右手由掌变拳回拉收至腰部，身体向右侧微微倾斜，左手向左上方 45 度推掌。

（a）　　（b）

图 4-129　铲手关键动作 2

（3）如图 4-130 所示，左脚向左侧移动成左弓步，右手向前冲拳，与肩同高，左手成掌收至右胸前，掌心朝下。

（a）　　（b）

图 4-130　铲手关键动作 3

（4）如图 4-131 所示，左脚撤步，左脚靠右脚，左脚脚尖点，右手由掌变拳回拉收至腰部，身体向右侧微微倾斜，左手向左上方 45 度推掌。

攻防含义：左脚向左侧移动成左弓步，穿掌、冲拳击打对方颈部，并撤步躲闪。

（a）　　（b）

图 4-131　铲手关键动作 4

8. 岩鹰展翅

（1）如图 4-132 所示，身体左转，迈左脚成左弓步，右手由拳变掌从腰部由后向前逆时针画圆，在胸前击打左手手掌，要击出响声。

（a）（b）

图 4-132　岩鹰展翅关键动作 1

（2）如图 4-133 所示，左、右手向下分别击打左、右大腿内侧。

（a）（b）

图 4-133　岩鹰展翅关键动作 2

（3）如图 4-134 所示，身体向右转动 90 度，左腿提起，左腿的大腿大致与地面平行，左脚脚尖绷直；重心放至右腿上，左手向左推掌，与肩同高，右手握拳向右弧形上摆冲拳。

攻防含义：干扰或迷惑对方，增强自己的信心。

（a）（b）

图 4-134　岩鹰展翅关键动作 3

9. 半弓

（1）如图 4-135 所示，左、右脚交叉，左脚在前，双手由上向下交叉，右掌在下。

（a）　　（b）

图 4-135　半弓关键动作 1

（2）如图 4-136 所示，右脚向右撤步成开步，两脚间距与肩同宽，两臂与地面平行推掌，掌心向上。

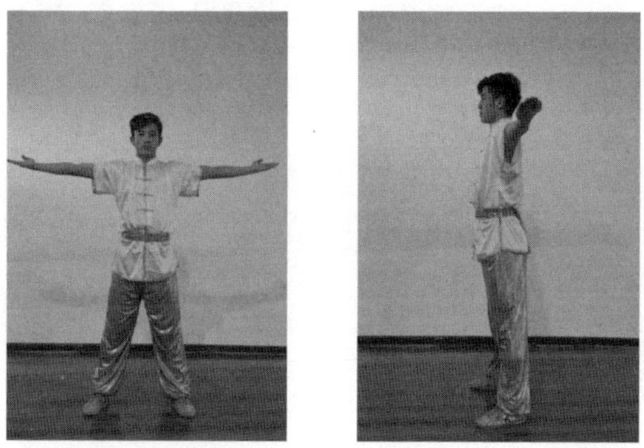

（a）　　（b）

图 4-136　半弓关键动作 2

（3）如图 4-137 所示，双手由下往两侧向上划至头顶再向下，在胸前十字交叉，左脚向右撤步到右脚后成歇步。

攻防含义：双手于胸前由上向下十字交叉，护住躯干并躲闪。

（a）　　（b）

图 4-137　半弓关键动作 3

10. 上脚斩子

（1）如图 4-138、图 4-139 所示，左腿向左后方撤步，身体向左后方转动，同时收右脚，左脚震脚发力，双腿弯曲，右手握拳经体后向前、向下砸拳，左手立掌护右胸。

（a）　　（b）

图 4-138　上脚斩子关键动作 1

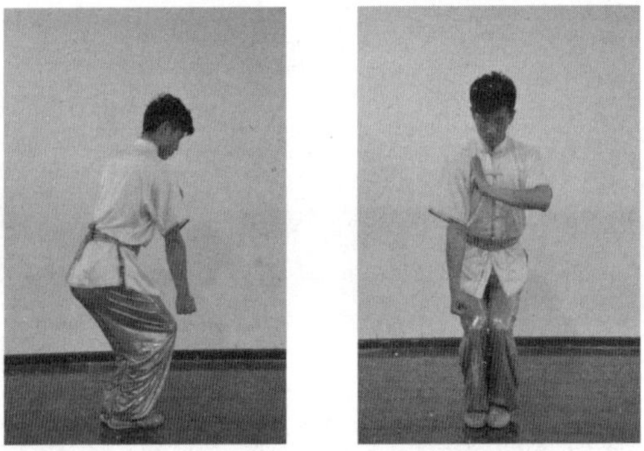

（a）　　（b）

图 4-139　上脚斩子关键动作 2

（2）如图 4-140 所示，左脚跨步成左弓步，右手向前砸肘，左手按至右肘顶肘方向。攻防含义：左手按对方颈部于左膝上，右手砸拳使对方丧失抵抗能力。

（a）　　（b）

图 4-140　上脚斩子关键动作 3

11. 挑手破肘

如图 4-141（a）、（b）所示，身体从右向后转，由左弓步转换成右弓步，左手随右手向右转动，放至右肘下方，右手握拳由顶肘变成右格挡。

攻防含义：右手格挡，左手可以化解对方攻击。

（a）　　（b）

图 4-141　挑手破肘

12. 削手

如图 4-142 所示，左脚向右后方撤步成交叉步，重心向下成歇步，右手握拳收至腰部，左手向左下方盖掌。

攻防含义：左手格挡，右手可以化解对方攻击。

（a）　　（b）

图 4-142　削手

13. 平斩双推

（1）如图 4-143 所示，左脚向左侧迈出成左骑龙步，双手变掌，掌心朝内放至胸前两侧，两手间距与肩同宽。

（2）如图 4-144 所示，双手胸前交叉，左手在右手之上，掌心朝上，右腿向前方蹬踹。

（3）如图 4-145、图 4-146 所示，右脚向右迈步成右骑龙步，双手向前穿掌并收回胸前。

攻防含义：右脚蹬踹对方膝关节，向前迈步，双手击打对方喉部。

（a）　　（b）

图 4-143　平斩双推关键动作 1

（a）　　（b）

图 4-144　平斩双推关键动作 2

（a）　　（b）

图 4-145　平斩双推关键动作 3

（a）　　（b）

图 4-146　平斩双推关键动作 4

14. 挑搭

如图 4-147 所示，身体向后转身成左骑龙步，双手变掌，两掌掌心相对，双手略高于肩。

攻防含义：双手挑掌，击打对方的胸部或下颚。

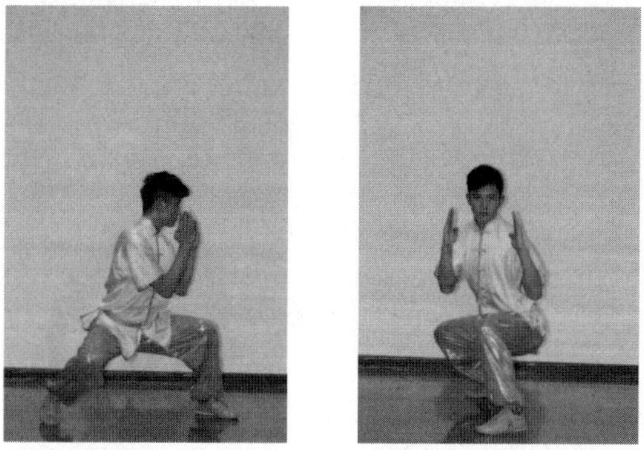

（a）　　（b）

图 4-147　挑塔

15. 平斩双推

见动作 13。

16. 挑搭

见动作 14。

17. 二龙戏珠

（1）如图 4-148 所示，身体右转，由左骑龙步变成马步，右手经体前逆时针向后旋转至右耳侧，右掌变爪，左掌顺势下压变成爪，放于左腿大腿上侧。

（a）　　（b）

图 4-148　二龙戏珠关键动作 1

（2）如图 4-149、图 4-150 所示，起身弹左腿，左腿大腿大致与地面平行，脚尖绷直，重心放在右脚上。

（a）　　　　（b）

图 4-149　二龙戏珠关键动作 2

（a）　　　　（b）

图 4-150　二龙戏珠关键动作 3

（3）如图 4-151 所示，提左膝将左腿扣右腿膝关节后，身体前倾，双手变虎爪，左手收至左侧腰部，右手从耳侧向正前方抓出。左腿向左后方撤步，变成右骑龙步，身体微微后倾，左手经腰部向左前上方抓出，右手顺势回收至耳侧，如图 4-152 所示。

攻防含义：双手变爪击打对方眼睛，弹腿击打对方裆部。

（a）　　　　（b）

图 4-151　二龙戏珠关键动作 4

（a）　　　　（b）

图 4-152　二龙戏珠关键动作 5

18. 顺手牵羊

（1）如图 4-153 所示，身体向后转成左骑龙步，双手顺势抬至胸前变爪，两臂间距与肩同宽，目视前方。

（a）　　　　（b）

图 4-153　顺手牵羊关键动作 1

（2）如图 4-154 所示，左脚向前迈一步，右脚向后迈一步，双手由爪变拳向左后方拉拽，同时身体向左后方拧转。

攻防含义：当对方进攻时，侧身躲闪，双手顺势抓握对方的手向左后方拉拽。

（a）　　　　（b）

图 4-154　顺手牵羊关键动作 2

19. 拐子

如图 4-155 所示，左脚上步，左脚向右脚后方插步，身体向右后方拧转，双手逆时针走立圆旋转一周后，从左后方向右后方拉拽。

攻防含义：当对方进攻时，侧身躲闪，双手顺势抓握对方的手向右后方拉拽。

（a）　（b）

图 4-155　拐子

20. 上步冲捶

如图 4-156 所示，身体左转 180 度，双腿由交叉步变成马步，双手握拳逆时针经体侧旋转至正左方，右手握拳护左胸，左臂微屈，大致与肩同高。

攻防含义：转身借力击打对方躯干。

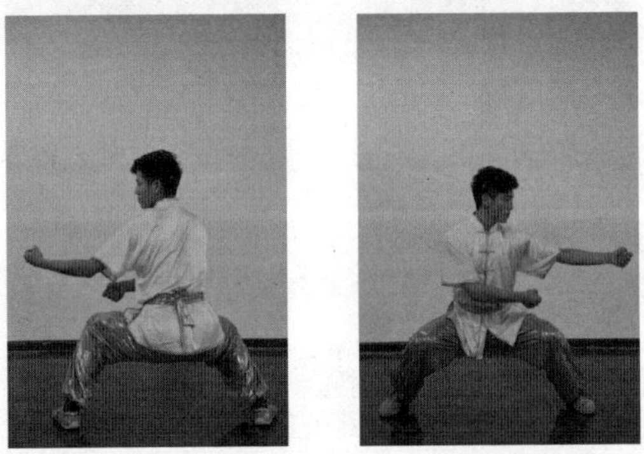

（a）　（b）

图 4-156　上步冲捶

21. 挑搭

见动作 14。

22. 平斩双推

见动作 13。

23. 挑搭

见动作 14。

24. 平斩双推

见动作 13。

25. 醉手

如图 4-157 所示，起身，身体向右转 90 度，身体直立，双脚间距与肩同宽或稍宽于肩，双手由身体两侧向上举起，双手握拳，拳面向下，双腿下蹲成马步，双拳在两膝上侧。

攻防含义：当对方击打躯干时，利用手肘进行格挡。

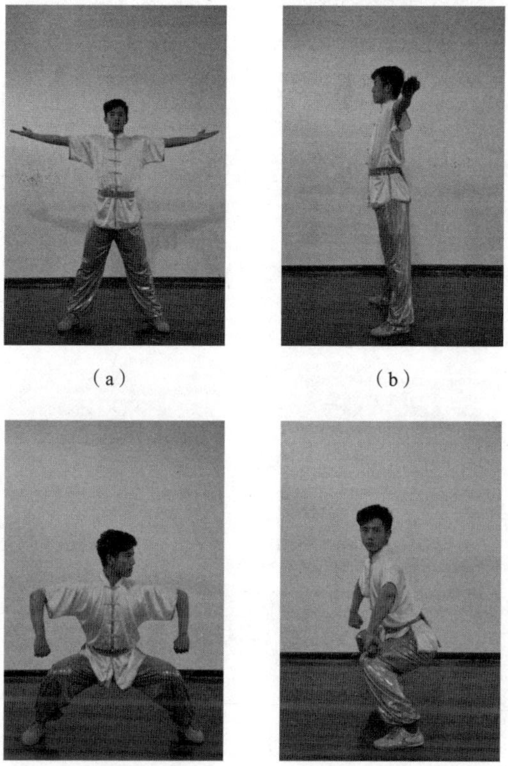

（a）（b）（c）（d）

图 4-157　醉手

26. 二起腿

如图 4-158 所示，双手抱拳于腰部，提左脚弹腿，落左脚弹右腿。

攻防含义：左右弹腿击打对方裆部。

（a）（b）

图 4-158　二起腿

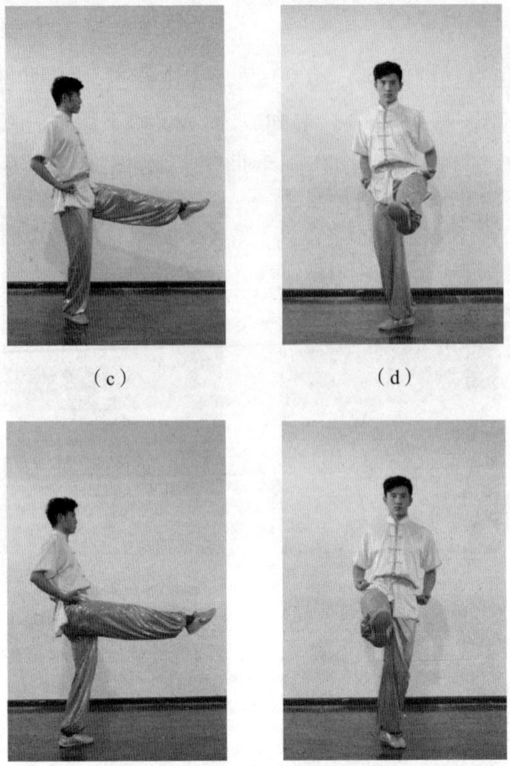

（c） （d） （e） （f）

图 4-158　二起腿（续）

27. 反身半弓

如图 4-159 所示，落右脚，身体向后转 180 度，左腿向后蹬腿，双手向前冲拳，要求双臂、躯干、后蹬腿尽量在同一水平面上。

攻防含义：双手抡臂，击打对方。

（a） （b）

图 4-159　反身半弓

28. 反身架捶

（1）如图 4-160、图 4-161 所示，向后转身落步，双手经体侧握拳交叉于腹前，目视前方。提右膝，将右脚扣左腿膝关节后，双手体前画圆分别向两侧抡臂，两臂大致与肩同高。

（a）

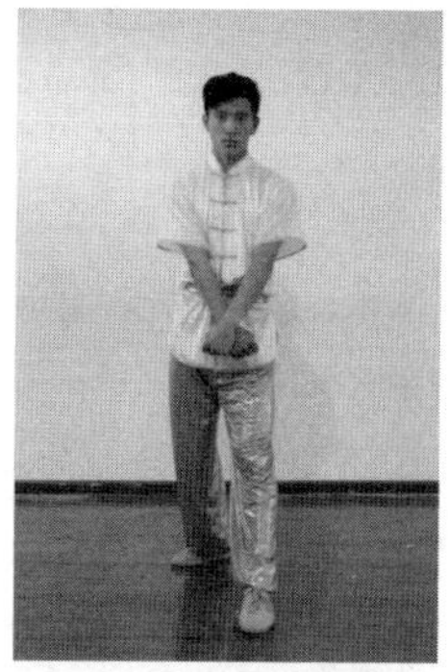

（b）

图 4-160　反身架捶关键动作 1

（a）

（b）

图 4-161　反身架捶关键动作 2

（2）如图 4-162 所示，右脚向前落步，左腿并右腿成丁步，双腿微屈，双手收回腰部后，右手冲拳，左手立掌护于右胸前。

攻防含义：转身躲闪，双手抡臂击打对方。

（a）

（b）

图 4-162　反身架捶关键动作 3

29. 反身插掌

如图 4-163 所示，身体向左后方转动 90 度，双腿由丁步变成马步，右手握拳收于腰部，左手经体侧向左插掌，五指并拢，大致与肩同高。

攻防含义：转身击打后方敌人裆部。

（a）　（b）

图 4-163　反身插掌

30. 五花斩掌

如图 4-164（a）、（b）所示，身体左转，双腿由马步变成左骑龙步，右手变掌在胸前击打左手并击响，右手顺势向前插出。反方向动作如图 4-164（c）、（d）所示。

攻防含义：左右手斩掌并击打对方躯干。

（a）　（b）

（c）　（d）

图 4-164　五花斩掌

31. 左掌右腿

（1）如图 4-165、图 4-166 所示，身体直立，左手向上举起，右手握拳收于腰部，右腿向左掌方向踢腿。

（a）　　（b）

图 4-165　左掌右腿关键动作 1

（a）　　（b）

图 4-166　左掌右腿关键动作 2

（2）如图 4-167 所示，收右腿，然后顺势向左后方转身落步成左跪步，左手收于腰部握拳，右手向斜下方砍掌。

攻防含义：面对两人进攻时，首先转手踢腿击打其中一人，然后顺势砍掌击打另一人颈部。

（a）　　（b）

图 4-167　左掌右腿关键动作 3

32. 收势（挽花、抱拳礼）

（1）如图 4-168 所示，左跪步起身转换成左骑龙步，左手变掌，右手握拳，左手掩右手放至腹前，目视斜下方。

（a）（b）

图 4-168 收势关键动作 1

（2）身体右转，由左骑龙步转换成右骑龙步，再向后转身转换成左虚步，双手顺时针旋转一周由后向前摆至胸前亮掌，右手立掌护左胸，左手挑掌大致与肩同高，如图 4-169 所示。

（a）（b）

图 4-169 收势关键动作 2

（3）如图 4-170、图 4-171 所示，身体直立，上左脚，两臂双侧打开，两手掌心朝上，然后左脚并右脚，同时双手翻掌从上侧向腹前按掌。

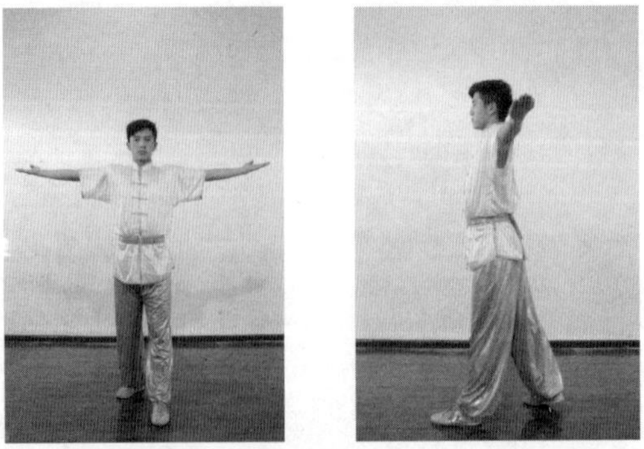

（a）（b）

图 4-170 收势关键动作 3

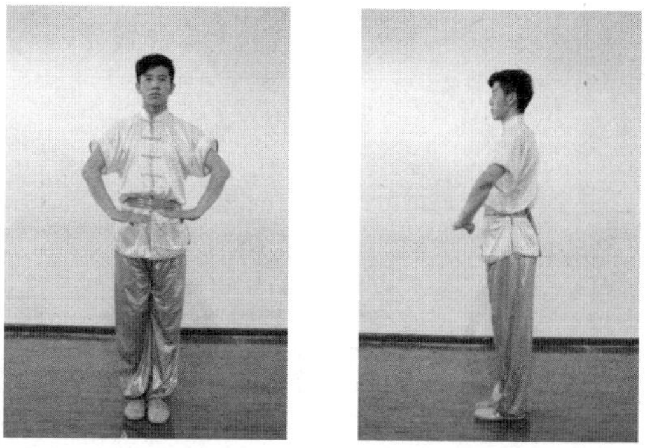

（a）　　　　（b）

图 4-171　收势关键动作 4

（4）如图 4-172 所示，双手由身体两侧画圆至胸前，并向前行抱拳礼。

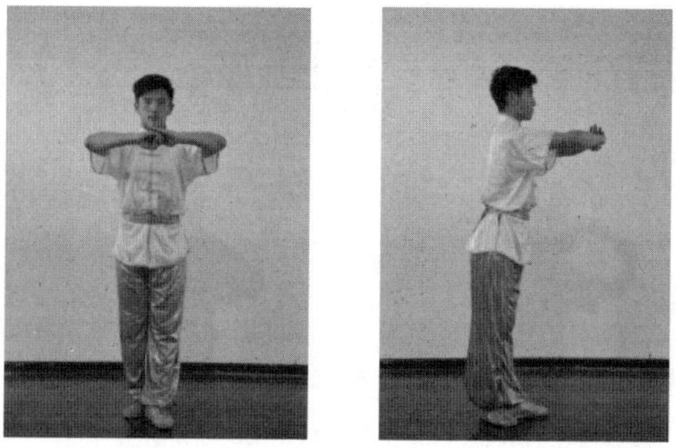

（a）　　　　（b）

图 4-172　收势关键动作 5

扫一扫
峨眉武术套路
正面（一）

扫一扫
峨眉武术套路
正面（二）

扫一扫
峨眉武术套路
背面

第五章

田径

田径被誉为“运动之母”。本章主要介绍跑、跳、投等基本田径项目的技术要求，主要动作的技术要点，使大学生了解并掌握田径主要项目的知识、技能。

第一节　短跑、中长跑

一、短跑

短跑径赛项目是 400 米及 400 米以下距离跑和接力跑的统称。短跑全程技术分为起跑、起跑后的加速跑、途中跑和终点冲刺跑 4 个部分。

（一）起跑

起跑的任务是获得向前的冲力，使身体摆脱静止状态，为起跑后的加速跑创造有利的条件。

在短跑起跑时，运动员需使用起跑器，起跑器的安装要根据运动员自身特点来确定。起跑器的安装主要有普通式、拉长式和缩短式 3 种。在起跑的过程中，预备和启动是主要的技术。预备时，身体适当前伸，重心抬高，可提高起跑的反应速度。身体适当前送可利用引力获得一个向前的水平分力，有利于启动时的快速反应。启动时，两手迅速离地，两臂屈肘做有力的前后摆动动作，同时两腿迅速蹬起跑器。后腿蹬离起跑器后，膝关节领先向前摆出。如果完成这一姿势时过于僵硬，就会出现跳跃式动作，因此前摆的腿应迅速落地，两臂应继续摆动，以保证不出现跳跃式动作。

（二）起跑后的加速跑

如图 5-1 所示，起跑后的加速跑是从前腿蹬离起跑器到进入途中跑之前的一个跑段。起跑后的加速跑的速度应尽快接近最高速度。起跑后的加速跑的任务是充分利用起跑获得的初速度，在较短距离内尽快获得最高的速度。在技术上应做到逐渐抬高身体、逐渐加大步长、两脚足迹点逐渐向中线靠拢。

图 5-1　起跑后的加速跑

起跑后的加速跑同途中跑之间没有明确的界限。当运动员达到最高速度的 92%～95%，且拥有适宜的步频和步长时，可认为起跑后的加速跑已结束。在起跑后的加速跑中，身体前倾的角度随着速度的增大而减小，最后逐渐接近途中跑姿势，达到最高速度后，整个身体与地面接近垂直。

（三）途中跑

途中跑的任务是继续保持较长距离的最高速度。如图 5-2 所示，途中跑的每一步结构均由支撑时期和腾空时期组成。支撑时期的腿部动作包括着地缓冲和后蹬伸展；腾空时期的腿部动作包括折叠摆动和鞭打下压。

图 5-2　途中跑

在途中跑的过程中，应重点注意以下环节。

（1）着地：腾空结束时，摆动腿积极伸展下落，前脚掌富有弹性地着地，正确的着地动作有利于缩短前腿支撑的时间和减小着地时的阻力；同时，另一摆动腿迅速进入大小腿折叠姿势，摆动腿的折叠角度逐渐减小，直至大小腿垂直；着地距离与跑速和落地脚着地的时机相关。

（2）缓冲：蹬地的前奏，动作从支撑腿的脚触地开始到膝关节弯曲程度最大为止；腿部肌肉的退让性工作，同时为下一次蹬伸做好身体上的准备。

（3）后蹬：当身体重心超过支点垂直面时，就进入支撑腿的后蹬和摆动腿的前摆阶段；摆动腿的膝关节超过支撑腿，开始迅速有力地向前上方摆出；支撑腿在摆动腿积极前摆的配合下，快速有力地依次伸展髋关节、膝关节和踝关节，直至蹬离地面，形成支撑腿与摆动腿的协调配合动作。

起跑后的加速跑和途中跑的速度取决于步长和步频。因此，提高跑速可以有 3 种途径：步频相对稳定，增大步长；步长相对稳定，提高步频；步长和步频同步增加。

（四）终点冲刺跑

终点冲刺跑是全程跑的最后一个跑段，应尽力保持途中跑的高速度跑过终点。终点冲刺跑要求运动员在离终点线 15～20 米处时，尽力加快两臂摆动速度和力量，保持上身的前倾角度。当运动员离终点线只有一步距离时，上身急速前倾，双手后摆，用胸部或肩部撞向终点线。

（五）短跑的技术原理

短跑属周期性运动，跑速较快时，腾空时期比支撑时期长。为了提高跑速，运动员应加强对蹬地力量和速度的训练，这有助于减少支撑时期的时间，增加腾空时期的时间。在短跑时，就一条腿而言，又可分为着地缓冲、后蹬、后摆和前摆 4 个动作阶段。手臂的动作是摆臂。

1. 着地缓冲

着地缓冲是从脚着地至身体重心超过支撑垂直部位，开始进入后蹬阶段时的动作过程。正确的着地方法是，摆动腿向前、向下，前脚掌积极“扒地”，脚着地后，踝关节、膝关节、髋关节主动弯曲，做“退让”工作，同时另一条腿积极向前摆动，加快身体向前移动的速度，缩短缓冲时间。

2. 后蹬

后蹬是从身体重心超过支撑垂直部位之后开始，至后蹬腿脚掌离地，身体开始腾空为止。后蹬使运动员获得向前运动的动力。后蹬过程中，后蹬动作的速度、方向及幅度都会对后蹬的效果产生影响。一般来说，若后蹬力量大、角度适当减小、动作幅度大，则跑速快，反之，跑速慢。

3. 后摆

支撑腿后蹬结束即进入后摆，至膝关节摆动到支撑点的垂直上方时后摆结束。后摆时，小腿要放松，并随大腿积极向前摆动，形成大、小腿折叠。良好的折叠能缩短腿的摆动半径，对加快摆动速度有很大的作用。

4. 前摆

从摆动腿的膝关节经过支撑点垂直上方开始至膝关节摆动到体前最高点为止（即支撑腿结束后蹬之后）。在一条腿后蹬的同时，另一条腿有力地向前、向上摆动，这是相互协同、不可分割的动作。摆动腿向前摆动的力量、幅度、速度和方向，直接影响和决定后蹬的力量、幅度、速度和方向，因此，摆动腿摆动动作的协同配合，对加强后蹬效果具有重要意义。

从支撑腿结束后蹬、脚掌离地开始，至摆动腿脚掌着地前的一瞬间为止，人体都处于腾空状态。腾空时，身体要沿直线平稳地以较大动作幅度向前运动，并为摆动腿积极下压着地做好准备。

5. 摆臂

（1）摆臂的轴心：肩关节。

（2）摆臂的方向：屈肘前后摆动，前摆时手稍向内，后摆时肘关节稍向外。

（3）摆臂的幅度：前摆时手不超过人体中轴线和下颌水平位置，前摆结束时，肘关节角度为 60～70 度，后摆时，由于肘关节处于放松状态，上臂、前臂的夹角自然增大为钝角（130～150 度），后摆结束时，肘关节角度约为 90 度。

二、中长跑

如图 5-3 所示，中长跑是指 800 米及以上的径赛项目。800 米及 1500 米属中距离跑；3000 米及以上属长距离跑。中长跑一方面要求运动员尽可能减少体力的消耗，维持一定的跑速，但另一方面却要求运动员在跑的过程中，能按比赛的实际需要加速，所以正确的技术和合理的体力分配对中长跑运动员来说是非常重要的。

图 5-3　中长跑

中长跑要求运动员跑得轻松，动作协调，身体重心平稳，直线性强，有良好的节奏，还要尽量提高肌肉用力和放松的能力。各种中长跑的技术基本相同，但由于不同项目的距离和强度有所不同，跑的动作也就有不同程度的差异。一般来说，跑的距离越长，步长越短，前摆与后蹬的用力程度也越小，腾空时期与支撑时期的比值也越小。

在中长跑中应重点关注以下环节。

（1）身体姿势：上身直立或稍向前倾，头部姿态自然，双眼平视，面部和颈部肌肉放松，双手放松并有节奏地摆动，脚部着地时应用前脚掌或全脚掌着地，不要采用脚后跟先着地再滚动到脚趾的方式，步履要尽量放轻，以减小身体与地面的撞击力。

（2）后蹬与前摆：当摆动腿向前摆动时，支撑腿首先伸展髋关节，再迅速有力地伸展膝关节和踝关节；脚掌的小肌肉也要积极参与，最后用脚趾蹬离地面；在摆动腿前摆的过程中，小腿保持放松，自然下垂；后蹬结束时，支撑腿近乎伸直或完全伸直，摆动腿的小腿与支撑腿几乎平行；跑的距离越长，大腿抬起的高度越低。

（3）腾空：支撑腿蹬离地面后，小腿迅速向大腿靠拢，形成大、小腿边折叠边前摆的动作；同时，摆动腿以髋关节为轴，积极下压，膝关节放松，小腿自然向下伸展，准备着地。

（4）着地缓冲：着地位置与身体重心的投影点的距离为本人脚长的 1～1.5 倍。

在中长跑中，运动员可以用前脚掌着地并过渡到全脚掌。脚着地后，支撑腿迅速弯曲进行缓冲，并为过渡到后蹬创造良好的条件。这时，摆动腿亦以大、小腿折叠的姿势迅速向前摆动。摆臂时，双手轻握成拳，拇指放在食指上，肘关节自然弯曲，以肩关节为轴前后自然摆动。当手臂摆到与躯干垂直的位置时，肘关节的角度要大一些，能使肌肉得到短时间的放松。

第二节　跳远

一、跳远的概况

古希腊奥运会上就有跳远项目的比赛，在 1896 年举行的第一届现代奥运会上，跳远运动员采用的是最简单的蹲踞式跳远。

跳远成绩的不断提高与跳远技术的发展有着密切的关系。蹲踞式跳远因技术简单而被广泛采用。为使运动员在空中能保持稳定的姿势并安全落地，19 世纪末开始出现了挺身式跳远（见图 5-4）、走步式跳远。现在，世界上大多数优秀的男子跳远运动员均采用三步半的走步式跳远方式。

图 5-4　挺身式跳远

二、跳远技术原理

跳远的完整技术由助跑、起跳、空中动作和落地 4 个部分组成。它们对跳远的影响虽有不同，但却相互联系。因此，正确完成跳远技术的各部分动作，以及实现各部分动作的有机结合是完善跳远技术的关键。

（一）助跑

跳远的助跑速度和技术对跳远成绩具有决定意义。跳远助跑的任务是获得更快的水平速度，并为准确踏板和快而有力的起跳做准备。

1. 助跑的加速方式

跳远运动员的助跑加速方式有两种，即平稳加速方式和积极加速方式。

（1）平稳加速方式

平稳加速方式的跑法与加速跑基本相同，平稳加速方式的特点是开始阶段的步频较慢，然后在逐渐加大步长和保持步长的基础上提高步频。助跑的最后几步要保持步长、提高步频。平稳加速方式的加速时间较长，加速过程是逐渐、均匀、平稳地进行的，因此，跑的动作轻松、自然。优秀运动员大都采用这种方式。

（2）积极加速方式

积极加速方式的特点是步频始终保持在较高水平，使运动员能够较早地摆脱静止状态并获得较高的助跑速度。积极加速方式的特点是开始几步的步长较短，上身前倾度较大。这种助跑加速方式适合于绝对速度较快的运动员。

2. 正确的助跑方法

掌握正确的助跑方法是准确踏板的基础。助跑的准确性取决于整个助跑过程和最后几步的稳定性。而这种稳定性与运动员对外界条件变化和个体心理机能状态的正确估量与判断有直接关系。为准确踏板，应注意以下几个方面。

（1）固定起跑姿势、助跑的加速方式和助跑的节奏。起跑后，第一步的步幅和节奏对助跑的稳定性和准确性而言至关重要，应准确把握。

（2）正确设置助跑标志。为了使助跑更加稳定和准确，可在助跑途中设置助跑标志。助跑标志不宜设置得过多，以免运动员在助跑时分散注意力，影响助跑动作的连贯性。设置助跑标志的目的是提高助跑的准确性，增强起跳的信心，提高助跑速度，或是以稳定的速度起跳。

（3）对已确定的助跑距离，要根据外界条件的变化，如风力、风向、气温、助跑道的材质、比赛时间并结合自身状态，反复进行检查和调整，保证在比赛时准确踏板。

3. 助跑的距离

跳远的助跑距离并不是固定不变的，它会因比赛时外界条件的变化及运动员自身身体状态等的不同而有所改变。

4. 最后几步的助跑

跳远最后几步的助跑是整个助跑技术的关键。在最后几步助跑时，既要保持最高速度，又要为起跳做好准备。因此，在最后几步的助跑中，运动员主要表现出两种技术特征：一种是步长相对缩短，步频明显加快，形成一种快速起跳的技术特征；另一种是在步长相对稳定的情况下，加快步频，形成快速上板的技术特征。

（二）起跳

起跳时，运动员应充分利用助跑所获得的速度，在较短的时间内，创造尽可能大的腾起初速度和适当的腾起角度，起跳技术分为起跳脚的着地、缓冲和蹬伸 3 个动作阶段。在起跳脚的着地（着板）、缓冲阶段，起跳脚应积极主动地着地，这既可减小着地时的冲撞力，又可为着地后快速前移身体做准备。起跳脚着地时，脚跟与脚掌几乎同时接触地面。起跳脚着地至膝关节的弯曲程度达到最大的动作过程为缓冲阶段。缓冲的作用主要在于减缓起跳的制动力，减少助跑速度的损失，积极前移身体，为蹬伸创造有利条件。

蹬伸阶段是由起跳腿膝关节弯曲程度最大时开始，至起跳腿蹬离地面的一瞬间为止。蹬伸时，整个身体快速向前伸展，起跳腿的髋关节、膝关节、踝关节要充分伸展；上身和头部保持正直或稍向后仰，摆动腿大腿摆至水平或高于水平位置，小腿自然下垂；双臂前后用力摆起，肩部、腰部向上提起。蹬伸时，要充分利用肌肉的弹性，发挥肌肉的收缩能力，创造最大的起跳爆发功率。蹬伸动作越快、越充分，跳远成绩越好。跳远起跳过程中，摆动腿的摆动对于减小着地时的制动力、提高起跳速度、增强起跳效果而言十分重要。因此，起跳时，不仅要强调起跳腿的快速有力的蹬伸，而且还要十分注意摆动腿的摆动，以及“摆”与起跳腿的“蹬”的协调配合。摆动腿的摆动速度对起跳有直接影响，摆动的最高速度出现在摆动腿位于髋关节的正下方时。

完成“蹬”和“伸”的动作时，会存在一定的“时间差”。当起跳腿伸展时，手臂向上方摆动的动作已开始减速。这样，起跳腿弯曲时由于摆动动作的作用而减小了起跳时的制动力。在起跳伸展时，摆动动作的反作用力增大了对地面的压力。在起跳伸展时，摆动动作的制动可使起跳腿更快地蹬伸，进而使整个身体快速向上伸展。

（三）空中动作

起跳离地后，运动员向空中腾起，并在空中完成各种动作的过程为空中动作阶段。由于起跳时产生了使身体向前旋转的力，因此做空中动作时要避免身体向前旋转，保持身体在空中的平衡，最大限度地利用身体重心的抛物线轨迹，将两腿充分地向前伸出，为合理地落地做好准备。

起跳后产生的身体向前旋转的力，不仅与起跳脚着地的制动力大小有密切关系，而且还因起跳腾空后做出的不同的空中动作而有所差异。大学生应根据自身的身体素质和训练水平来选择蹲踞式、挺身式和走步式等跳远空中姿势。

（四）落地

空中动作完成后，两膝高抬，上身适当前倾，两臂前伸成团身动作，接着膝关节伸直，小腿前伸，脚尖稍勾起，两臂向下、向后摆动；脚跟接触沙面后迅速屈膝送髋，两臂由后向前摆动，使身体尽快前移超过落地点，完成落地动作。落地后的缓冲方法有前倒缓冲法、侧倒缓冲法和臀部缓冲法 3 种。

第三节　跳高

一、跳高的概况

跳高作为一项竞技运动项目，至今有 100 多年的历史。1864 年，英国将其列为田径比赛项目。

跳高按技术动作可分为俯卧式跳高和背越式跳高，下面主要介绍背越式跳高技术。

二、背越式跳高技术

（一）助跑技术

助跑的任务是获得必要的水平速度，在起跳前及时地调整动作结构和节奏，并取得合理的身体内倾姿势，为起跳和顺利地越过横杆创造条件。背越式跳高采用弧线助跑方式，由于沿着弧线跑进，身体必须内倾，这对背越式跳高有着十分重要的意义。

目前，背越式跳高的助跑步数大多为 8～12 步或 9～11 步。助跑距离视运动员训练水平而定，距离最长的，可达 30 米左右，目的是获得较大的水平速度。助跑起动方式有行进起动和原地起动两种。无论采用哪种起动方式，都要注意放松动作，速度与节奏要稳定。助跑时，动作近似于短跑的途中跑，但也有自身的特点，如跑进时身体重心高而平稳，上身适当前倾，后蹬充分有力，前摆积极抬腿，脚着地时应靠近身体重心的投影点，两臂配合做大幅度的摆动。在弧线段跑进时，身体逐渐向内倾斜，外侧臂和腿的摆动幅度逐渐加大，头、躯干与脚的支撑点应力求在力的作用线上。整个助跑过程应具有明显的加速和节奏感。最后 3 步或 5 步的节奏应自然加快，最后 1 步的节奏最快。同时，要特别注意每一步中的支撑阶段身体重心前移的幅度和速度，以及上身位置的相对稳定，以便能够顺利地过渡到起跳，并在起跳时使身体重心迅速地移向起跳点的上方。

（二）助跑与起跳结合技术

助跑与起跳结合技术是跳高技术中十分重要的技术之一，在背越式跳高技术中尤为重要。助跑与起跳结合技术一般是指助跑的倒数第二步摆动腿支撑过渡技术，它起着承上启下的作用，同时对正确地完成起跳动作、加强跳跃效果有直接的影响。

背越式跳高要求运动员从助跑的倒数第三步，甚至从进入弧线段开始，就要有准备起跳的意识，这体现为助跑时积极加速和向起跳点迅速跑进。为了快速、连贯地从助跑过渡到起跳，要求最后这几步助跑在保持积极加速的基础上，动作结构无明显的变化，上身稍向前倾，摆动腿积极前摆，并使着地点接近身体重心的投影点。到倒数第二步，摆动腿积极下压，以内侧脚掌或内侧脚跟着地，接着很快过渡到全脚掌或前脚掌着地，并在脚内侧的牢固支撑下，迅速前移身体重心。到支撑垂直部位时，身体内倾，膝关节弯曲达到最大程度，也就是身体重心处于较低的部位。为了进一步加速前移身体重心，应有力地蹬伸摆动腿，并充分地伸展踝关节，推动髋部和躯干大幅度快速前移。蹬伸摆动腿这一积极主动的动作，或者说主动发力，对起跳脚迅速地踏上起跳点和使摆动腿的蹬摆与起跳腿的缓冲蹬伸紧密衔接起来，都有着十分重要的意义。

总之，为了使助跑与起跳紧密地衔接起来，应特别强调保持倒数第二步跑进的积极性和发挥摆动腿在推动身体重心快速前移过程中的积极作用。有专家形象地称它为“双动力”起跳，这是背越式跳高技术由助跑过渡到起跳这一关键技术环节的重要特征。许多有经验的教练员，针对倒数第二步摆动腿支撑阶段的动作，用“牢固支撑”的技术概念来要求运动员，这无疑也是正确的。“牢固支撑”包含两个十分重要的技术要点：依靠摆动腿的牢固支撑，使身体在保持内倾状态下进入起跳，防止身体过早地竖直和倒向横杆；依靠摆动腿积极主动的蹬伸，使身体重心快速大幅度前移，防止出现臀部下坐和摆动腿支撑无力的现象。

（三）起跳技术

起跳是跳高技术中的关键环节之一。起跳的任务是迅速地改变人体的运动方向，并获得尽可能大的垂直速度，同时还要产生一定的旋转动力，保证过杆动作的顺利完成。由于最后一步有一个腾空过程（是十分短暂的），起跳脚着地支撑产生力的作用，因此从起跳脚着地至蹬伸离地，可视为整个起跳过程。首先，起跳腿以大腿带动小腿的方式积极下压着地，着地时以起跳脚的外侧跟部接触地面，继而通过脚外侧滚动至全脚掌着地，脚尖朝向弧线的切线方向，随后，身体由内倾转为垂直，迅速地完成缓冲和蹬伸动作。蹬伸动作依次由髋关节、膝关节、踝关节发力，蹬伸结束时，这 3 个关节充分伸直。在这一过程中，运动员有一种顺势起跳的感觉，即借助于弧线助跑和身体由内倾转为竖直的作用，加强起跳的向上效果并使身体攻向横杆。

在起跳过程中，摆动腿和两臂应协调配合摆动。腿、臂相对于支撑点（起跳脚的位置）的摆动情况是不断变化的：加速靠近支撑点、加速离开支撑点和减速离开支撑点。它们分别产生减压、加压和减压的动作效应。这些效应可以使身体重心获得更大的垂直速度。因此，在起跳过程中，应该根据这一规律，正确地完成腿、臂的摆动。

目前，国内外大多数运动员采用屈腿或折叠式摆腿的方法。在起跳脚着地瞬间，摆动腿应靠近起跳腿，膝关节应弯曲并尽可能接近最大程度（折叠式摆腿，此时小腿几乎完全紧靠大腿）。摆动腿加速前摆，有助于减小着地时的冲击力，即通常所说的制动；随后摆动腿加速上摆，并带动躯干旋转，直至突然制动。摆臂的方法有交叉双臂摆动和交叉单臂摆动两种。前者有助于加大摆动力量；后者摆动时若积极快速，则有助于迅速完成起跳动作。

（1）交叉双臂摆动：在起跳放腿阶段，随着起跳腿的前伸，起跳腿的同侧臂交叉后引，而异侧臂像自然跑进时一样向前摆出，但保持在相对较低的位置。

（2）交叉单臂摆动：当起跳腿踏向起跳点时，两臂仍自然地前后摆动，随着摆动腿的摆动，起跳腿的同侧臂由后向前积极上摆，摆动腿的同侧臂顺势迅速上举。

（四）过杆与落地技术

过杆是最终决定跳跃成败的重要环节。为了提高过杆的成功率，必须形成合理的杆上姿势，缩短身体重心与横杆之间的距离，利用补偿动作，使身体各部分依次顺利地越过横杆。过杆应连贯且富有节奏感。起跳离地之后，保持较伸展的姿势向上腾起，并在摆动腿、摆动腿的同侧臂的带动下，加速围绕身体旋转。这时采取较伸展的身体姿势，有助于减慢围绕身体矢状轴旋转的速度，防止上身过早地倾向横杆，随后以摆动腿的同侧臂和同侧肩为先导，顺着身体重心的运动方向攻上横杆。同时借助于摆动腿上摆的力量，提高髋部的位置，当头和肩越过横杆后，及时仰头、倒肩和展体，并利用身体重心向上的速度，积极挺髋，两小腿稍后收，身体形成背弓姿势。这时两臂置于体侧，有助于缩短围绕身体额状轴的旋转半径，加快身体在横杆上的旋转。当身体重心移过横杆后，及时地含胸收腹，控制上身继续下旋，运用相向运动原理，以髋部发力，带动大腿和小腿，加速向后上方甩腿，使整个身体脱离横杆。过杆的全过程，躯干和肢体应尽可能地靠近身体重心的运动轨迹。根据身体各部分与横杆相对位置的变化，依次顺势、快速地越过横杆。此时，任何多余动作都会增加碰杆的可能性，导致过杆失败。此外，运动员应根据自己助跑速度的快慢和起跳后相对于横杆位移的速度，确定适宜的背弓程度。通常背弓越大，完成动作的时间越长。因此，过杆速度较快的运动员，不宜采用过大背弓的过杆方法，而应采用高摆腿和积极倒肩的方法，这样才能取得更好的过杆效果。落地技术比较简单，在向后上方甩腿之后，保持着屈髋伸膝的姿势下落，最后以背部或上背部着垫，并做好缓冲。为了防止损伤，不能做幅度过大的屈膝屈髋，两腿应适当分开，避免撞击脸部。

第四节　铅球

一、铅球的概况

早在中世纪末，随着火炮的诞生，军营中就出现了投掷炮弹的比赛，最早的炮弹是球形的，重 7.26 千克，之后，这一比赛逐渐形成一项运动。19 世纪末，由于比赛的需要，人们制作了比赛专用铅球，现在铅球仍保持着这一形状和重量。起初，推铅球是在一条直线上进行的，后来又规定在一个方形场地内进行，并可采用任意方式投掷。在 1896 年第一届现代奥运会上，男子铅球被列为正式比赛项目。在 1948 年伦敦奥运会上，女子铅球成为正式比赛项目。

二、背向滑步推铅球技术

完整的背向滑步推铅球技术可分为握球持球、滑步、转换（过渡）、最后用力和维持身体平衡 5 个部分。

（一）握球持球（以右手投掷为例）

五指自然分开，将铅球放在食指、中指和无名指的指根部，拇指和小指附在铅球的两侧，以保持铅球的稳定。握好铅球后，将铅球放到锁骨内端上方，贴近颈部，头部略向右转，掌心向内，右肘抬起，右上臂与躯干约呈 90 度，躯干保持正直。

（二）滑步

滑步阶段包括预备姿势、团身动作、滑步动作 3 个环节。滑步的主要任务是使身体和铅球脱离静止状态，获得一定的向投掷方向运动的速度，为顺利完成后续动作做好准备。

1. 预备姿势

背对投掷方向，持铅球，贴近投掷圈的后沿站立，身体重心落在右脚掌上，左脚置于右脚跟后方 20～30 厘米处，以脚尖触地，维持身体平衡，上身保持直立，两眼平视前方，两肩与地面平行。

2. 团身动作

运动员站稳后，从容地向前屈体，待上身屈至接近与地面平行时，屈膝下蹲，同时头部和左腿向右腿靠拢，完成团身动作。下蹲时，右膝弯曲的程度应视个人情况而定，但必须有利于完整动作形成合理的加速节奏。左膝回收靠近右膝时，右脚有一个提踵动作，这一动作有助于滑步的起动。

3. 滑步动作

臀部先主动后移，然后积极后摆左腿，充分利用“移”“摆”产生的动力，这样既可保证铅球和身体重心获得必要的速度，又可减轻右腿的负担，有利于右腿完成后续动作。最后再通过蹬伸右腿、回收右腿来完成滑步动作。

（三）转换（过渡）

转换阶段是指从运动员回收右腿到左脚落地。它的主要任务是保持或适当增加铅球在滑步中获得的水平速度，并有助于最后用力形成合理的身体姿势。当运动员右脚落地后（以前脚掌着地），右腿膝关节不要蹬伸，而是要弯曲。与此同时，左腿外旋插向抵趾板（以前脚掌内侧着地）。上身保持适度后倾，左臂内扣，头部不要主动左转。右脚着地时，体重大部分落在右腿上；左脚着地时，身体重心移至两腿之间偏右腿的位置。

（四）最后用力

最后用力阶段是指从左脚落地到铅球离手，它是推铅球技术中最重要的阶段，铅球离手时约 80%的速度将在这个阶段获得。这一阶段又可分为两个部分：蓄力部分和爆发用力部分。

1. 蓄力部分

蓄力部分是指从最后用力开始到投掷臂给铅球加速之前的阶段。其主要任务是保持铅球已有的速度，为投掷臂的加速用力做好最后准备。在这一过程中，投掷臂未给铅球加速，只是依靠右膝的内压和右腿的侧蹬推动骨盆移动。由于上身不主动上抬，头、颈不主动扭转，从而使身体左侧的有关肌群形成预先拉长状态，为最后的爆发用力创造条件。

2. 爆发用力部分

爆发用力部分是指从投掷臂加速推铅球到铅球离手这一阶段。其主要任务是加快铅球的运动速度，并使铅球达到最大速度，再以适宜的角度将铅球推出。在躯干形成侧弓和左腿有力的支撑下，充分利用下肢蹬伸力量转髋、转体，然后右胸前挺，使铅球加速，在躯干正对投掷方向后再利用手臂顺势转肩推铅球，完成整个投掷动作。在最后的用力过程中，左腿的支撑作用十分重要，它不仅可以提高铅球的出手高度，更重要的是可以提高转体推铅球的速度。在最后的用力过程中，左臂通过向上、向左、向下的摆动和靠压，可以加大胸大肌的横向引展，协助完成左侧支撑，提高转体推铅球的速度、增强转体推出铅球的力量。要注意对推出前铅球加速能力的培养，因为优秀运动员与普通运动员推铅球出手速度的差异主要就是在最后的用力过程中形成的。

在最后的用力过程中，铅球运动的距离、速度，以及铅球离手的角度和高度都是很重要的。铅球离手的角度对投掷速度有较大的影响，最佳离手角度不是不变的，它在一定范围内随着出手速度的变化而变化。统计表明，世界优秀运动员的离手角度一般为 34～38 度。每名运动员的铅球离手高度都具有相对的稳定性，它主要取决于运动员的身高、臂长及专项技术水平，其对投掷速度的影响也不可忽视。

（五）维持身体平衡

铅球离手后，运动员通常采用两腿交换并降低身体重心的方式来减小向前的冲力，以维持身体平衡，防止犯规。运动员维持身体平衡的不同方式主要表现在以下 3 个方面。

1. 预备姿势不同

预备姿势分为立姿和蹲姿两种。立姿，也称高姿势，其优越性在于滑步开始时，运动员可以利用身体重心带来的由上而下的势能，自然、协调地进入滑步。蹲姿也称低姿势，其优越性在于可以减少身体重心和铅球的起伏，平稳地进入滑步，但其对运动员腿部力量要求较高。

2. 步长分配不同

步长分配有短长步点型（滑步距离较短，最后用力站距较长）和均匀型（滑步距离与最后用力站距较为平均）。这两种步长分配类型各有各的长处，运动员应根据自己的具体情况选用。

3. 右腿用力方式

右腿用力的方式主要是侧蹬在先，转蹬在后，这种方式能更多地发挥身体侧弓反振功能。

第六章

篮球

篮球运动是一项具有集体性、综合性的立体型攻守对抗运动。篮球运动以其特有的魅力，深受世界各国人民的喜爱。本章主要介绍篮球的基础知识、基本技术、基本战术等，帮助大学生更好地开展篮球运动。

第一节　篮球基础知识

一、篮球的起源与发展

1891 年，美国春田学院教师詹姆斯·奈史密斯为了贯彻冬季体育课教学大纲，着手设计了一项室内集体游戏，并从当地儿童喜欢的把球投向桃子筐的游戏中得到启发，创编了篮球游戏。国际篮球联合会于 1950 创立“奈史密斯杯”，将其作为世界男子篮球锦标赛的冠军奖杯，以纪念这位篮球运动先驱。

1892 年，奈史密斯制定出 18 条简易规则，篮球运动进入对抗比赛的阶段，裁判员产生。1908 年，美国制定了全国统一的篮球规则，篮球运动逐渐传遍美洲、欧洲和亚洲，成为一项世界性运动项目。1932 年，国际篮球组织成立，即总部设在瑞士日内瓦的国际篮球联合会。1936 年，篮球在柏林奥运会中被列为正式比赛项目。

篮球运动是 1896 年传入我国的。100 多年来，篮球运动逐渐成为广大人民群众喜闻乐见的体育运动项目。

二、比赛规则

（一）比赛通则及一般规定

（1）篮球比赛的定义：每场篮球比赛由 2 个队参加，每队出场 5 名队员，每队的目标是将篮球投入对方球篮得分，并阻止对方得分。

（2）比赛的胜者：比赛结束时得分较多的队是比赛的胜者。

（3）比赛时间：比赛由 4 节组成，每节 10 分钟，每个决胜期为 5 分钟。

（4）交替拥有：以掷球入界而不是以跳球来使球成活球的方法。

（5）球中篮和它的得分值：球进入球篮，如是罚球得 1 分，如是从 2 分投篮区投篮得 2 分，如是从 3 分投篮区投篮得 3 分。

（6）罚球：给予一名队员在罚球线后的半圆内的位置，在无争抢的情况下得 1 分的机会。

（二）常见违例

1. 队员出界和球出界

当队员身体的任何部分接触界线、界线上方或界线外的地面和任何物体时，即队员出界。当球触及了在界外的队员或任何其他人员或物体时，如篮板支撑架、篮板背面或比赛场地上方的任何物体，即球出界。

在球出界，甚至球在出界之前还触及了除队员以外的其他物体，最后触及球或被球触及的队员是使球出界的队员。

2. 非法运球

在场上控制活球的队员将球掷、拍、滚或运在地面上，并在球触及另一队员之前再次触及球时为运球开始。队员双手同时触及球或允许球在一手或双手中停留时为运球结束。队员第一次运球结束后不得再次运球，除非在两次运球之间他已失去了控制活球的机会，如投篮、被对方触及球、传球或漏接后球触及了另一队员或被另一队员触及。下列情况不算非法运球：连续投篮、运球前后的漏接、用拍击的方式试图获得球等。

3. 带球走

带球走是指队员在场上持活球，其一只脚或双脚超出本规则所述的限制向任一方向非法移动。判断带球走的关键是确定和观察持球队员的中枢脚。

（1）对在场上接住活球的队员的中枢脚的确立。

① 双脚着地时：队员的一只脚抬起的瞬间，另一只脚成为中枢脚。

② 移动中或运球时：如果队员的一只脚正触及地面，该脚成为中枢脚；如果队员的双脚离地后又同时落地，则在一只脚抬起的瞬间，另一只脚成为中枢脚；如果队员的双脚离地后一只脚落地，则该脚成为中枢脚。如果队员抬起一只脚并且双脚同时落地，那么两只脚都不是中枢脚。

（2）在场上控制了活球并已确立中枢脚的队员的带球行进。

① 传球或投篮时，中枢脚可抬起，但在球离手前，任一只脚不得落回地面。

② 运球开始时，在球离手之前，中枢脚不得抬起。

③ 停止时两只脚都不是中枢脚时：开始运球，在球离手之前，两只脚都不得抬起；传球或投篮时，一只脚或双脚可抬起，但在球离手前不得落回地面。

4. 3 秒违例

当某队在前场控制活球并且比赛计时钟正在运行时，该队的队员不得持续停留在对方队的限制区内超过 3 秒，否则为违例。

5. 被严密防守的队员

一名队员在场上正持着活球，这时对方队员处于积极的防守位置，距离其不超过 1 米，此时该队员被严密防守。一名被严密防守的队员必须在 5 秒内传、投、运球，否则为违例。

6. 8 秒违例

每当一名队员在其后场控制活球时，他所在的队必须在 8 秒内使球进入他的前场，否则为违例。当先前已控制球的队由于下列情况被判在后场重新掷球入界时，8 秒周期应以任何剩余的时间继续。例如，球出界，一名同队队员受伤了，一次跳球情况，一次双方犯规，双方球队相等罚则抵消。

7. 24 秒违例

每当一名队员在场上控制活球时，他的队必须在 24 秒内尝试投篮。在 24 秒提示装置发出信号前，球必须离开投篮队员的手，而且球离开投篮队员的手后，必须触及篮圈或进入篮筐，否则为违例。

8. 球回后场违例

控制活球的队员不得使球非法回到他的后场，否则为违例。宣判球回后场违例必须符合以下 3 个条件。

（1）该队已控制球。

（2）该队在前场最后触及球。

（3）该队在后场最先触及球。

9. 掷球入界违例

当发生下列情况时，掷球入界队员违例。

（1）可处理球后，球离手的时间超过 5 秒。

（2）球离手前或离手时触及场内地面。

（3）裁判员递交球后，队员沿界线方向超出 1 米或向两个方向移动。

（4）掷球入界后，队员在球触及场内其他队员前又首先触及球。

（5）球未触及场内队员而直接出界。

（6）将球直接掷入篮筐。

10. 脚踢球和拳击球违例

故意用脚踢球或用拳击球等任何非法阻挡球的方式都是违例。球偶然地接触到腿的任何部分，或腿的任何部分偶然地触及球，不是违例。

11. 罚球违例

（1）当发生下列情况时，罚球队员违例。

① 可处理球后，球离手的时间超过 5 秒。

② 球中篮或触及篮圈前触及罚球线或限制区地面。

③ 球未中篮且并未触及篮圈。

④ 做罚球的假动作。

（2）当发生下列情况时，在抢篮板球位置站位的队员违例。

① 干扰罚球队员。

② 罚球队员的球离手前进入限制区。

（三）常见犯规

1. 侵人犯规

侵人犯规是队员与对方队员的接触犯规。无论球是活球还是死球，队员都不应通过伸展自己的手、臂、肘、肩、髋、腿、膝或脚来拉、阻挡、推、撞、绊对方队员，以阻止对方队员行进；不应将自己的身体弯曲成“反常的”姿势；也不应放纵自己做出任何粗野或猛烈的动作。

罚则如下。

（1）应给犯规队员登记一次侵人犯规。

（2）如果对没有做投篮动作的队员发生犯规，处理如下。

① 由非犯规的队在最靠近违犯的地点掷球入界，重新开始比赛。

② 如果犯规的队处于全队犯规处罚状态，则应运用全队犯规处罚条款。

（3）如果对正在做投篮动作的队员发生犯规，应按下列所述判给投篮队员若干罚球。

① 如果投篮成功，应计得分并判给一次罚球。

② 如果从 2 分投篮区投篮不成功，应判给 2 次罚球。

③ 如果从 3 分投篮区投篮不成功，应判给 3 次罚球。

2. 双方犯规

双方犯规是两名互为对手的队员大致同时相互发生侵人犯规的情况，应给每一名犯规队员登记一次侵人犯规，不判给罚球。

3. 违反体育道德的犯规

根据裁判员的判断，一名队员若不是在篮球精神和意图的范围内合规地试图去抢球，则发生的接触犯规是违反体育道德的犯规。

（1）判断原则如下。

① 如果一名队员不努力去抢球并发生接触，则这是违反体育道德的犯规。

② 如果一名队员在努力抢球中造成过分接触（严重犯规），则该接触被判为违反体育道德的犯规。

③ 如果一名队员因试图终止一次快攻，而与对方队员的后面或侧面接触，并且在该进攻队员后面没有其他队员，则这是违反体育道德的犯规。

④ 如果一名队员正合规地努力去抢球（正常的争抢），但发生了犯规，则这不是违反体育道德的犯规。

（2）罚则如下。

① 登记队员一次违反体育道德的犯规。

② 应判给被犯规队员相应的罚球，随后在记录台对面的中线延长位置掷球入界，或在中圈跳球开始第一节的比赛。

③ 罚球的次数应按如下规定。

- 如果对没有做投篮动作的队员发生犯规，应判给 2 次罚球。
- 如果对正在做投篮动作的队员发生犯规，若中篮，应计得分，并判给 1 次罚球。

- 如果对正在做投篮动作的队员发生犯规，若没有中篮，应判给 2 或 3 次罚球。

4. 技术犯规

技术犯规是包含（但不限于）行为性质的队员非接触的犯规。

发生一次技术犯规的罚则如下。

（1）一名队员发生一次技术犯规，应给该队员登记一次技术犯规，并作为全队犯规之一计数。

（2）一名教练员、助理教练员、替补队员或随队人员发生一次技术犯规，应给教练员登记一次技术犯规，但不作为全队犯规之一计数。

（3）应判给对方队员 2 次罚球，随后在记录台对面的中线延长位置掷球入界，或在中圈跳球开始第一节的比赛。

5. 取消比赛资格的犯规

队员、替补队员、教练员、助理教练员或随队人员任何恶劣的违反体育道德的行为都是取消比赛资格的犯规；一名队员被登记了 2 次违反体育道德的犯规时，该队员应被取消比赛资格。

罚则如下。

（1）应给犯规者登记一次取消比赛资格的犯规。

（2）判给相应的罚球，随后在记录台对面的中线延长位置掷球入界，或在中圈跳球开始第一节的比赛。

（3）罚球的次数应按如下规定。

① 如果对没有做投篮动作的队员发生犯规，应判给 2 次罚球。

② 如果对正在做投篮动作的队员发生犯规，若中篮，应计得分，并判给 1 次罚球。

③ 如果对正在做投篮动作的队员发生犯规，若没有中篮，应判给 2 或 3 次罚球。

第二节 篮球的基本技术

篮球的基本技术是运动员在篮球比赛中进攻与防守时所采用的专门动作方法的总称。篮球的基本技术分为进攻基本技术和防守基本技术两大类。

进攻基本技术包括移动、传球、接球、投篮、运球、持球突破。

防守基本技术包括防守无球队员、防守有球队员、抢篮板球。

一、进攻基本技术

（一）移动技术

1. 起动

从基本站立姿势开始，起动时，身体重心向跑动方向移动，用后脚（向前起动）或异侧脚（向侧起动）的前脚掌内侧用力蹬地，同时上身迅速前倾或侧转，手臂协调地摆动，充分利用蹬地的反作用力，迅速向跑动方向迈步。

动作要点：猛蹬地，快跨步，快频率。

2. 跑

（1）变向跑

在从左向右变向跑的最后一步，右脚着地，脚尖稍内扣，用前脚掌内侧用力蹬地，屈膝，腰部随之左转，上身向左前倾，快速移动重心，左脚向左前方跨出后加速前进。

动作要点：前脚掌内侧用力蹬地，重心转移快，左脚上步快。

（2）变速跑

跑速由慢变快时，上身前倾，用前脚掌短促有力地向后蹬地，同时迅速摆臂，前面两三步的步幅要小，加快跑的频率；跑速由快变慢时，上身抬起，步幅加大，用前脚掌抵地，减缓冲力，从而降低跑速。

动作要点：由慢跑变快跑时，步频加快；由快跑变慢跑时，步幅加大。

3. 急停

（1）跨步急停

在快速跑动中急停时，先向前跨出大步，用脚跟先着地过渡到全脚抵住地面，并迅速屈膝，同时身体微向后仰，后移重心；然后，再跨出第二步，脚着地时脚尖稍向内转，用前脚掌内侧蹬地，两膝弯曲，身体稍向侧转，微向前倾，重心移至两腿之间，两臂屈肘并自然张开，控制身体平衡。

动作要点：第二步落地时用前脚掌内侧蹬地并控制身体重心。

（2）跳步急停

队员在跑动中，用单脚或双脚起跳（一般离地面不高），上身稍向后仰，两脚同时平行落地，落地时全脚掌着地，用前脚掌内侧蹬地，两膝弯曲，两臂屈肘微张，以保持身体平衡。

动作要点：落地时，应用前脚掌蹬地，屈膝降低重心，并将重心控制在两腿之间。

4. 转身

（1）前转身

移动脚蹬地，在中枢脚前方（身前）跨步改变身体的方向叫前转身。

动作要点：转体蹬地有力，重心迅速转移，前脚掌碾地，跨步后降低重心，重心不要起伏。

（2）后转身

移动脚蹬地，在中枢脚后方（身后）进行弧形移动，改变身体的方向叫后转身；行进间运用后转身是在靠近对手时以前脚为中枢脚旋转，后脚蹬地做后转身。

动作要点：腰部带动躯干旋转，蹬地有力，保持身体平衡，重心不要起伏。

5. 滑步

从基本站立姿势开始，两脚平行站立，两膝弯曲，上身微向前倾，两臂侧伸；向右侧滑步时，左脚前脚掌内侧蹬地，右脚向右（移动方向）跨出，在落地的同时，左脚紧随滑动，向右脚靠近，两脚保持一定的距离，右脚继续跨出；向左侧滑步时脚步动作相反。

动作要点：在滑步时，要保持屈膝低重心的姿势，身体不要上下起伏，两腿不要交叉，重心保持在两腿之间，两臂伸开，双眼要注视对手。

（二）传、接球技术

1. 传球技术

（1）双手胸前传球

两手手指自然分开，两手拇指相对成“八”字形，用指根以上部位持球，手心空出，两肘自然弯曲于体侧，将球置于胸腹之间，身体成基本站立姿势；传球时，在后脚蹬地、身体重心前移的同时，前臂迅速向传球方向伸出，球离手后，身体迅速调整成基本站立姿势。近距离传球，前臂前伸的幅度小；远距离传球，则需加大蹬地、伸臂和腰腹的用力程度。传球距离越远，伸臂的动作速度需越快。

动作要点：持球动作正确，蹬地、伸臂、翻腕、拨球（食指、中指）动作连贯、用力协调。

（2）单手肩上传球

传球时（以右手传球为例），左脚向传球方向迈出半步，右手托球，同时将球引到右肩上方，肘部外展，上臂与地面近似平行，手腕后仰；左肩对着传球方向，重心落在右腿上，右脚蹬地，转体，右前臂迅速向前挥摆，手腕前屈，通过食指、中指拨球将球传出；球离手后，右脚随着身体重心前移而向前迈出半步，保持基本站立姿势。

动作要点：自上而下发力，蹬地、扭转肩、挥臂和扣腕动作连贯。

2. 接球技术

（1）双手接球

如图 6-1 所示，双手接球时，两眼注视来球，两臂伸出迎球，手指自然分开，两手拇指成“八”字形，其他手指向前上方，两手各成一个半圆形；当手指触球后，迅速抓握球，两臂随球后引，缓冲来球的力量，两手握球于胸腹之间；保持身体的平衡，做好传球、投篮或突破的准备。来球的高度不同，两臂伸出迎球的高度也有所不同。

动作要点：伸臂迎球，在手接触球时，两臂后引缓冲，握球于胸腹之间，动作连贯。

（a）

（b）

（c）

图 6-1　双手接球

（2）单手接球

单手接球控制的范围大，能接不同方向的球。但是单手接球不如双手接球牢稳，因此，在一般情况下应尽量用双手接球。

如用右手接球，则右脚向来球方向迈出，两眼注视着来球；接球时，手掌成勺形，手指自然分开，右臂伸向来球的方向；当手指触球时，手顺势将球向后下引，左手立即握球，双手将球握于胸腹之间，保持基本持球姿势。

（三）投篮技术

1. 原地投篮

（1）原地单手肩上投篮

如图 6-2 所示，以右手投篮为例，两脚原地开立，两脚间距与肩同宽，右脚稍前，身体重心落在两腿之间，屈肘，手腕后仰，掌心向上，五指自然张开；持球于右眼的前上方，左手扶球侧，两膝微屈，上身放松并稍后仰，同时瞄准投篮点；投篮时下肢蹬地发力，腰腹伸展，抬肘伸前臂，手腕前屈以带动手指拨球，最后食指、中指柔和用力将球投出，球离手后，右臂应有自然的跟随动作。

动作要点：持球手法正确，蹬地、抬肘、伸臂、屈腕、拨球（食指、中指）动作协调连贯。

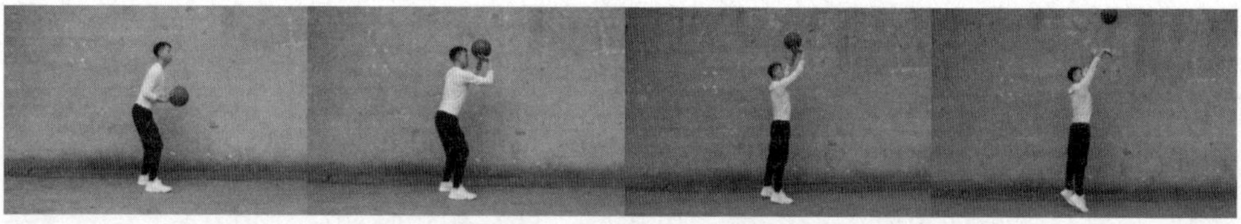

图 6-2　原地单手肩上投篮

（2）原地双手胸前投篮

如图 6-3 所示，双手持球于胸前，肘关节自然下垂，两脚前后或左右开立，两膝微屈，重心落在两腿之间，目视投篮点；投篮时，两脚蹬地，随后向前上方伸臂，两手腕同时外翻，手腕前屈，拇指用力拨球，通过食指、中指将球投出，球出手时身体随投篮方向伸展。

动作要点：左右手用力要协调。

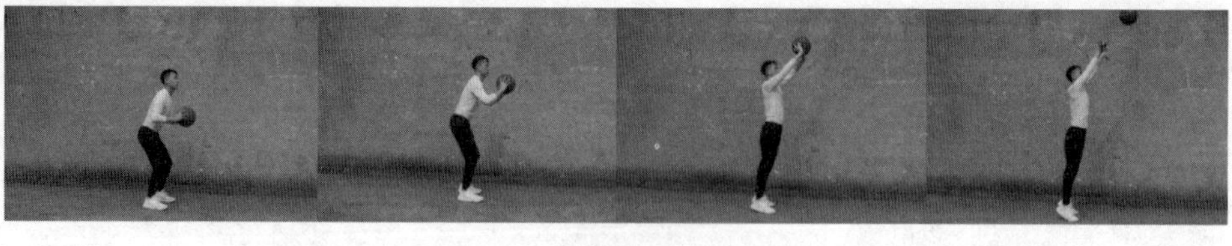

图 6-3　原地双手胸前投篮

2. 行进间投篮

（1）行进间单手肩上高手投篮

以右手投篮为例，当球在空中运行时，右脚向来球方向或投篮方向跨出一大步，同时接球；左脚向前跨出一步，上身稍后仰，并用力蹬地起跳，右腿屈膝，左脚蹬离地面，同时双手向前上方举球；腾空后右臂向前上方伸展，手腕、手指动作同原地单手肩上投篮；球离手后，两脚同时落地，两腿弯曲，以缓冲落地的力量。

动作要点：节奏清楚，起跳充分，举球、伸臂、屈腕、拨球动作连贯，用力适度。

（2）行进间单手肩上低手投篮

如图 6-4 所示，以右手投篮为例，行进间右脚跨出一大步的同时双手接球，并用身体保护球；接着左脚迈出一步，同时用力蹬地起跳，充分伸展身体，右臂外旋伸直向篮圈方向举球（手心向上），当举球手接近篮圈时，主要用中间三指做向上拨球动作，使球从指端投出。

动作要点：跨步接球连贯，充分向前上方起跳，单手托球稳定，屈腕拨球柔和，球前旋投出。

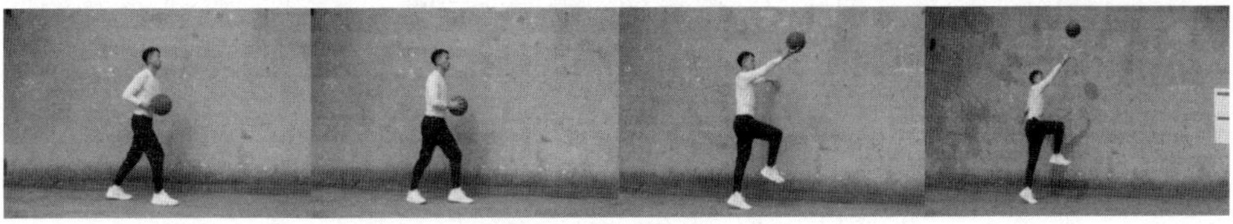

图 6-4　行进间单手肩上低手投篮

3. 跳起投篮

如图 6-5 所示，以右手投篮为例，双手持球于胸腹之间，两脚左右开立，两膝微屈，身体重心落在两腿之间，上身放松，眼睛注视篮圈；起跳时，两膝适当弯曲（也可在两脚前后开立时做此动作），接着前脚掌蹬地发力，向上迅速摆臂举球并起跳，双手举球于肩部上方或头部上方，左手扶住球左侧，当身体升至最高点或接近最高点时，左手离球，右臂向前上方伸展，同时发力屈腕，用食指、中指拨球，使球从指端投出。

动作要点：持球下蹲、起跳、举球动作连贯，蹬地充分，接近最高点时将球投出。

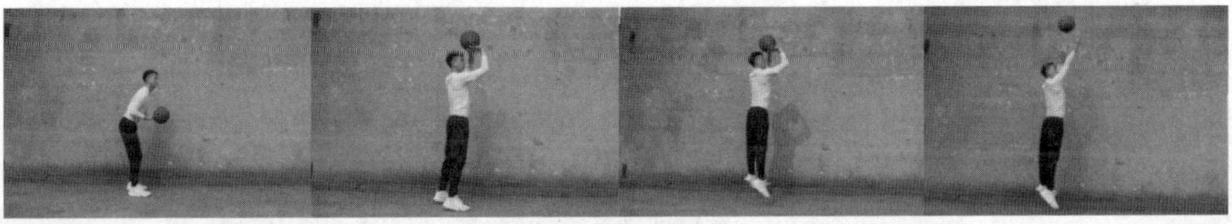

图 6-5　跳起投篮

（四）运球技术

1. 原地高运球

运球时两腿微屈，上身稍向前倾，双眼平视前方；以肘关节为轴，前臂自然屈伸，手腕和手指柔和而有力地按拍球的后上部，用指根及指腹部位触球；球的落点控制在运球手同侧脚的外侧前方，使球的反弹高度在胸腹之间，注意手、脚协调配合。

动作要点：在手型正确的基础上，主动迎球，随球上引，前臂屈伸，控制球的落点；手和脚协调配合。

2. 运球急停急起

急停时，身体重心下降，手按拍球的前上部，使球停止向前运行，目视前方；急起时，两脚用力蹬地，上身迅速前倾起动，同时手按拍球的后上部，人、球同时快速前进。

动作要点：急停稳、急动快，人和球速度一致，上身前倾和脚的蹬地协调配合。

3. 体前变向运球

以右手运球为例，运球队员从防守队员左侧变向突破时，先在其右侧做变向运球假动作，当防守队员移动堵截运球时，运球队员应突然用右手按拍球的右侧后上部，使球经自己体前向左侧前方反弹；同时左脚迅速随球向左侧前方跨步，上身同时向左扭转，身体重心要降低，侧肩贴近防守队员，将球压低；当球反弹至腹部高度时，右脚蹬地迅速前迈，左手拍球的后上部，超越防守队员。

动作要点：重心降低，拍球的部位准确，拍按球后要转体护球，蹬地有力，变向换手后加速。

4. 运球转身

防守队员堵在右侧，突破时，迅速上左脚，微屈膝，重心移至左腿，以右脚前脚掌为轴做后转身，右手将球拉至身体的后侧，并按拍球，使球落在身体的外侧，然后换左手运球，加速超越防守队员。

动作要点：最后一次按拍球要加力，后转身迅速，重心不要起伏，手型正确，曲肘拉球有力。

（五）持球突破技术

1. 交叉步持球突破

如图 6-6 所示，以右脚做中枢脚为例，突破前，两脚左右开立，两脚间距与肩同宽，两膝微屈，重心控制在两腿之间，持球于胸腹之间；突破时，左脚前脚掌内侧用力蹬地，同时上身右转探肩，贴近对手，球移至右手，左脚交叉步前跨抢位，同时向左脚的左斜前方推放球，右脚用力蹬地跨步，加速超越对手。

图 6-6 交叉步持球突破

2. 同侧步持球突破

如图 6-7 所示，以左脚做中枢脚为例，突破前，两脚左右开立，两脚间距稍大于肩，两膝微屈，重心控制在两腿之间，持球于胸腹前，突破时，右脚向右前方跨一大步，同时转体探肩，重心前移，放球于右脚的侧前方，左脚迅速蹬地并向右前方跨出，加速运球超越对手。

动作要点：起动突然，跨步、推放球动作快速连贯，中枢脚离地前球要离手。

图 6-7　同侧步持球突破

二、防守技术

（一）防守无球队员

防守时，防守队员要根据球和人的移动，合理地运用上步、撤步、滑步、交叉步、碎步和快跑等脚步动作，并配合身体动作抢占有利的防守位置，堵截对手，使其摆脱移动路线；在与对手发生对抗时，防守队员的重心下降，双脚用力扒地，两腿弯曲，扩大站位面积，上身保持适宜的紧张，在发生身体接触前的瞬间发力，主动对抗。合理使用手臂动作干扰对手视线，防止对手接球，扩大防守空间，保持身体平衡，快速移动，抢占有利位置。

（二）防守有球队员

防守有球队员的步法，要根据对手在场上的位置、距离球篮的远近、对手的特点等选用。一般采用的步法有平步和斜步两种。不管采用何种步法，都要以灵活的脚步动作为基础，在对手接球的一瞬间，防守队员应及时站位于对手与球篮之间，保持适当的距离，并用正确的防守姿势，积极移动，阻截和干扰对手进攻。有时防守的位置要根据所防对手的特点和本队战术的需要做适当地调整，以能控制对手为原则。

三、抢篮板球技术

（一）双手抢篮板球

跳起腾空后，腰腹用力控制身体平衡，身体充分伸展，两臂用力伸向球的方向，以提高制高点、扩大占据空间；当身体和手达到最高点时，双手手指端触球的瞬间用力握球，腰腹用力，迅速屈臂将球拉至胸腹之间，同时双肘外展，保护好球。

（二）单手抢篮板球

起跳后身体在空中充分伸展，达到最高点时，近球侧手臂尽量向球伸展，指端触球瞬间迅速屈指、屈腕、屈肘、收臂，将球拉下，另一手尽快扶球，置球于胸腹之间，同时双腿弯曲，保持身体平衡，以便结合其他技术动作；单手抢篮板球时，触球及收臂拉球要连续，速度快而有力，并注意保护好球。

第三节　篮球的基本战术

篮球战术基础配合是指在篮球比赛中，两三人之间有目的、有组织、协调行动的简单攻守配合。战术基础配合包括进攻战术基础配合和防守战术基础配合两个部分。进攻战术基础配包括传切配合、策应配合、突分配合、掩护配合等，防守战术基础配合包括防守掩护、“关门”配合、夹击配合、补防配合等。篮球战术基础配合是全队战术基础配合的基础。

一、进攻战术基础配合

（一）传切配合

（1）空切配合方法：如图 6-8 所示，④传球给⑤后利用较快的速度和假动作摆脱△4的防守，切入篮下接⑤的回传球上篮；⑤接球前，用假动作摆脱防守，接球后做投篮或突破的动作吸引△5进行防守，并及时将球传给切入的④上篮。

（2）一传一切配合方法：如图 6-9 所示，④传球给上提接球的⑤，⑤接球后以假动作吸引△5进行防守，此时另一侧⑥做假动作摆脱△6，空切篮下接⑤传球上篮，⑤去冲抢篮板球。

在配合过程中，切入队员的动作要突然，要利用较快的速度和假动作摆脱防守；持球队员则要有攻击性，能够以投篮和突破动作吸引防守队员的注意力，以便能及时、准确地用不同的传球方式，从防守空隙中将球传给切入队员。

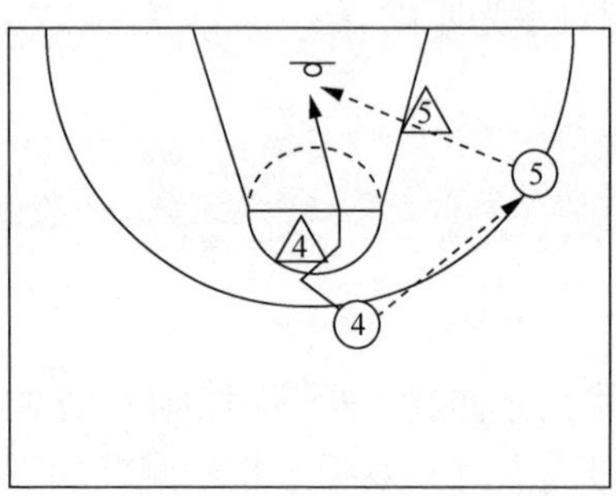

图 6-8　空切配合方法

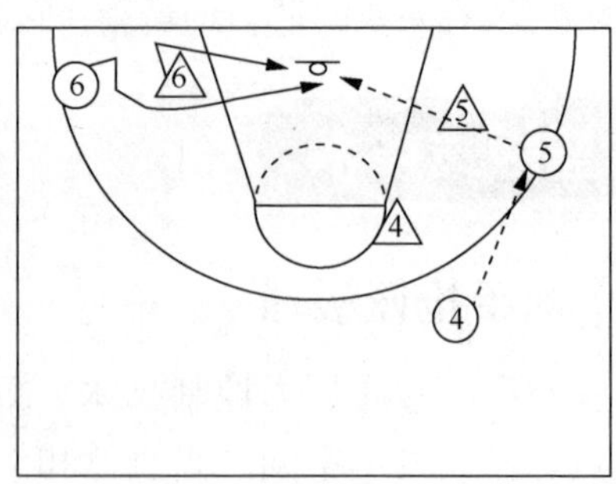

图 6-9　一传一切配合方法

（二）策应配合

（1）策应配合方法一：如图 6-10 所示，④传球给插上策应的⑤，④用假动作摆脱△4的防守插入篮下要球，⑤可视情况将球回传④或自己运球进攻篮下，或转身跳投。

（2）策应配合方法二：如图 6-11 所示，④传球给插上策应的⑤后切入篮下要球或抢篮板球，⑤接球后假装准备进攻△5，△6此时去补防⑤，⑤将球传给有更好的进攻投篮机会的⑥。

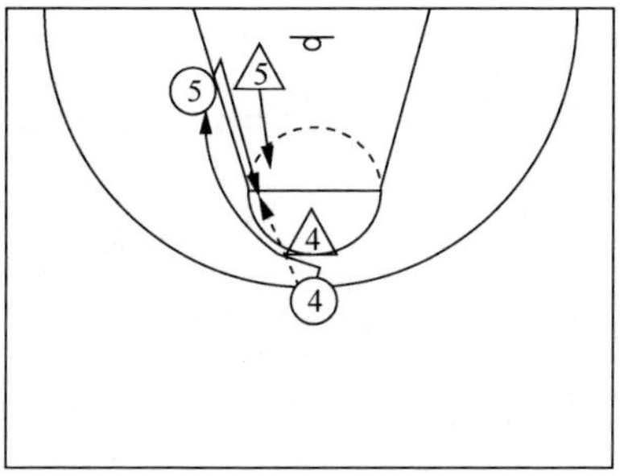

图 6-10　策应配合方法一

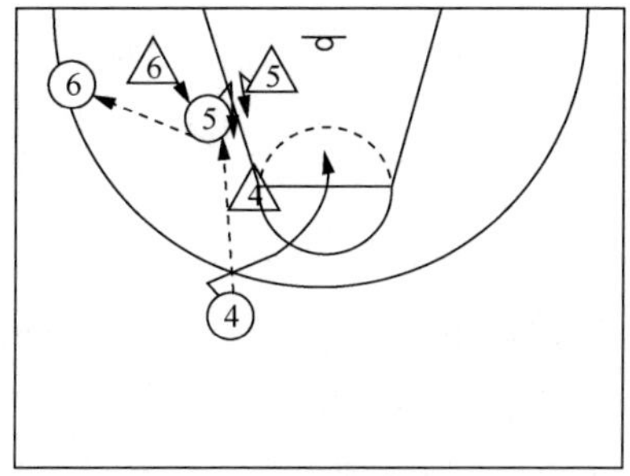

图 6-11　策应配合方法二

策应前要注意用假动作摆脱防守队员，以抢占有利位置；接球后两脚开立，双膝微屈，双手置球于腹前，背对或侧对球篮，用身体保护球，体形高大的队员也可将球置于头上方或体侧。当同伴获得较好的进攻机会时，要及时传球给同伴，自己也可做虚晃、转身、投篮等假动作吸引防守或伺机进攻，增加策应的变化。外围配合队员见策应队员插上要球时，应先向反方向做假动作，在策应队员拿到球时，观察球场上的情况，做出切入篮下或跑到策应队员面前跳投等进攻动作。

（三）突分配合

（1）突分配合方法一：如图 6-12 所示，④运球突破△4的防守，△5上移补防，④将球传给插入篮下的⑤，⑤立即投篮，如果遇△5的回防，由于已抢占篮下有利位置，应该强攻。

（2）突分配合方法二：如图 6-13 所示，④传球给⑤，⑤运球突破△5进入篮下，△6进行补防，⑤可将球传给从不同方向插入的⑥，⑥接到⑤的分球后立即投篮，如果遇到△6的回防，争取强攻。

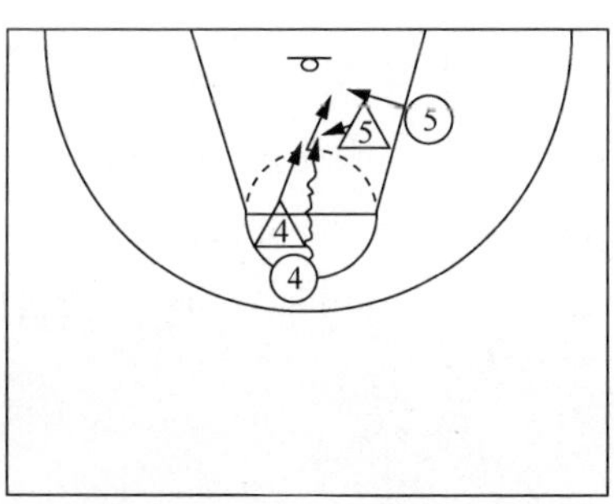

图 6-12　突分配合方法一

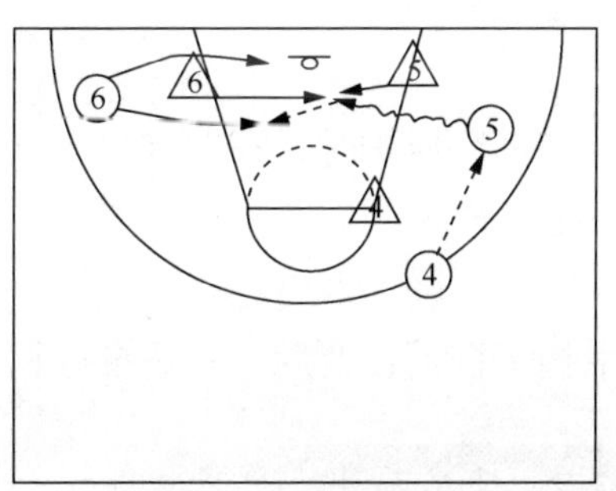

图 6-13　突分配合方法二

持球队员在突破过程中，要随时注意观察防守队员的位置变化，做好投篮或分球的两种准备，上篮动作必须逼真，才能真正吸引防守队员的注意，便于分球。其他进攻队员则要在持球队员突破的瞬间，及时摆脱防守，占据有利位置，以便接球投篮；如遇到一般性的防守，要争取篮下强攻，给对方造成威胁。

（四）掩护配合

（1）前掩护配合基本方法：如图 6-14 所示，⑥传球给⑤，先向左做要球的假动作，然后快速向篮下插去，如果△6也随之插向篮下，则⑥可利用△4和④做掩护，到限制区外接球；⑤接到⑥的传球后，见⑥从限制区内跑出要球，则传球给⑥，这时⑥借④的掩护接球跳投。

（2）侧掩护配合基本方法：如图 6-15 所示，⑥传球给⑤，先向右做假动作，然后向左插去，到△5左侧停住，给⑤做侧掩护，⑤借⑥的掩护快速从△5的左侧运球上篮。

（3）后掩护配合基本方法：如图 6-16 所示，⑥传球给⑤，④给⑤做后掩护，⑤借④的掩护从△5的右侧运球上篮。

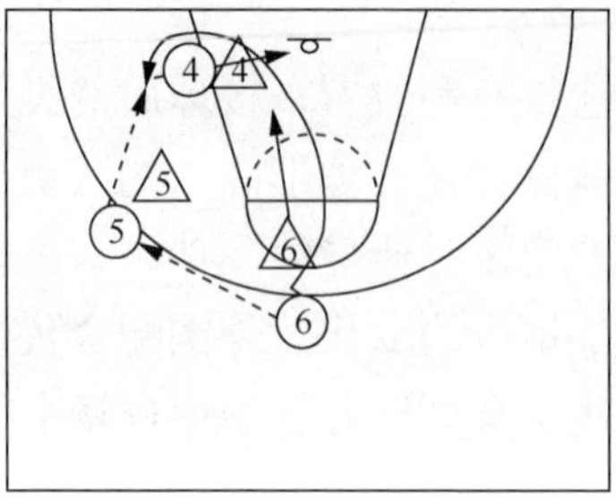

图 6-14　前掩护配合基本方法

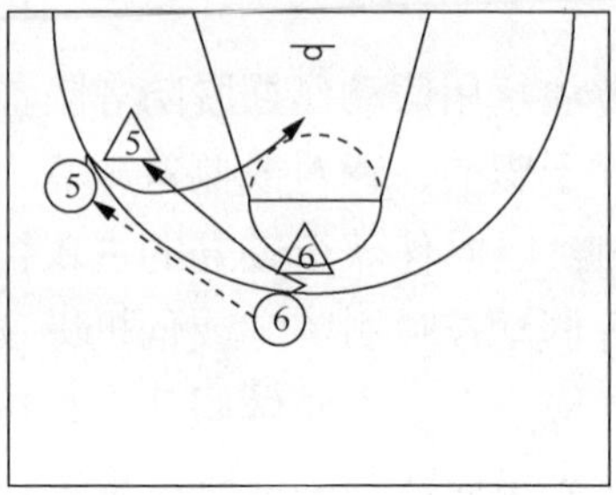

图 6-15　侧掩护配合基本方法

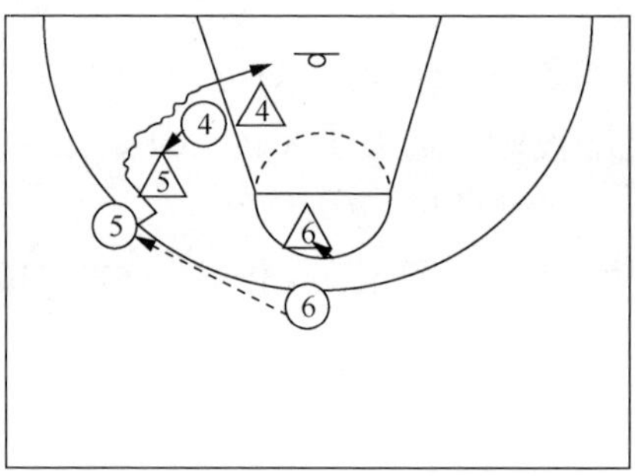

图 6-16　后掩护配合基本方法

掩护队员进行掩护时，先要向反方向做假动作，然后快速插到拦截同伴的防守队员的移动路线上，离该防守队员 30～50 厘米，两脚开立，两脚间距比肩稍宽，重心下降，两腿微屈，收腹含胸，双臂收拢于胸前以保护自己。在同伴插过的瞬间迅速后转身，把同伴的对手挡（挤）在背后，然后插向篮下准备进攻。

二、防守战术基础配合

（一）防守掩护

（1）抢过配合：是破坏掩护配合的积极有效的方法之一。防守队员在掩护队员临近自己时，要积极向前跨出一步，贴近自己的防守对象，从掩护队员前面挤过去或抢过去，继续防住自己的防守对象，防守掩护队员的同伴要及时呼应，并配合行动，以备补防。

（2）穿过配合：是破坏掩护配合、及时防住自己防守对象的一种配合。当进攻队员进行掩护时，掩护队员的防守队员要及时提醒同伴并主动后撤一步，让同伴及时从自己和掩护队员之间穿过，以便继续防住各自的防守对象。

（3）绕过配合：是破坏对方掩护配合、及时拦截自己的防守对象的一种配合。当进攻队员进行掩护时，掩护队员的防守队员应主动贴近防守对象，让同伴从自己的身旁绕过，继续防住各自的防守对象。

（4）交换防守配合：是为了破坏进攻队员的掩护配合，防守队员之间及时地交换自己的防守对象的一种配合方法。

运用抢过配合时，防守队员要贴近自己的防守对象，向前抢步要及时，动作要突然，要相互提醒。运用穿过配合时，防守队员要及时提醒同伴并主动让路，调整防守位置和距离。运用交换防守配合时，防守队员要及时提醒同伴，两名防守队员要移动到位，及时换防，以免防守失误造成漏人。

（二）“关门”配合

如图 6-17 所示，当⑤向右侧突破时，△4和△5进行“关门”配合；当⑤向左侧突破时，△5和△6进行“关门”配合。

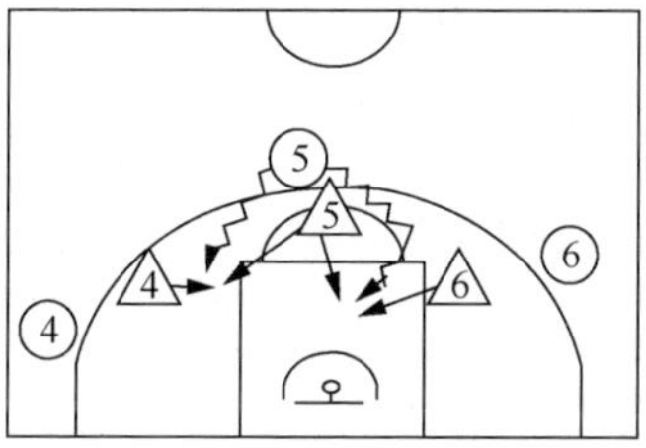

图 6-17 “关门”配合

“关门”配合时，防守队员应积极在对手突破的移动路线上进行堵截，临近一侧的防守队员要及时向同伴靠拢并进行“关门”，不给对手留有空隙。“关门”配合也常运用于区域联防。

（三）夹击配合

如图 6-18 所示，④从底线突破，△4封堵底线，迫使④停球，△5同时迅速向底线跑去与△4协同夹击④，封堵其传球路线，迫使其犯规或失误。

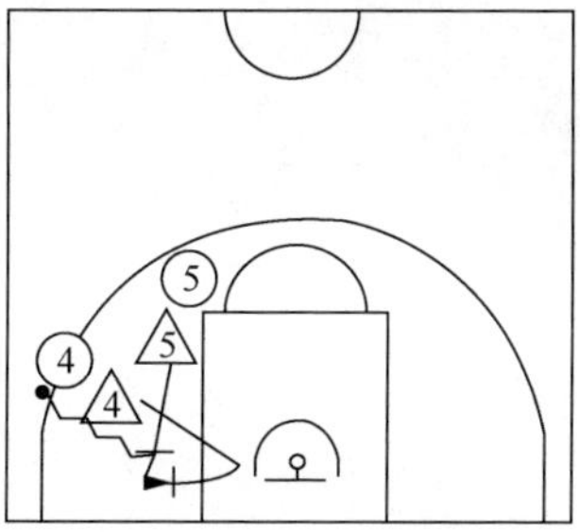

图 6-18 夹击配合

夹击配合时，防守队员应选择好夹击的位置和时机。当对方埋头运球或运球停止时，都是夹击的好时机，最佳夹击位置是边角和中线附近。夹击配合时，防守队员贴近对方身体要适度，不能推、顶对方，以免造成犯规，不要为了急于去抢对方手中的球而改变正确的夹击位置和身体姿势。形成夹击后，其他队员要随时轮转补位，严防对方近球区域队员的接球，远球区域的防守队员要以少防多，选好断球位置。

（四）补防配合

如图 6-19 所示，⑤传球给④后，突然摆脱△5的防守切入篮下，此时，△6放弃对⑥的防守而补防⑤，△5去补防⑥。

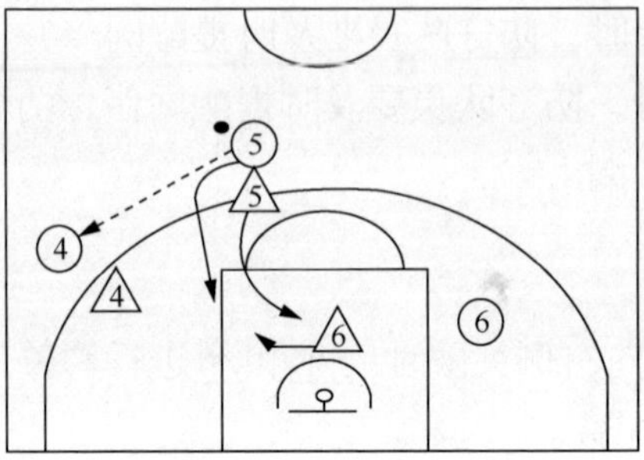

图 6-19　补防配合

防守队员要随时观察本队的防守情况，补防的意识要强，一旦发生漏防，邻近队员应果断补防。防守队员补防后要及时调整防守位置，仍然保持人球兼顾的位置。

第七章

足球

为了让大学生初步了解足球运动，本章内容以足球基础知识为轴线，依次介绍有关足球的基本技术和基本战术等常识性知识，达到传播、普及足球知识，提高大学生参与足球运动积极性的目的。

第一节　足球基础知识

一、足球运动概述

足球运动是用脚支配球，除手、手臂以外的其他身体部位（守门员在本方罚球区内除外）可触球，在长、宽成一定比例的场地内比赛，且要在两端线中间置一合规的球门，两队通过相互攻守、激烈拼抢，在规定的时间内，以射门进球得分多少而判定比赛胜负的集体球类运动。

足球运动是世界上开展最广泛、影响程度最高的体育项目之一，有着“世界第一运动”的美誉。同时，足球比赛的赛制根据人数的不同，分为 3 人制、5 人制、7 人制、8 人制、9 人制、11 人制。目前，国际标准足球比赛所采用的赛制为 11 人制和 5 人制。

二、足球的起源与发展

足球的发展大致可以分为两个阶段，即古代足球和现代足球。

（一）古代足球

相关史料记载，古代足球起源于公元前 475—公元前 221 年的战国时期，当时足球运动名为“蹴鞠”。汉代蹴鞠是训练士兵的手段，有较为完备的体制。例如，规定球场为东西方向的长方形，两端各设 6 个对称的“鞠域”，也称“鞠室”，各由 1 人把守；场地四周设有围墙；比赛时分为 2 队，互有攻守，以踢进对方鞠室的次数决定胜负。

“蹴”就是踢的意思，“鞠”就是球的意思。但蹴鞠究竟是什么样的，目前尚无考证，但是可以肯定的是，蹴鞠多是平民式的休闲娱乐活动。汉代蹴鞠的发展有两个特征：一是娱乐性增强，配合音乐伴奏，由自娱自乐发展为观赏性表演娱乐；二是成为军事训练手段，是军事检阅的一个部分。唐宋时期的蹴鞠是节日娱乐的一项活动，不仅流行于民间，也流行于宫廷之中，宋代的皇帝和贵族也都很喜欢蹴鞠活动。因此，唐宋时期是蹴鞠发展的鼎盛时期。

（二）现代足球

1863 年 10 月 26 日，英国 11 个足球俱乐部的代表在伦敦举行会议，成立了第一个足球运动组织——英格兰足球总会。因此，国际上把 1863 年 10 月 26 日作为现代足球运动的诞生日，并且认为现代足球运动起源于英格兰。会上制定了全国统一的足球竞赛规则，这是现代足球史上第一部较为统一的足球竞赛规则。该足球竞赛规则的制定对现代足球运动的发展起到了十分积极的作用。

现代足球运动在英国兴起后，逐渐传播到世界各地。1904 年 5 月 21 日，国际足球联合会成立，以协调各国足球运动的开展，组织世界各国的足球竞赛活动为宗旨。1885 年，英国首创了职业足球俱乐部，随后欧洲各国先后成立了职业足球俱乐部。20 世纪初，英国足协制定了一套较为完整的职业运动员注册和转会规章制度。继英国之后，欧洲和南美洲的一些国家在 20 世纪中叶基本实现了足球职业化，有关足球职业化的章程也逐渐完善。20 世纪 70 年代末至 80 年代初，在全球“足球热”浪潮的冲击下，世界各国掀起了足球职业化的热潮。20 世纪 90 年代初，亚洲各国也纷纷实现了足球职业化。

三、足球运动的特点

（一）开展具备的易行性

一般的足球运动只需要有球门、球门网等简单的设备即可进行。足球运动可以不受时间、人数、器材等的限制，只要有一块场地和一个足球即可进行。场地根据参加活动的人数而定，可大可小。球门可用砖、石、衣物等代替，方式灵活机动。单人或两三人都可进行颠球、传接球等各种基本技术的练习，人数稍多时可进行小型比赛。足球比赛的基本常识比较容易掌握，群众性足球运动可利用余暇时间开展，一年四季都可进行。

（二）高度统一的整体性

足球比赛每队所有上场参赛队员的思想要统一，行动要一致，攻则全动，守则全防，整体参赛的意识要强。参赛队员只有形成整体的攻守，才能获得比赛的主动权，取得良好的比赛结果。

（三）激烈对抗的观赏性

高水平的足球比赛，紧张、激烈、精彩，战局跌宕起伏、变化莫测，胜负难以预料，因而具有很高的观赏性。每逢国际足联世界杯比赛，很多观众都被扣人心弦的精彩比赛深深地吸引着。一场高水平的足球比赛始终在高速激烈的对抗中进行。攻守转换快，从地面到空中的立体角逐始终贯穿着进攻与防守、限制与反限制、制约与反制约的激烈对抗。观众的情绪随着比赛的进行而剧烈地变化着。裁判员的错判、漏判，比赛中的偶然性，运动员的过激行为等都对观众的心理造成强烈的刺激。比赛双方在技术、战术、身体和心理的综合抗衡中展现足球运动之美。

（四）文化内涵的丰富性

足球运动具有丰富的文化内涵，是一种满足人们的生理、心理需要，表现人们的行为举止、思想感情、民族特性、个人风格的身体文化运动。世界足球强国，如巴西、法国、意大利、阿根廷、德国、英国等，他们的运动员在比赛中都体现了鲜明的技术和战术风格。这些风格的形成是民族文化、地域环境，以及运动员自身的身体条件、心理状况、主观追求等因素的综合作用，民族文化是主要的因素。

四、足球运动的价值

（一）教育价值

足球运动对人的感知力、观察力、记忆力、想象力、思维能力和创造能力等都有较高的要求。经常参加足球运动能改善人的心理素质，长期参加足球运动还可以培养人的勇敢顽强、机智勇敢、坚忍不拔、胜不骄败不馁等意志品质，以及热爱集体、团结协作、遵守纪律、敢于竞争、光明磊落、文明礼貌等优良的道德品质。因此，足球运动有利于人们形成良好的思想道德品质。

（二）文化价值

足球运动已成为人们生活中不可缺少的重要组成部分。国际足球比赛的胜利能振奋精神，激发人们的爱国主义精神，提高民族自豪感。足球运动是友谊的使者，能化干戈为玉帛，更能扩大国家、民族、地区、人之间的交往，增进友谊。

（三）健康价值

足球运动通过各种形式的有球和无球活动，有效地提高人的速度、力量、耐力、灵敏、柔韧等身体素质，增强人的神经系统、心血管系统、呼吸系统等内脏器官系统及肌肉骨骼等运动系统的功能。另外，足球运动主要在室外自然环境中进行，能充分利用自然因素，达到增强体质、提高健康水平的目的。

第二节　足球的基本技术

足球技术是运动员在足球比赛中所采用的合理动作的总称。它是在比赛实践中逐步形成、发展和完善起来的。随着足球运动的不断发展，现代足球运动在追求胜负结果的同时，以攻守平衡为原则，以时空控制权的激烈争夺为特点，把激烈的攻防、有效的配合、扣人心弦的进球等内容作为重要组成部分。因此，运动员只有熟练地掌握足球技术，才能在比赛中有目的地采取行动，正确合理地处理球，以达到战术上的要求。

足球技术是完成足球战术配合的基础，足球战术的发展又促进了足球技术的不断提高。现代足球运动全攻全守的打法，对进攻和防守技术都提出了较高的要求。因此，足球技术不论是在内容上、难度上，还是教学与训练的方法要求上，都向着全面、快速、准确、实用的方向发展。

现代足球运动是一项技术动作复杂的运动项目。根据球员在场上的位置，足球技术可分为锋卫队员技术和守门员技术两大部分。但是，不论是锋卫队员还是守门员，在比赛中不仅需要完成结合球的技术动作，还要完成许多无球的技术动作。

一、运控球

运球是运动员个人控球能力和进攻能力的集中体现，熟练掌握和合理运用运球技术，对调控比赛节奏、丰富战术变化、突破密集防守、创造射门机会都具有实际的意义。

运球是运动员在跑动中有目的地用脚连续推拨球的动作。采用运球技术晃过防守队员称为“运球过人”。

（一）运球动作分析

运球技术包括跑动与触球两种要素。运球的跑动动作具有步幅小、频率快、重心低的基本特征。这种跑动方式有助于队员及时调整身体与球的位置关系，适应运球急停、变速和变向等需要。运球的触球动作是一种推拨式的触球，这种触球方式有助于队员在运球时，在力量、方向上对球进行有效的控制。跑动与触球动作的协调转换和有序交替，构成了运球的动作过程。运球的动作过程往往包含多种触球方式，但不论哪种触球方式，完成一次运球动作都要经历以下 3 个阶段：支撑脚踏地蹬送阶段、运球脚前摆触球阶段、运球脚踏地支撑阶段。在运球过程中，撑、蹬、摆、送动作是有序的统一体，应连贯完成。在此基础上重点解决好运球脚的前摆触球环节，这是掌握和提高运球技术的关键。

（二）各种运球技术要领

1. 常用的运球技术

常用的运球技术有脚背正面运球、脚背外侧运球、脚背内侧运球、脚内侧运球。

（1）脚背正面运球：运球时，身体持正常跑动姿势，上身稍向前倾，步幅不宜过大，运球腿提起，膝关节稍屈，脚跟提起，脚背绷紧，脚尖下指，在着地前用脚背正面部位触球后中部，将球推送前进。脚背正面运球时，由于身体成正常跑动姿势，故可以发挥出较快的速度，因而这种技术多用在运球前方一定距离内无对手阻拦的情况下，以便迅速通过。

（2）脚背外侧运球：运球时，身体成正常跑动姿势，上身稍前倾，步幅不宜过大，运球腿提起，膝关节稍屈，髋关节前送，脚跟提起，脚尖稍内转，使脚背外侧正对运球方向，在运球脚落地前用脚背外侧推拨球的后中部。脚背外侧运球时，身体姿势与正常跑动时相同，因而可以发挥出较快的速度，故与脚背正面运球有相同的适用场景。另外，利用踝关节的灵活性可以很快改变运球路线，故在改变运球方向时也多采用这种运球技术。这种技术能用身体将对手与球隔开，故掩护时也常使用。

（3）脚背内侧运球：身体稍侧转并自然放松，步幅小，上身前倾，运球腿提起外展，膝微屈外转，脚跟提起，脚尖外转，使脚背内侧正对运球方向，在运球脚落地前用脚背内侧推拨球，使球随身体前进。脚背内侧运球时，由于身体稍侧转，故不能采用正常跑动姿势，因而不适合用于高速运球。但由于接触部位和支撑位置的特点，易完成向支撑脚一侧的转动，故脚背内侧运球多用于向支撑脚一侧的转动变向运球。

（4）脚内侧运球：运球前进时，支撑脚始终领先于球，位于球的侧前方，肩部指向运球方向，支撑膝关节微屈，重心放在支撑腿上，另一条腿提起屈膝，用脚内侧推球前进，然后运球脚着地。由于肩部指向运球方向，身体侧转，所以移动速度较慢，但身体前倾有利于将对方与球隔开，因而这种技术多用于在运球中寻找配合传球时，或有对方阻拦需用身体做掩护时。

2. 其他运控球技术

其他运控球技术有拨球、拉球、扣球、挑球、颠球。

（1）拨球：踝关节侧向转动，用脚背内侧或脚背外侧触球，将球拨向身体的侧前方、侧方或侧后方。在过人时，若使用拨球，还要在拨球后立即跟上控球，使球按预定方向运行。

（2）拉球：将前脚掌放在球的正上部或侧上部，另一只脚在球的侧后方支撑，然后触球脚向后下方用力将球拉回。回拉球一般都是在躲开或引诱对方出脚抢球的瞬间将球拉回，造成对方抢球落空，使其重心随抢球脚前移，趁对方难于返回的瞬间将球迅速推送出去，并越过防守者。拉球时，除了往回拉以外，也常接触球的上部向左右侧拉球。

（3）扣球：这种技术与拨球相同，不同的是它的用力是突然的并伴随着突然转身或急停，在对方来不及调整重心的瞬间，突然从反方向推送球越过对方的防守。

（4）挑球：用脚背部位触球的下部并突然向上方挑起，在对方来不及实施挡球动作时，球已越过，迅速随球跟进，注意球一般不要挑得太高。

（5）颠球：在运球过程中，有时球会在空中或地面上跳动，根据对方抢截时所处位置或实施抢截的时间，用恰当的身体部位将球颠起，越过对方，以达到过人的目的。

二、踢球

踢球是指运动员有目的的用脚把球击向预定目标的技术。踢球是足球中最重要的技术之一，主要用于传球和射门。

（一）踢球技术分析

踢球的技术有很多，动作要领也各有不同，但是每一种踢球技术都由助跑、支撑脚的位置、踢球腿的摆动、脚触球和踢球后的随前动作 5 个部分组成。

（1）助跑是指踢球前的几步跑动。它的作用在于调整人与球的方向、距离，以便在踢球时支撑脚能够处于所需要的正确位置，从而增加击球的力量，助跑的最后一步的步幅要大一些，这为踢球腿的充分摆动、增大摆腿速度、增加身体的前冲力和提高击球的准确性创造了条件。助跑分为直线助跑和斜线助跑。助跑的方向和出球的方向相同叫直线助跑，助跑的方向和击球的方向交叉叫斜线助跑。

（2）确定支撑脚的位置要以踢球腿的摆动能达到最大的摆幅、发挥最大的速度和有利于踢球脚准确地接触球的合适部位为依据。支撑脚的位置一般由所使用的踢球技术（脚法）决定。凡采用的踢法需要踩在球的侧方的，支撑脚一般距离球 10～15 厘米；凡采用的踢法需要踩在球的侧后方的，支撑脚一般距离球 25～30 厘米。踢活动球时，更要掌握好支撑脚的位置，因为支撑脚落地时球仍在运行之中，所以要把踢球腿后摆的时间计算在内，如追踢向前滚动的球时，支撑脚的落地位置要稍靠前，这样才能与球保持合适的距离。

（3）踢球腿的摆动是踢球力量的主要来源，摆幅大，摆速快，踢出去的球的力量就大，球的运行速度就快，球的运行距离就远。因此，踢球的摆动动作是否正确直接关系到踢球的力量、出球的速度和球的运行距离。

（4）一般来说，用脚的某一部位击球的后中部，作用力会通过球心，出球平直。当踢各种活动球时，应准确判断来球的速度、方向，根据出球目标，合理地选择踢球脚。在现代足球比赛中，运动员广泛地采用弧线球踢法，这种踢法主要运用脚背内侧或外侧击球，击球的作用力不通过球心，从而使球产生旋转，并沿着一定的弧线运行，这种球具有一定的隐藏性。此外，运动员也可以用正脚背踢抽击性前旋球。

（5）踢球后的随前动作是踢球后随着腿的前摆和送踢，使身体重心向前移动，以维持身体的平衡。踢球后的随前动作还可与下一个动作衔接。

（二）各种踢球技术动作要领

（1）脚内侧踢球的特点是脚与球的接触面积大，出球平稳，容易控制出球方向，常用于近距离传球和射门。脚内侧踢球时，如图 7-1 所示，一般先向传球方向助跑，支撑脚踏在球的侧方，与球平行，离球约 15 厘米；支撑腿的膝稍屈，上身稍前倾，以髋关节为轴由后向前摆动，踢球脚尖稍翘起，然后小腿加速前摆，踢球脚脚掌与地面平行，脚内侧要对着出球方向，击球的后中部。

（a）　　（b）

图 7-1　脚内侧踢球动作

（2）脚背正面踢球又称正脚背踢球，摆幅相对较大，加之用脚背踢球的接触面（与球）相对较大，因而踢球力量也大，准确性也较高，但受以上因素的影响，出球的方向及性质的相对变化也较小。在比赛中经常使用脚背正面踢定位球、地滚球、空中球、反弹球及倒勾球。球的性质多为不旋转的直线球，但也可用来踢抽击性前旋球。

（3）脚背内侧踢球（又称内脚背踢球）是用第一跖骨及跖趾关节部位触击球的踢球方法。其特点为摆踢动作顺畅、幅度大、脚触球面积大、出球平稳有力、出球性能和路线富于变化，适用于远距离传球和射门。

（4）脚背外侧踢球（又称外脚背踢球）是用第三、四、五跖骨部位触击球的踢球方法。这种踢法由于灵活性较大，摆腿方向变化较多，且助跑时身体正常的跑动姿势，故其出球隐蔽性较强，足球比赛中踢各种距离的弧线球及非弧线球时均可使用。其特点为预摆动作顺畅、出脚速度快，能利用膝、踝关节的灵活性改变出球方向和性质，具有一定的隐蔽性，是一种具有较强实用性的技术，同时也是一种很难掌握的技术。

三、接球

接球是指运动员运用身体的有效部位，将运行中的球有目的地接控在所需位置上的动作方法，是运动员获得球的主要手段。良好的接球能力能为球队创造更多的进攻机会，也是保证进攻战术顺利实施的重要因素。

（一）接球技术分析

无论采用哪一种接球技术，动作结构都由以下 4 个环节组成：观察和移动、选择接球的部位和接球技术、改变来球的力量、随球移动。

观察和移动是为了更好地完成接球动作，事先要注意观察来球的情况。运动员应根据球的运行路线、旋转情况与速度大小等，迅速判断落点，及时移动，使自己处于做接球动作时所需要的最佳位置。

选择不同的接球部位和接球技术有不同的作用。因此，运动员必须根据临场情况及下一步动作的需要，恰当地选择接球的部位和接球技术。

改变来球的力量是指根据来球的力量大小和接球的实际需要，分别采取加力或减力（缓冲）方法，还可按照反射定律调整入射角，获取理想的反射角。

随球移动是指接球动作完成后立即随球移动，紧密衔接下一个动作，接球与处理球的动作之间不能有停顿。

（二）各种接球动作要领

接球技术有很多种，常用的有脚内侧接球、脚背外侧接球、脚背正面接球、脚底接球、大腿接球、胸部接球。

（1）脚内侧接球是一种用脚内侧部位接球的技术。由于脚触球面积大，动作简单，较易掌握，比赛中经常使用这种技术接各种地滚球、平球、反弹球、空中球。脚内侧接地滚球时，支撑脚脚尖正对来球，膝关节微屈，同侧肩正对来球，接球腿提膝，大腿外展，脚尖微跷，脚底基本与地面平行，脚内侧正对来球并前迎，当脚内侧与球接触的一刹那迅速后撤，把球接在脚下。若需将球接在侧面，则支撑脚脚尖应向同侧斜指，脚内侧与来球方向成一定角度触球，同时支撑脚以前脚掌为轴做适当转动，身体相应移动。当来球力量不大时，只需将脚提到一定的高度，并使脚内侧与地面形成锐角轻触球，也可在触球时用下切动作使球的部分前进之力转变为旋转力，而将球接在脚下。

脚内侧接反弹球时，根据来球的落点及时移动到位，支撑脚与球的落点的相对位置在球的侧前方，支撑腿的膝关节微屈，身体向接球后球运行的方向偏移，接球腿提起，小腿放松，脚尖微跷，脚内侧对着接球后球运行的方向并与地面成一锐角，当球落地反弹刚离开地面时，大腿向接球后球运行的方向摆动，用脚内侧轻推球的中上部。用这种方法接球时，也可在触球时使球产生旋转，以达到接好球的目的，但应随时注意球的旋转情况并及时加以调整。

（2）脚背外侧接球分为两种接球方式，即脚背外侧接地滚球和脚背外侧接反弹球。脚背外侧接地滚球时，脚内翻至小腿和脚背外侧与地面成一锐角，并对着球运行的方向，脚离地面的高度应大致等于球的半径，然后向接球后球运行的方向推送，同时身体随球移动。脚背外侧接反弹球时，根据来球的落点及时移动到位，支撑脚站在球落点的侧后方，除触球部位不同外，其他环节均与脚背外侧接地滚球相同。

（3）脚背正面接球多用于接有较大抛物线的来球，根据球的落点及时移动到位，脚背正面上迎下落的球，当球与脚面接触的一瞬间，接球脚下落的速度与球下落的速度同步减小，此时膝关节、踝关节、脚趾均保持适度的紧张，脚尖微跷，将球接到需要的地方。

（4）脚底接球技术便于掌握，易于将球接到需要的位置，故常被用来接各种地滚球和反弹球。脚底接地滚球时，身体正对来球方向，移动前迎，支撑脚站在球的侧面（或前或后均可），脚尖正对来球方向，同时接球腿提起，膝关节微屈，脚略屈，使脚底与地面的夹角小于 45 度（且脚跟离开地面），一般以前脚掌接触球的上部为宜，在触球瞬间接球脚可轻微抬膝，前脚掌下点，将球接住，也可根据需要在接球同时将球推向前方或拉向身后。脚底接反弹球时，根据来球的落点及时前移迎球，支撑脚站在落点侧后方，脚尖正对来球方向，球落地瞬间，用前脚掌去触球的中上部，微伸膝，用脚底将球接在体前，若需接在身后，则应在触球瞬间继续屈膝将球回拉，同时支撑脚以前脚掌为轴旋转 90 度以上。

（5）大腿接球一般可以用来接抛物线较大的高空球及高于膝的低平球。大腿接高空球时，面对来球方向，根据球的落点迅速移动到位，接球腿的大腿抬起，球与大腿接触的瞬间大腿下撤，将球接到需要的位置上，如图 7-2 所示。大腿接低平球时，面对来球方向，根据来球高度，接球大腿微屈，送髋，前迎来球，球与大腿接触瞬间大腿撤，使球落在需要的位置上。

（6）由于胸部接球部位较高，加之胸部面积大、肌肉较丰满，因此胸部接球技术易于掌握，是接高球的一种好方法。胸部接球包括挺胸式、收胸式两种方法。挺胸式接球时，面对来球站立（两脚左右或前后开立），两膝微屈，重心置于支撑面内，上身后仰，下颌微收，两臂自然张开，维持身体平衡，触球瞬间两脚蹬地，膝关节伸直，用胸部轻托球的下部，使球微微弹起于胸前上方。接较高的平直球时也可采用这种方法将球接于胸前，但触球瞬间膝关节由直变屈，脚由提踵状态变为全脚掌着地，整个身体保持接球时的姿势，身体下撤将球接在胸前。收胸式接球多用于接齐胸高的平直球，面对来球，两脚左右或前后开立，两臂自然张开，挺胸迎球，触球瞬间收胸、收腹，臀部后移将球接在体前，若需将球接在体侧，则触球瞬间转体将球接在转体后相应的一侧。

（a）　　　　　　　　（b）

图 7-2　大腿接高空球动作

四、头顶球

头顶球是指运动员有目的地用前额将球击向预定目标的动作。实践证明，头顶球的击球位置高，因此头顶球是争取时间和空间的主要技术手段。它在传球、射门、阻截和抢断等方面发挥的作用日趋明显，运用范围不断扩大，不仅是破坏对方进攻的有力武器，而且经常成为决定比赛胜负的关键手段。现代足球比赛是一种立体的攻防战，攻守双方不仅在地面上寸土必争，在空中的对抗也互不相让。足球比赛场地广阔，为足球在地面和空中的运行提供了极为有利的条件，但运动员要想在如此大的空间中控制球，就需要发挥除手臂以外的身体部位的作用。

原地前额正面头顶球时，身体正对来球方向，眼睛注视运动中的球，两脚左右开立（或前后开立），膝关节微屈，重心置于两脚间的支撑面上（或后脚上），两臂自然张开，当球即将运行到垂直于地面的垂线时，两腿用力蹬地，迅速向前摆体，微收下颌，在触球瞬间颈部做爆发式振摆，用前额正面击球中部，上身随球前摆，如图 7-3 所示。

图 7-3　原地前额正面头顶球

第三节　足球的基本战术

足球战术是指在足球比赛中，为了战胜对手，根据主、客观情况所采取的个人行动和集体配合的总称。足球战术的作用是根据自身及对手的情况，采用相应的阵型和配合方法，使得每名队员能够充分发挥自身的特长，并且使队员之间能够相互弥补，从而最大限度地将集体的力量组织起来，最终在比赛中取得优异的成绩。一支球队战术水平的高低受到众多因素的影响，在众多因素中，体能、技术和心理品质这 3 个因素对战术水平的影响最大。战术的应用是以体能为前提、以技术为基础、以心理品质为保证的。因此，一支球队要具备较高的战术能力，就必须提高以上 3 个因素的能力。在足球比赛中，进攻和防守的不断转换构成了比赛的全过程，根据这一特点，足球战术通常划分为进攻战术和防守战术两大系统，如图 7-4 所示。

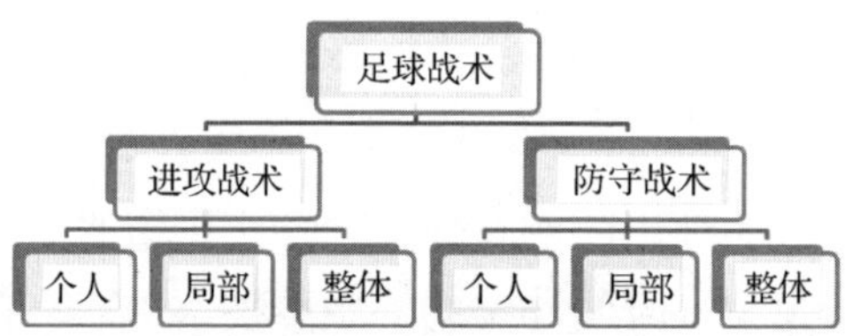

图 7-4　战术分类

一、个人战术

个人战术分为个人进攻战术与个人防守战术两个部分。

（1）个人进攻战术的行动准则：本方得球后立即进攻；传球后积极跑动；在对方罚球区附近的有效射门区域内，持球队员应首先选择射门，射门后要及时跟进，以便进行补射；主动迎上接球，不要等球；在任何时候、任何地点，有同伴比自己位置更好、更能获得向前或射门机会时，要及时、坚决地传球；合理运控球；接控球时，应力争在空中或球的第一落点处理或接控好球，在禁区内更应如此，以免来球被对手乘机截获并射门得分；在本方罚球区内尽量避免回传或横传球；在对方罚球区附近的持球队员，在无同伴接应或同伴接应不力的情况下应果敢地运球过人突破，或保持球权以等待有利的进攻时机，在可运球、可控球、可传球的情况下，应坚决选择传球。

（2）个人防守战术行动准则：失球后立即防守，一旦本方失球，无论此时处于哪一区域的队员都应迅速地通过各种方式进行防守，且应力争将对手向边路或外线挤压；选择正确的防守位置，一般的选位原则是守内（中路）防外（边路）；个人防守的一般步骤是断抢、盯逼防其转身、僵持并伺机抢截、转身追抢或破坏；对控球或即将接控球的进攻队员，要紧逼控制；对已经控球转身面对自己的进攻队员，要尽量避免轻易出脚抢断而被其突破，应将其逼入不利于进攻的局面，伺机抢截或破坏；球近人近，球远人疏，人球兼顾；经常使自己面向球进行正面防守，以便随时观察球的活动情况。

二、局部战术

局部战术是指两名或多名队员之间的配合方法。它是整体配合的基础，可分为局部进攻战术与局部防守战术两个部分。

（一）局部进攻战术

局部进攻战术的形式有传切配合、交叉掩护配合、二过一配合等。

1. 传切配合

传切配合是指持球队员将球传给切入的进攻队员的配合方法，是局部进攻战术中运用最多的方法。传切配合的形式有局部传切和长传切入。

2. 交叉掩护配合

交叉掩护配合是指在局部位置的两名进攻队员在运球交叉换位时，以自己的身体掩护同伴，使其越过防守队员的配合方法。其要点为运球队员必须用自己的身体护住球，并挡住两名防守队员，将球传给接球队员后，要继续向前跑动；接球队员必须主动迎面跑向运球队员，贴近后接球，并快速向前运球。

3. 二过一配合

二过一配合是指在局部位置的两名进攻队员通过两次连续传球配合，越过防守队员的配合方法。根据传球和跑位的路线，二过一配合的形式有斜传直插二过一、直传斜插二过一、斜传斜插二过一、回传反切二过一。

（1）斜传直插二过一：当防守队员身后有一定空当，防守队员距插入队员较近时，采用此种二过一配合效果较好，如图 7-5 所示。

（2）直传斜插二过一：当防守队员身后有较大空当或防守队员移向接应队员时，采用此种二过一配合效果较好，且直传球力量要适当，如图 7-6 所示。

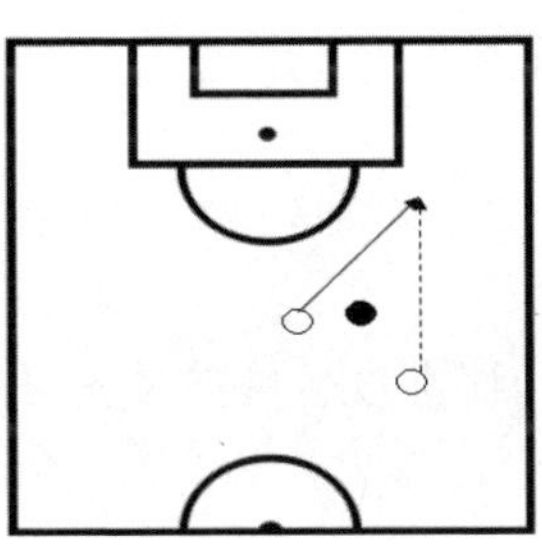

图 7-5　斜传直插二过一

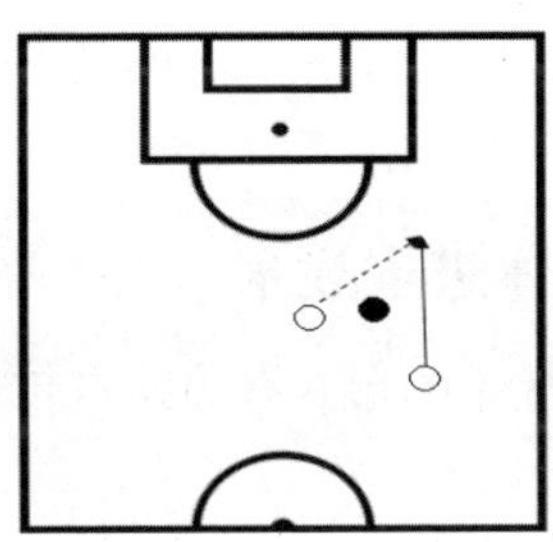

图 7-6　直传斜插二过一

（3）斜传斜插二过一：当防守队员身后空间较小或连续二过一时，采用此种二过一配合效果较好，如图 7-7 所示。

（4）回传反切二过一：当接应队员与控球队员有一定的纵深距离，而且防守队员贴身逼抢时，控球队员可主动向后扯动，拉出空当，采用此种二过一配合效果较好，如图 7-8 所示。

图 7-7　斜传斜插二过一

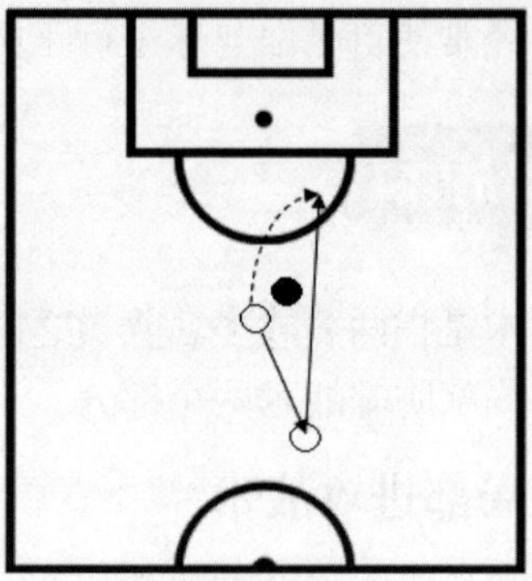

图 7-8　回传反切二过一

（二）局部防守战术

局部防守战术的形式有保护、补位、围抢等。

1. 保护

保护是指给防守持球队员的同伴心理和行动上的支持，使其无后顾之忧，全力以赴紧逼对方。一旦同伴被持球队员突破，保护队员可及时补防，堵住进攻路线或夺回控球权。如果防守队员夺得了控球权，保护队员可以及时接应并发动进攻。

2. 补位

补位是指防守队员弥补同伴在防守中出现漏洞时采取的相互协助的战术配合。足球比赛中，同伴的相互补位，可以有效地遏制和破坏对方的进攻行动，变被动为主动。

3. 围抢

围抢是指两个以上的防守队员从多个方位夹击对方的控球队员，把球夺回来或破坏对方的进攻行动的战术配合。

三、整体战术

整体战术是指为了完成比赛任务，全队所综合采用的全局性配合，可分为整体进攻战术和整体防守战术两大类。

（一）整体进攻战术

整体进攻战术的形式有边路进攻、中路进攻、转移进攻、快速反击和破密集防守的进攻。

1. 边路进攻

边路进攻一般是指在进攻的最后阶段，发生在前场罚球区线以外靠近边线区域的进攻配合。边路进攻的发起、推进通常有两种渠道：一是进攻过程始终沿边路；二是进攻从中路转移至边路。

2. 中路进攻

中路进攻通常是指在进攻的最后阶段，发生在前场中间区域的进攻配合。中路进攻一般有中路直向推进和边中转移两种形式。一般来说，中路进攻比边路进攻更具有威胁性和直接性。由于中路防守人员密集，所以进攻的难度很大，但若是成功，则威胁力也很大。中路进攻的结束方式多种多样，队员必须掌握以下几种常见形式：运球突破中远距离施射，或利用个人娴熟的控运技术突破后冷静射门；中场突破空间小、时间短，在对方人缝中利用二过一配合或传切配合突破防守并射门；中锋与前卫或边锋利用斜向运球交叉换位，掩护同伴突破防守并射门；中锋回撤将对方中卫拉出来再反切接球突破射门；横扯插上配合，由中锋跑位扯动，拉开防守队员，制造出第二空当，前卫突然插上射门；当地面配合难以突破对方防守时，可运用外线吊球，利用中路进攻队员的身高和头球优势，争顶摆渡配合，边锋或前卫插上射门；前场中路距门 30 米以内的任意球战术配合进攻。

3. 转移进攻

转移进攻是指由一个区域转向另一个区域的进攻配合。转移进攻一般有中路进攻受阻时转移到边路组织进攻，或边路进攻受阻时转移到中路组织进攻，或一侧边路转移到另一侧边路的进攻。转移进攻的特点是，充分利用场地的空间和足球比赛进攻没有时间和传球次数限制这一规则，及时转移进攻点，迫使对方防线横向扯动，出现空当，从而成功地突破防线。

4. 快速反击

快速反击是指防守方在获得球权后，在对方尚未形成稳固防守态势时，快速攻击对方，从而创造射门机会的进攻配合。

5. 破密集防守的进攻

破密集防守的进攻是指针对对方全队收缩在后场，防守队员密集情况下的进攻配合。常见的破密集防守的进攻方法：拉开进攻的宽度，横向扯动拉开对方的防线，使其中路出现空当，然后传中创造射门机会；传切配合，进攻队员要连续进行无球穿插跑位，防守队员有时只注意看球，容易产生防守漏洞，这时进攻队员要不失时机地从防守队员身后切入，其他队员及时向切入同伴的跑动路线上传球，创造射门机会；运球突破，要敢于运球突破对方防线，果断射门或突破后为同伴创造射门机会；小范围内连续、快速、多变的直接二过一配合；外围吊中，在场上配合受阻的情况下，利用内线队员交叉跑位和身形高大的中锋头球直接射门或摆渡创造射门机会；外线队员利用内线队员拉出的空当及时插上，直接插上远射，内线队员多点包抄或补射；任意球配合射门，制造罚球区附近的直接任意球机会。

（二）整体防守战术

整体防守战术的形式有人盯人防守、区域盯人防守和混合盯人防守。

1. 人盯人防守

人盯人防守是一种除自由人以外，其他每个队员都有固定盯人对象的防守形式。特点是使每一个进攻队员在全场攻守时始终处于压力之中。人盯人防守时应注意下列要求：每一个队员必须具有较强的个人作战能力；当同伴盯人失误时，邻近队员要根据场上情况，进行迅速、灵活补位，以保全整体人盯人防守的严密性；在全场范围内，防守队员需始终不停地奔跑和逼抢，必须有较强的体力素质。

2. 区域盯人防守

区域盯人防守的基本含义是，每一防守队员占据一定的活动区域，当进攻队员进入该防区时，区域防守队员实施严密盯人，以控制其在此区域的一切有效行动。区域盯人防守明确规定了每一个防守队员的任务，但同伴之间仍需必要的协作，当某一区域盯人防守失败时，邻近队员应及时补位，被突破的防守队员应及时与他换位，以求整体防守的有效性。区域盯人防守时要特别注意区域交界处的防守，因为在这些交界处，本队队员常常由于防守职责不明确而给进攻队员带来可乘之机。

3. 混合盯人防守

混合盯人防守是人盯人防守和区域盯人防守两种形式交织在一起的防守形式。它的最大特点是能根据对方情况，灵活地将人盯人防守和区域盯人防守的优点充分运用，以提高全队的防守效益。混合盯人防守通常是选择体力好、个人作战能力强的队员以人盯人防守形式盯住对方的核心队员，而其他队员采用区域盯人防守形式。

第八章

排球

排球运动注重个人技术又不失集体配合。本章带领大学生了解排球的基础知识，掌握排球的基本技术，了解排球的基本战术。通过排球课程，大学生可以提高身体素质，保持身心健康，克服心理障碍，并培养良好的体育道德和团队协作精神。

第一节　排球基础知识

一、排球的起源与发展

排球运动于 1895 年起源于美国。1897 年 7 月，美国体育杂志公开介绍了排球比赛的打法及简单规则，从此排球运动在美国逐渐开展起来，后来被列为军事体育项目。

排球运动于 1905 年传入我国。我国女排对世界排球运动的发展起到了积极的推动作用。在亚洲，排球运动经过了 16 人制、12 人制、9 人制的发展，直到 20 世纪 50 年代初才正式形成 6 人制。1947 年，国际排球联合会成立。

排球运动问世至今已有 100 多年，在这 100 多年中，排球运动的发展大体经过了 3 个阶段，即从娱乐排球向竞技排球过渡阶段、竞技排球迅速发展阶段、竞技排球的多元化和娱乐排球再兴起阶段。

二、比赛规则

（一）比赛场地

排球的比赛场地为长方形，长度为 18 米，宽度为 9 米，四周至少有 3 米宽的无障碍区，从地面量起至少有 7 米的无障碍空间。

成年男子排球比赛的网高为 2.43 米。女子排球比赛的网高为 2.24 米。球网宽 1 米，长 9.5 米。球网两端垂直于边线和中线的交界处各有 5 厘米宽的标志带，在其外侧各连接一根长 1.8 米的标志杆。

（二）胜一分、胜一局和胜一场

比赛采用每球得分制，胜一球即得一分。

比赛的前 4 局以先得 25 分，并同时超出对方 2 分为胜一局。当比分为 24:24 时，比赛继续进行至某队领先 2 分为胜一局。决胜局以先得 15 分，并同时超出对方 2 分为获胜。当比分为 14:14 时，比赛继续进行至某队领先 2 分为止。

正式比赛采用五局三胜制，先胜 3 局的队为胜一场。

（三）发球

发球队员必须在第一裁判员鸣哨允许发球后 8 秒内将球发出，球被抛起或持球手撤离后，必须在球落地前，用一只手或手臂的任何部分将球击出。球只能被抛起或撤离一次，但拍球或在手中摆弄球是允许的。发球队员在击球时或击球起跳时，不得踏及场区（包括端线）和发球区以外的地面；击球后，可以踏及或落在场区内或发球区以外。

（四）队员的场上位置

发球队员击球时，双方队员（发球队员除外）必须在本场区内按轮转次序站位。靠近球网的 3 名队员为前排队员，其位置为 4 号位（左）、3 号位（中）、2 号位（右）。另外 3 名队员为后排队员，其位置为 5 号位（左）、6 号位（中）、1 号位（右）。队员的位置应根据其脚的着地部位判定：每一名前排队员至少有一只脚的一部分，比同列后排队员的双脚距中线更近；每一名右（左）边队员至少有一只脚的一部分，比同排中间队员的双脚距右（左）边线更近。发球队员击球后，可以在本场区和无障碍区的任何位置上。

（五）比赛中的击球

队员身体的任何部位都允许触球。

（1）四次击球犯规：每个队最多 3 次（拦网除外）将球击回对方场区，如果超过则判为四次击球犯规。

（2）持球犯规：队员在击球时没有清晰地将球击出，或接触球时有较长的停滞，如捞、捧、推掷、携带球等都应判为持球犯规。

（3）连击犯规：一名队员连续击球两次，或球连续触及其身体的不同部位，应判为连击犯规。

（六）过中线

在不妨碍对方比赛的情况下，允许队员在网下穿越进入对方空间。队员的一只（两只）脚或手越过中线触及对方场区的同时，其余身体部分接触中线或置于中线上空是允许的。队员身体的其他任何部位都不允许接触对方场区。在比赛中断后，队员可以进入对方场区。

（七）触网

比赛进行中，任何队员触及 9.5 米以内的球网、标志杆、标志带，都应判为触网犯规。但队员在未试图进行击球的情况下偶尔触网不判为触网犯规。

（八）进攻性击球

除发球和拦网外，所有直接向对方的击球都是进攻性击球。前排队员可以对任何高度的球完成进攻性击球，但触球时必须在本方空间。后排队员可以在进攻线后对任何高度的球完成进攻性击球，但起跳时脚不得踏及或越过进攻线，击球后可以落在前场区。

（九）拦网

只有前排队员允许完成拦网，后排队员不得完成拦网。球连续触及 1 个或多个拦网队员的手部、头部或腰部以上身体任何部位均算 1 次拦网。拦网后本队队员可再击球 3 次。拦网手触球后，球落界外为触手出界。

第二节　排球的基本技术

排球技术是指运动员在比赛规则允许的前提下采用的各种合理的击球动作和配合动作的总称。它包括准备姿势、移动、发球、垫球、传球、扣球和拦网这七大技术。

一、准备姿势

准备姿势是指为了便于完成各种技术动作而采取的合理身体姿势。根据重心高低，准备姿势可分为稍蹲准备姿势、半蹲准备姿势和低蹲准备姿势 3 种。

以半蹲准备姿势为例，两脚左右开立，两脚间距稍比肩宽，一只脚稍靠前，脚跟稍提起，膝关节保持一定的弯曲，上身前倾，重心靠前，膝部投影点在脚尖的前面，两臂放松且自然弯曲置于腹前，两眼注视前方，两脚保持微动，注视来球。

二、移动

移动是从起动到制动的过程。移动的完整过程包括起动、移动步法和制动 3 个环节。

（一）起动

以向前起动为例，根据场上情况，采用正确的准备姿势，迅速向前抬腿，收腹，使上身向前探出，同时后腿迅速用力蹬地，使整个身体急速向前起动。

（二）移动步法

移动步法有并步、滑步、交叉步、跨步等。

1. 并步与滑步

两脚开立，两脚间距与肩同宽，两膝微屈，上身稍向前倾，两只手自然放松并置于腰腹。并步时，前脚向来球方向跨出一步，后脚迅速蹬地跟上，并做好击球前的准备。连续的并步就是滑步。

2. 交叉步

以向右交叉步为例，两脚左右开立，向右侧交叉步时，上身稍向右转，左脚从右脚前面向右交叉迈出一步，然后右脚再向右跨出一大步，同时身体转向来球方向，做好击球前的姿势。

3. 跨步

跨步前，膝部弯曲，上身前倾，身体重心移至跨出脚上。跨步时，一条腿用力蹬地，另一条腿向来球方向跨出一大步，后腿随重心前移自然跟上，并做好击球前的姿势。

（三）制动

1. 一步制动法

一步制动时，最后跨出一大步，同时降低重心，膝部和脚尖适当内转，全脚掌横向蹬地，抵制身体重心移动的趋势，并用腰腹力量控制上身，使身体重心的投影点落在两脚所构成的支撑面以内。

2. 两步制动法

两步制动时，以倒数第二步开始做第一次制动，紧接着跨出最后一步做第二次制动，同时身体后仰，两膝弯曲，重心下降，双脚用力蹬地，使身体处于有利于做下一个动作的姿势。

三、发球

发球是队员在发球区内将球抛起，用一只手将球击入对方场区的击球方法。以下讲解皆以右手发球为例。

（一）正面上手发球

如图 8-1 所示，面对球网，两脚前后自然开立，左脚在前，左手托球于身前，抬臂，手掌平托上送，将球平稳地垂直抛于右肩前上方，高度适中；在左手抛球的同时，右臂抬起屈肘后引，肘部与肩部大致平行，上身稍向右转；利用蹬地、转体和收腹带动手臂挥动，在右肩前上方伸直手臂至最高点，以全手掌击球的中下部；击球时，手指自然张开贴合球，手腕要迅速主动做推压动作，使击出的球上旋飞行。

图 8-1　正面上手发球

（二）正面上手飘球

面对球网，两脚前后自然开立，左脚在前，左手持球位置较高，约在胸前，将球平稳地垂直抛于右肩前上方，高度稍低于正面上手发球的高度，并稍靠前；在左手抛球的同时，右臂抬起屈肘后引，肘部高于肩部；击球时，五指并拢，手腕稍后仰，用掌根部位击球的中下部，用力快速，使作用力通过球体重心；击球瞬间，手指、手腕紧张，手型固定，不加推压动作，手臂有突停动作。

（三）正面下手发球

如图 8-2 所示，面对球网，两脚前后自然开立，左脚在前，两膝微屈；上身稍向前倾，重心偏右脚，左手持球于腹前，将球轻轻抛于体前右侧，离手约一球高度；在抛球的同时，右臂伸直，以肩为轴向后摆动，借右脚蹬地的力量，身体重心随右臂向前摆动而前移；击球时，在腹前用全手掌、掌根或虎口击球的后下方。

图 8-2　正面下手发球

（四）侧面下手发球

如图 8-3 所示，左肩对球网，两脚左右开立，两脚间距约与肩宽相同，两膝微屈，上身稍向前倾，重心在两脚之间，左手持球于腹前，将球平稳抛于胸前；在抛球的同时，右臂伸直，摆至右侧后下方，利用右脚蹬地向左转体的力量，带动右臂向前上方摆动；击球时，在腹前用全手掌、掌根或虎口击球的右下方。

（a） （b） （c） （d）

图 8-3　侧面下手发球

四、垫球

垫球是利用手臂或身体其他部位的迎击动作，使来球从垫击面上反弹出去的击球动作。常用双手垫球手型有叠指式、抱拳式、互靠式，如图 8-4 所示。

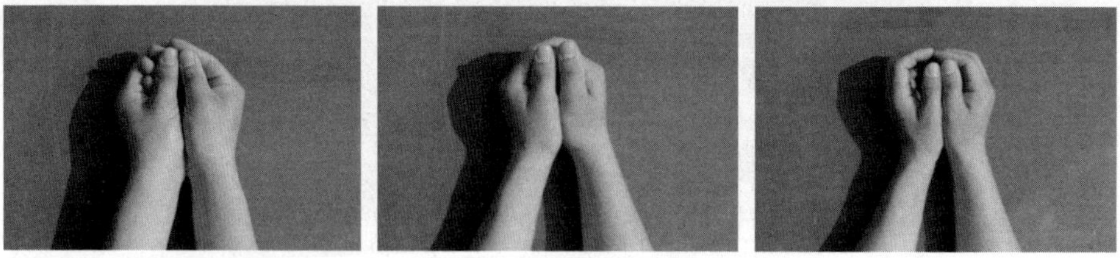

（a）叠指式 （b）抱拳式 （c）互靠式

图 8-4　垫球手型

（一）正面双手垫球

如图 8-5 所示，采用半蹲准备姿势，当球飞来时，双手成垫球手型，手腕下压，两臂外翻形成一个平面；当球距腹前一臂距离时，两臂夹紧前伸插球下，向前上方蹬地，抬臂迎击来球，利用腕关节以上 10 厘米左右处桡骨内侧平面击球的后下部，身体重心随击球动作前移；注意击球点保持在腹前一臂距离。

（a）（b）（c）（d）（e）

图 8-5　正面双手垫球

（二）体侧垫球

如图 8-6 所示，以左侧垫球为例，右脚前脚掌内侧蹬地，左脚向左跨出一步，身体重心随即移至左脚并保持左膝弯曲，两臂夹紧向侧伸出，左臂高于右臂，右肩微向下倾斜，再用向右转体和收腹的力量，并配合提肩、抬臂这两个动作，在身体左侧稍前的位置截击球的后下部，切忌随球摆臂。

（a）（b）（c）（d）

图 8-6　体侧垫球

（三）背垫球

如图 8-7 所示，背垫球时，判断好来球方向，快速移动到球的落点处，背对垫球方向，两臂夹紧伸直；击球时，利用蹬地、抬头挺胸、展腹和上身后仰等动作带动两臂向后上方摆动抬送，以前臂触球的前下方，将球向后上方击出；注意击球点一般应在肩部的前上方。

（a）（b）（c）（d）

图 8-7　背垫球

五、传球

传球是利用手指、手腕的弹击动作将球传至一定目标位置的击球动作。

（一）正面传球

如图 8-8 所示，采用稍蹲准备姿势，抬头看球，双手自然抬起且放松置于脸前；当来球接近额头时，开始蹬地、伸膝、伸臂，两手微张经脸前向前上方迎球，击球点在额头的前上方约一球距离处；当手触球时，两手自然张开成半球状，手腕稍向后仰，两拇指相对成“一”字形或“八”字形，两手间有一定的距离，用拇指内侧、食指全部，以及中指的第二、第三指节触球的后下部，无名指和小指在球两侧控制球的方向；传球时，两肘适当分开，主要靠蹬地、伸臂、手指、手腕的力量，以及球的反弹力将球传出。

（a）（b）（c）

图 8-8　正面传球

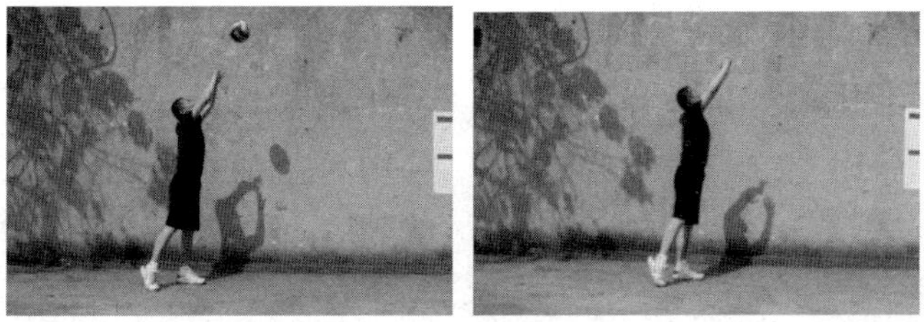

（d）　　　　　　　　（e）

图 8-8　正面传球（续）

（二）背传

如图 8-9 所示，采用稍蹲准备姿势，上身稍向后仰，双手自然抬起且放松置于脸前；迎球时，抬上臂、挺胸、上身后仰；击球点在额头的上方，比正面传球的击球点稍高、稍后；当手触球时，手腕后仰适当放松，掌心向上击球的下部，手型与正面传球的手型相同。背传球主要靠蹬地、展腹、抬臂、伸肘、手指、手腕的力量，把球向后上方传出。

（a）　　　　　　　　（b）

（c）　　　　　　　　（d）

图 8-9　背传

六、扣球

扣球是队员跳起在空中，将高于球网上沿的球击入对方场区的一种击球方法。

正面扣球时，如图 8-10 所示，以右手击球为例，采用稍蹲准备姿势，两臂自然下垂，站在离网 3 米左右处，身体转向来球方向，做好各个方向的助跑起跳准备；助跑时，左脚向前迈出一小步，接着右脚迅速跨出一大步，左脚及时并上，踏在右脚之前，两脚尖稍内转准备起跳；在助跑跨出最后一步的同时，两臂绕体侧向后引，左脚在并上踏地制动过程中，两臂自后积极向前摆动，双腿蹬地向上起跳，两臂快速上摆配合起跳，两腿从弯曲制动的最低点用力蹬地向上起跳；起跳后，挺胸展腹，上身稍向右转，右臂向上方抬起，身体成反弓形；挥臂时迅速转体、收腹动作发力，依次带动肩、肘、腕各部位成鞭打动作向前上方挥动；击球时，五指微张成勺形并保持紧张，掌心为击球中心，击球的后中部的同时主动用力屈腕向前推压，使扣出的球加速上旋。落地时，前脚掌先着地，同时顺势屈膝、收腹，以缓冲下落力量。

（a）（b）（c）（d）（e）（f）

图 8-10　正面扣球

七、拦网

拦网是队员靠近球网，将手伸向高于球网处阻挡对方来球的动作。

单人拦网时，如图 8-11 所示，面对球网，两脚左右开立，两脚间距约与肩宽相同，距离球网 30～40 厘米，两膝微屈，两臂在胸前自然屈肘，可采用不同的移动步法向前或斜前移动；原地起跳，屈膝降低重心，用力蹬地使身体垂直起跳，如果是移动后起跳，制动时双脚脚尖要转向球网，同时利用手臂摆动帮助起跳；拦网时，两臂平行，两肩上提，两臂尽力伸向对方上空，两手接近球时自然张开；触球时，两手紧张，手腕下压，盖在球的前上方；拦网后，做含胸动作，以保持身体平衡，以免触网，与此同时屈膝缓冲，双脚落地。

（a）（b）（c）（d）（e）

图 8-11　单人拦网

第三节　排球的基本战术

排球战术是指运动员在比赛中，根据排球竞赛规则、排球运动的规律、比赛双方的具体情况和临场竞赛的变化，合理运用个人技术及集体配合，而采取的有意识、有组织的行动。

一、排球战术的分类

（一）按照战术的人数分类

排球战术按照战术的人数分类可分为个人战术和集体战术两种。

（1）个人战术：发球个人战术、一传个人战术、二传个人战术、扣球个人战术、拦网个人战术、防守个人战术。

（2）集体战术：接发球及其进攻、接扣球及其进攻、接拦回球及其进攻、接传垫球及其进攻。

（二）按照战术的组织形式分类

排球战术按照战术的组织形式分类可分为进攻战术和防守战术两种。

（1）进攻战术包括进攻阵型和进攻打法。

① 进攻阵型：中一二进攻、边一二进攻、插上进攻（后排插上）。

② 进攻打法：强攻、快攻、两次球及转移进攻、立体进攻。

（2）防守战术：接发球防守阵型、接扣球防守阵型、接拦回球防守阵型、接传垫球防守阵型。

二、阵容配备

阵容配备就是合理地安排场上队员的技术力量的组织形式。

（一）“四二”配备

“四二”配备是指场上队员有 4 个进攻队员和 2 个二传队员。4 个进攻队员又分为 2 个主攻和 2 个副攻，他们的站位为对角站位。

（二）“五一”配备

“五一”配备是指场上队员有 5 个进攻队员和 1 个二传队员。

（三）“三三”配备

“三三”配备是指场上队员有 3 个进攻队员和 3 个二传队员。

三、常用实战战术

（一）“中一二”进攻阵型

“中一二”进攻阵型是指由3号位队员做二传，将球传给4号位、2号位队员或后排队员进攻的组织形式。

采用“中一二”进攻战术时，二传队员在中间，一传容易到位，战术可简可繁，适合不同技术水平的球队。技术水平较低的球队可组织前排2号位、4号位队员扣一般高球，技术水平较高的队可以组织各种战术进攻或立体进攻。

（二）“边一二”进攻阵型

“边一二”进攻阵型是指由2号位队员做二传，将球传给4号位、3号位队员或后排队员进攻的组织形式。这种进攻阵型在后排进攻后广泛运用。

采用“边一二”进攻战术时，二传队员在边上，对一传要求稍高，但战术变化比“中一二”进攻阵型多，战术可简可繁，适合不同技术水平的球队。

（三）双人拦网下的“心跟进”防守阵型

固定由6号位队员跟进防吊球及前区球，称为“心跟进”防守阵型，或称为“6号位跟进”防守阵型。这种防守阵型多在对方采取以扣吊结合为主的进攻战术，为了解决“心”空问题时采用。

“心跟进”防守阵型加强了网前的防守能力，但是后排防守队员之间的空当较大，防守力量减弱。以对方4号位队员进攻为例，本方由2号位、3号位队员拦网，4号位队员后撤4米左右防守，6号位队员跟至拦网队员身后3米附近防守，1号位、5号位队员防守后场，每人负责一个防区。

第九章

乒乓球

本章主要介绍乒乓球的基础知识、基本技术及基本战术等内容，使大学生对乒乓球运动加深了解。本章内容以实践技术为主，理论介绍为辅，理论与实践相结合，有利于提高大学生的锻炼热情，使更多的大学生爱上乒乓球运动。

第一节　乒乓球基础知识

一、乒乓球的发展

乒乓球约在 19 世纪末起源于英国。1904 年，乒乓球传入我国。

1926 年 12 月在英国伦敦举行了第一届欧洲乒乓球锦标赛（即现在的世界乒乓球锦标赛，简称世乒赛）。

20 世纪 70 年代，世界乒乓球技术的发展突飞猛进。我国选手在世界比赛中屡创佳绩。

自 20 世纪末，国际乒乓球联合会对乒乓球比赛规则进行了一系列改革。2000 年 10 月，乒乓球直径由 38 毫米、2.5 克，改为 40 毫米、27 克；2001 年 9 月乒乓球比赛由每局 21 分制改为每局 11 分制。

二、乒乓球基本规则

（一）比赛场地与器材

1. 比赛场地

比赛场地的长度不应小于 14 米、宽度不应小于 7 米、高度不应小于 4 米，赛区应用 75 厘米高的深色挡板围起，与相邻的比赛场地及观众隔开。

2. 球台

球台的上层表面叫作比赛台面，应为与水平面平行的长方形，长 2.74 米，宽 1.525

米，离地面 76 厘米。

3. 球网装置

球网装置包括球网、悬网绳、网柱及将它们固定在球台上的夹钳部分。

4. 球

球应为圆球体，呈白色或橙色，且无光泽。

5. 球拍

选择乒乓球拍时，应考虑球拍的形状、重量、弹性、海绵的厚度及硬度、胶皮的特点及性能等多个方面的因素。由于每个运动员的打法和握拍的方法不同，所以他们选择的球拍也就不同。

目前，世界各国出产的球拍，形状是多种多样的。在直拍中有椭圆形、长方形、樽形等几种；在横拍中则有椭圆形、樽形、瓶形等几种。球拍的把柄也有粗细、长短之分。

（二）一局比赛

在一局比赛中，先得 11 分且同时超出对方 2 分及以上的一方为胜方；当比分为 10:10 时，比赛继续，直到有一方领先对方 2 分为止。

（三）一场比赛

一场比赛应由奇数局组成。

（四）还击

对方发球或还击后，本方运动员必须击球，使球直接越过或绕过球网装置，或触及球网装置后，再触及对方球台。

（五）比赛秩序

（1）在单打比赛中，首先由发球员发球，再由接发球员还击，然后发球员和接发球员交替还击。

（2）在双打比赛中，首先由发球员发球，再由接发球员还击，然后由发球员的同伴还击，再由接发球员的同伴还击，此后，运动员依此次序轮流还击。

（六）重发球

各回合中出现下列情况应判重发球。

（1）如果发球员发出的球，在越过或绕过球网装置时，触及球网装置，此后成为合法发球或被接发球员或同伴阻挡。

（2）如果接发球员或同伴未准备好时，球已发出，而接发球员或同伴均没有试图击球。

（3）由于发生了运动员无法控制的干扰，而使运动员未能成功发球、还击或遵守规则。

（4）裁判员或副裁判员暂停比赛。

（七）胜一分

除被判重发球的回合，下列情况运动员得 1 分。

（1）对方运动员未能正确发球。

（2）对方运动员未能正确击球。

（3）运动员在发球或还击后，对方运动员在击球前，球触及了除球网装置以外的任何东西。

（4）对方运动员击球后，球没有触及本方台区，而越过了本方台区或端线。

（5）对方阻挡。

（6）对方连击。

（7）对方运动员用不符合规则规定的拍面击球。

（8）对方运动员或他穿、戴（带）的任何东西使比赛球台移动。

（9）对方运动员或他穿、戴（带）的任何东西触及球网装置。

（10）对方运动员不持拍的手触及比赛台面。

（11）双打比赛中，对方运动员击球次序错误。

（12）实行轮换发球时，接发球方连续 13 次还击，包括接发球。

（八）发球、接发球和方位的次序

（1）选择发球、接发球和方位的次序应由抽签来决定。中签者可以选择先发球或先接发球，或选择先在某一方位。

（2）当一方运动员选择了先接发球，或选择了先在某一方位后，另一方运动员必须做出另一种选择。

（3）在获得每 2 分之后，接发球方即成为发球方，依此类推，直至该局比赛结束，或者直至双方比分达到 10 分或实行换发球法，这时发球和接发球次序依然不变，但每人只轮发 1 分球。

（4）在双打的第一局比赛中，先由发球方确定第一发球员，再由接发球方确定第一接发球员。在之后的各局比赛中，第一发球员确定后，第一接发球员应是前一局发球给他的运动员。

（5）在双打比赛中，每次换发球时，前面的接发球员应为发球员，前面的发球员的同伴应成为接发球员。

（6）一局中首先发球的一方，在该场下一局应首先为接发球的一方。

（7）一局中，在某一方位比赛的一方，在该场下一局应换到另一方位。在决胜局中，一方先得 5 分时，双方应交换方位。

三、常用术语

（一）球台

常用的球台术语如图 9-1 所示。

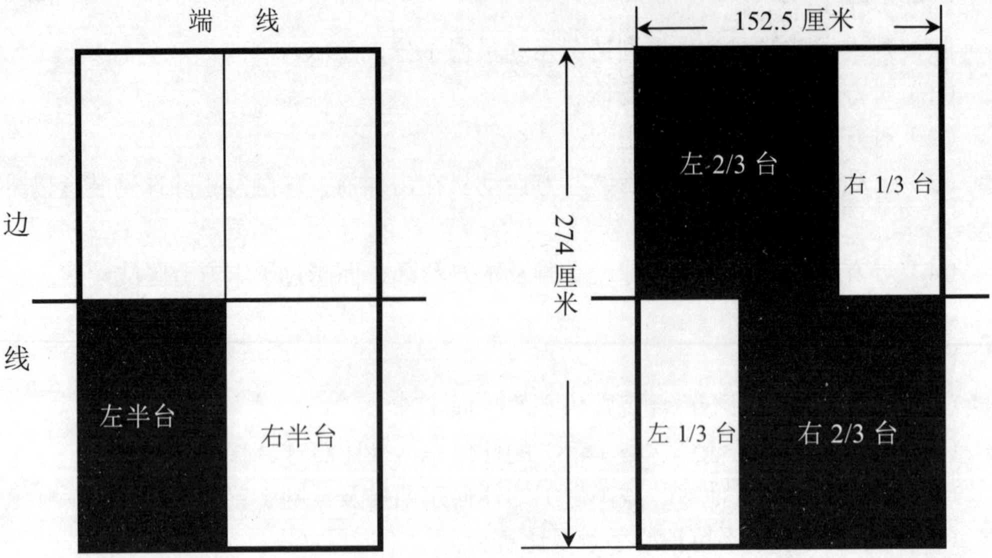

图 9-1　球台术语示意图

（1）端线：球台两端与球网平行的白线称为端线，宽 2 厘米。

（2）边线：球台两侧与球网垂直的白线称为边线，宽 2 厘米。

（3）中线：球台中央与边线平行的白线称为中线，宽 3 毫米。

（4）左半台、右半台：中线将球台分为左半台、右半台（左、右半台是相对于击球者来说的）。

（5）2/3 台：击球范围占球台的 2/3，左侧为左 2/3 台，右侧为右 2/3 台。

（二）站位与击球距离

（1）站位：运动员开始击球前的基本位置，是指运动员击球时，其身体与球台端线之间的距离。

（2）近台：指站位在离球台端线 50 厘米以内的范围。

（3）中台：指站位在离球台端线 70 厘米左右的范围。

（4）远台：指站位在离球台端线 100 厘米左右的范围。

（5）中近台：介于近台与中台之间的站位，站位离球台端线 50～70 厘米。

（6）中远台：介于中台与远台之间的站位，站位离球台端线 70～100 厘米。

（三）击球时间

击球时间是指来球落在本方台面弹起后，其运行轨迹从着台点上升再下降至触及地面以前的过程，具体可分为以下 3 个时期。

（1）上升期：来球从台面弹起至接近最高点的这段时间。

（2）高点期：来球从台面弹起在最高点附近的这段时间。

（3）下降期：来球从最高点开始下降以后的这段时间。

（四）击球部位

击球时，球拍触及球上的位置叫击球部位，如图 9-2 所示。

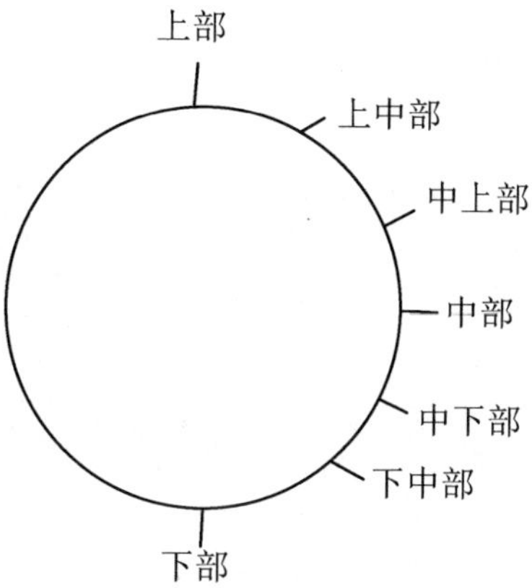

图 9-2　击球部位

（五）拍形

拍形包括拍面角度和拍面方向两个方面。

1. 拍面角度

击球时，拍面与台面所形成的角度叫拍面角度。拍面角度小于 90 度时，称为“前倾”，如图 9-3 所示；拍面角度接近 90 度时，称为“垂直”，如图 9-4 所示；拍面角度大于 90 度时，称为“后仰”，如图 9-5 所示。

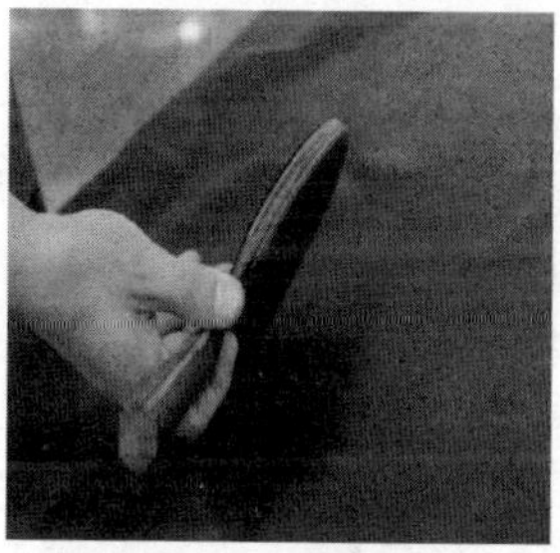

图 9-3　拍面前倾

图 9-4　拍面垂直

图 9-5　拍面后仰

2. 拍面方向

击球时，击球拍面所朝向的方向叫“拍面方向”。

（六）击球点

击球点是指击球时，球拍与球体相接触的那一点的空间位置。击球点的位置是相对于击球者的身体而确定的，包含 3 方面内容：一是指击球时，球处于身体前后位置的距离；二是指击球时，球和身体在左右方向的远近距离；三是指击球时，球的高低位置和身体重心的上下位置。

第二节　乒乓球的基本技术

一、握拍方法

乒乓球握拍方法与击球动作密切相关，它在一定程度上体现着每个运动员的技术特点。目前，世界上流行的握拍法主要分为直握法和横握法两大类。

（一）直握法

（1）拍前：食指自然弯曲，拇指的第一指关节和食指的第二指关节分别压住球拍两肩，食指与拇指间的距离要适中，如图 9-6 所示。

（2）拍后：其他 3 指自然弯曲叠放，如图 9-7 所示，中指第一指节侧面顶于球拍背面约 1/3 处，如图 9-8 所示。

图 9-6　拍前

图 9-7　拍后

图 9-8　侧面

直握法多为亚洲运动员使用，正手攻球快速有力，通过拇指和食指的调整，实现对球拍板型的灵活控制；攻斜、直线时，拍面变化不大，对手不易判断；手指、手腕的运用空间较大，在发球、处理台内小球等方面有相对优势。但反手始终是弱项，虽然采用了横打技术，但也没有提高直板中远台的相持能力。

（二）横握法

中指、无名指和小指自然地握住拍柄，拇指在球拍的正面且轻贴于中指旁边，如图 9-9 所示，食指自然伸直斜贴在球拍的背面，如图 9-10 所示。深握时，虎口紧贴球拍，如图 9-11 所示；浅握时，虎口轻微贴拍。

图 9-9　正面

图 9-10　背面

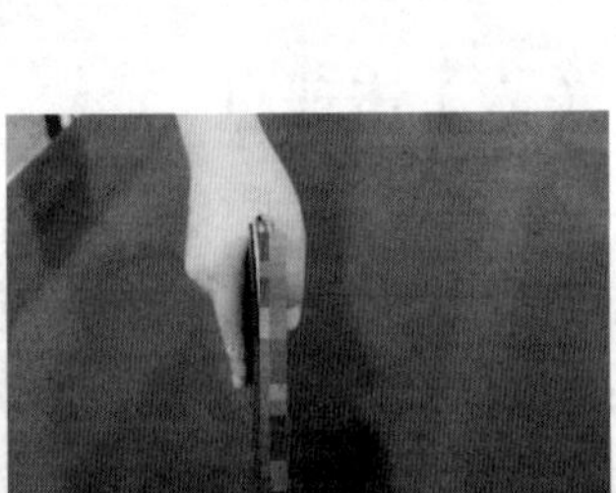
图 9-11　侧面

横握法的特点是正、反手攻球力量大，攻削球时握法变化小，反手攻球容易发力也便于拉弧圈；但正、反手交替击球时，需变换击球拍面，攻斜、直线时调节拍形的幅度大，易被对方识破。

二、基本站位

乒乓球运动员选择自己的基本站位，必须遵循有利于发挥自身技术特长的指导原则。决定运动员的基本站位的因素如下。

（一）运动员的打法类型

以下讲解均以右手持拍为例。

（1）采用左推右攻打法的运动员，基本站位在近台中间偏左。

（2）采用弧圈球打法的运动员，基本站位在中台偏左。

（3）采用削攻结合打法的运动员，基本站位在中台附近。

（4）采用以削为主打法的运动员，基本站位在中远台附近。

（二）运动员的个人技术特点及身体条件

基本站位指的是一个范围，需要根据运动员的个人技术特点及自身条件决定。

（三）对方运动员的打法特点

如果对方采用以削球为主的打法，必然影响我方基本站位的前后变化；如果自己用右手握拍，对方用左手握拍，那么我方基本站位就要稍向中间移。

三、基本姿势

基本姿势包括击球前的准备姿势和连续击球之间需要保持的身体姿势。其具体要求如下，如图 9-12 所示。

（1）两脚分开略比肩宽，两脚平行站立或左脚稍前一点（以右手持拍为例），两脚的前脚掌内侧着地，略提踵，身体重心在两脚之间；两膝微屈，保持膝关节的弹性。

图 9-12　横拍准备姿势

（2）上身略前倾，含胸收腹，持拍手自然弯曲置于身体右侧（以右手持拍为例），离身体约 30 厘米，上臂与前臂夹角接近 90 度；非持拍手自然放置于腹前，与持拍手基本同高。

（3）两肩基本同高，肩关节放松，避免耸肩，未击球时也不应该刻意沉肩；同时下颌向后收，两眼注视来球。

四、发球

发球、接发球和发球抢攻是乒乓球实战中的重要环节，一般统称为“前三板”。发球是乒乓球比赛中每分球的开始，它是乒乓球技术中唯一不受对方来球制约的技术，可以让发球员最大限度地实现自己的战术意图，其主动性显而易见。正因如此，它也是最有潜力的一项技术之一。

（一）发球的主要优势

（1）利于自己技术特长的发挥。

（2）为发球抢攻创造条件。

（3）破坏对方的战术，限制对方技术特长的发挥。

（4）直接得分。

（5）造成对方的心理恐惧，增强自己获胜的信心。

（二）发球的规则

（1）发球开始时，球自然地置于非持拍手的手掌上，手掌张开，保持静止。

（2）发球员须用手把球几乎垂直地向上抛起，不得使球旋转，并使球在离开非持拍手的手掌之后上升不少于 16 厘米，球从开始下降到被击出前不能碰到任何物体。

（3）当球从抛起的最高点下降时，发球员方可击球，使球首先触及本方台区，然后越过或绕过球网装置，再触及接发球员的台区。在双打中，球应先后触及发球员和接发球员的右半区。

（4）从发球开始，到球被击出，球要始终在比赛台面的水平面以上和发球员的端线以外；而且从接发球员的角度来看，球不能被发球员或其双打同伴的身体或他们穿、戴（带）的任何物品挡住。

（5）球一旦被抛起，发球员的非持拍手的手臂应立即从球和球网之间的空间移开。球和球网之间的空间由球和球网以及其向上的延伸来界定。

（6）运动员接发球时，应让裁判员或助理裁判员看清楚他是否按照合法的规定发球。

① 如果裁判员对运动员发球的合法化有所怀疑，则应在一场比赛中第一次出现这种情况时判重发球。

② 之后，裁判员对运动员或其双打同伴发球动作的合法化再次怀疑，将判接发球方得 1 分。

③ 无论是第一次或是任何时候，只要运动员明显没有按照合法的规定发球，无须

警告，应判接发球方得 1 分。

（7）运动员因伤而不能严格遵守合法发球的某些规定时，可由裁判员做出免于执行的决定。

（三）正手发平击球

以反手位为例，左脚稍前，右脚在左脚的斜后方约 45 度，含胸收腹，重心放在左脚上，左手将球抛起，同时右臂内旋，使拍面稍向前倾，向右后方引拍；当球从最高点下降至稍高于球网时，向左前方发力击球的中上部，横拍正手发平击球如图 9-13 所示，直拍正手发平击球如图 9-14 所示。

（a）（b）（c）（d）

图 9-13　横拍正手发平击球

（a）（b）（c）（d）

图 9-14　直拍正手发平击球

五、反手推挡技术

（一）直拍反手推挡

推挡是我国直拍快攻打法的基本技术之一，特别是在左推右攻打法中占有极其重要的地位。

直拍反手推挡时，根据运动员身材的不同，其站位离台 40～50 厘米，多在球台左半台的 1/3 处；两脚开立，两脚间距略比肩宽，左脚稍前，右脚稍后，或两脚平行，上身略前倾，身体重心在两脚间，双膝微屈，如图 9-15 所示。拍面呈半横状，拍形前倾，如图 9-16 所示；握拍时，食指稍用力，拇指放松，上臂和肘部自然靠近身体右侧，上臂与前臂的夹角约为 100 度，肩部放松。当来球跳至上升期，前臂和手腕迅速向前且略向上推出去，拍面前倾击球的中上部，如图 9-17 所示。

图 9-15 站位及准备姿势

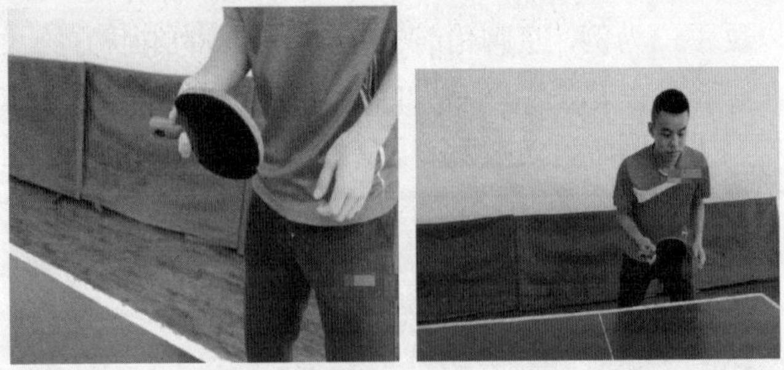

（a） （b）

图 9-16 推挡时的拍面

（a） （b） （c）

图 9-17 直拍反手推挡

（二）横拍反手拨球

横拍反手拨球时，根据运动员身材的不同，其站位离台 40～50 厘米，多在球台左半台的 1/3 处；两脚开立，两脚间距略比肩宽，左脚稍前，右脚稍后，或两脚平行，上身略前倾，身体重心在两脚间，双膝微屈；手臂自然弯曲并外旋，使拍面前倾，手腕弯曲内收，将球拍引至腹前偏左的位置，如图 9-18 所示。当来球跳至上升期时，前臂加速挥动并外旋，手腕伸出外展，拍面前倾击球的中上部，借来球反弹的力量向右前方拨回来球，如图 9-19 所示。

图 9-18 站位及准备姿势

（a）（b）（c）

图 9-19 横拍反手拨球

六、正手攻球

攻球具有速度快、力量大，应用范围广泛等特点，是比赛中获得胜利的重要手段，因此运动员必须学会全面的攻球技术。

直拍正手攻球时，如图 9-20 所示，两脚开立，两脚间距略比肩宽，左脚稍前，右脚稍后，或两脚平行，上身略前倾，双膝微屈，手臂自然弯曲并内旋，使拍面前倾；前臂横摆引至身体右侧前方，右脚稍用力蹬地，髋关节略向前运动，腰向左转，上臂带动前臂向左前方挥动迎球；当来球跳至上升期（或高点期）时，拍面稍前倾击球的中上部，触球瞬间前臂迅速收缩，以向前打为主，手腕辅助发力。

（a）（b）（c）

图 9-20 直拍正手攻球

横拍正手近台攻球时，如图 9-21 所示，前臂和手腕成直线并与台面大致平行，拍柄略朝下。击球的时间、部位、拍面角度及手臂挥动方向，基本上与直拍正手攻球时相似。

（a）（b）（c）

图 9-21 横拍正手攻球

第三节　乒乓球的基本战术

一、发球抢攻战术

发球抢攻是各类打法中力争主动、先发制人的一项主要战术，也是比赛的重要得分手段。发球抢攻战术运用得好，常能打乱对方整个战略部署，造成对方紧张和慌乱，特别是在关键时刻，其威力更为突出。各类打法常用的发球抢攻战术如下。

（一）正手发转与不转球后抢攻

这套战术一般以发对方中路或右方短球为主，配合发左方长球。这套战术开始时先发短的下旋球为好，以控制对方，使其不能抢攻或抢拉，然后再发不转球抢攻。发不转球时一般也先发短球，或发至对方攻势较弱的一面，伺机抢攻。

（二）正手发高、低抛左侧上、下旋球后抢攻

此套发球抢攻战术可将球发至对方中左短、左大角、中左长、中右和右短等位置，配合一个直线奔球。

左手持拍的选手采用此套发球抢攻的战术，威胁更大，他们一般多用侧身发高抛至对方右近网并拐出边线的方式，待对方轻拉起来后，可反手狠压一板直线，也可侧身用正手反拉，或直接得分，或为下板球的连续进攻制造机会。

（三）反手发右侧上、下旋球后抢攻

此套发球抢攻战术一般将球发至对方中路、右方近网处或半出台落点，配合发两大角长球。两面攻的选手，特别是擅长反手进攻的选手常采用此战术。利用发球旋转的变化，正、反手两面上手，抢拉、抢冲或反拉、反撕，尤其是反手起板，出手快，突然性强，使对方较难防御。

（四）反手发急上、下旋球后抢攻或抢推

此战术在运用时，可分为下面两种情况。

（1）反手发急上旋球至对方反手后，侧身抢攻。急球必须发得快、力量大、线路长，且能有一个直线急球配合。

（2）擅长反手推挡的选手，或遇到反手推攻较差的对手，可反手发急下旋球，若对方搓球回接，必然不好控制短球，则可正手或侧身抢攻；若对方向上轻托，则可推挡加推压或侧身抢攻。

为增加上述战术的效果，还可配合发右方小球，长短球互相牵制，相得益彰。

（五）下蹲发球后抢攻

此战术可以与左侧上、下旋球与右侧上、下旋球结合运用，落点有变化。对于常用

搓球的方式接发球的选手，应以发上旋球为主。抢攻的落点要灵活多变，攻击对方的弱点或声东击西。

二、对攻战术

对攻是采用进攻类打法的选手相互对抗时，双方利用速度、旋转、落点变化和轻重力量来抑制对方、争取主动的重要手段。常用的对攻战术有下列几套。

（一）攻两角战术

此战术是指发给对方左右两个大角长球，使其顾此失彼，从而自身占据主动。它一般用于对付步法较慢、动作较慢的选手。此战术可以采用对角攻击，即以两条斜线调动对方；也可采用双边直线，即先以直线攻一角，再以直线攻另一角。

（二）紧压对方反手，结合变线，伺机抢攻

此战术是最基本的对攻战术之一。它一般用于对付反手力量较弱或进攻能力不强的选手，先用反手攻（快推）压住对方反手，若对方勉强侧身，可连压反手或快速变线到对方空当，伺机抢攻；若对方侧身搏杀，则可先配合变线，以达到牵制对方的目的。

（三）调右压左

所谓调右压左就是先打对方正手，将其调动到正手位并被迫离台后，再打其反手位。这种战术主要用于牵制擅长侧身进攻的选手；在对方左半台进攻能力强，压对方反手位不占便宜时也可采用此战术；或用来对付正手位进攻能力不强，不擅离台的直拍快攻选手。

（四）加、减力压对方反手、中路后，迅速抢攻

此战术用于对付站位在中台的两面拉（攻）选手。此战术一般先用加力推（攻）将对方压下去，再用减力挡将其诱上来，然后伺机扣杀。

（五）连压对方中路或正手，伺机抢攻

这是对付两面攻或横拍反手攻能力较强的选手所采用的对攻战术，采用这类打法的运动员往往反手进攻技术好，正手进攻技术相对较弱，中路进攻技术更弱。故可先用推挡或反手攻，压住对方的中路或正手，待其攻势弱时，伺机侧身抢攻。

三、接发球战术

接发球战术是与发球抢攻战术相抗衡的一项战术，目的是破坏对方的发球抢攻，争取在接发球轮形成相持或主动的局面。

在比赛中接发球处理的好坏，直接影响到运动员在整个战局中能否获得主动和心理的稳定。所以，对于接发球战术而言，运动员必须树立积极主动的思想，最大限度地控制对方的发球抢攻、接发球（第二板）和接球后的抢攻或防守（第四板）。

常用的接发球战术有以下几种。

（一）接发球抢攻

接发球抢攻是最积极主动的接发球战术。在无遮挡发球规则下，世界各国的优秀选手越来越重视接发球抢攻战术的重要性。其中，短球可用“快点”，长球或半出台球可抢攻或抢冲。两面攻的选手则可发挥其两面抢攻的特长。

（二）用拉、拨或快推的方法将球接至对方弱点处，争取形成对攻的相持局面

在难以完成高质量的接发球抢攻时，先将球拉、拨或快推至对方不易反攻处，继而形成相持局部。擅打相持球的选手常采用此战术。

（三）以摆短为主，结合劈两大角长球，争取下板的主动上手反攻

此战术主要用来对付对方发过来的强烈下旋球或下旋短球，以控制对方的直接抢攻、抢拉。

（四）稳健控制法

此战术一般在攻对削、削对攻或削对削时采用，利用拉、推、拱、搓、削等技术接发球，注重接发球的命中率，以稳为主，但也需加强手法的变化、落点的变化和对弧线的控制，以防对方抢攻。

第十章

羽毛球

本章主要讲解羽毛球运动的基础知识和运动方法，并通过对羽毛球的基本技术和基本战术的介绍，培养和发展大学生的实践能力，帮助大学生巩固所学知识，提高羽毛球技能。

第一节　羽毛球基础知识

一、羽毛球的起源与发展

现代羽毛球运动起源于英国。1893 年，英国成立了第一个羽毛球协会。1899 年 4 月 4 日，该协会在英国伦敦举行了历史上首届羽毛球比赛，称为“全英羽毛球锦标赛”。

20 世纪上半叶，羽毛球运动在欧美迅速发展。其中，英国、丹麦、美国、加拿大等国家的羽毛球运动技术水平进步很快。这一时期的羽毛球技术的突出特点是慢和稳，打法多以慢拉、慢吊为主。

20 世纪 20 年代初，羽毛球运动传入我国。20 世纪 60 年代中后期，我国羽毛球开始走向世界。我国选手在吸收欧亚强手的先进技术、战术的基础上，着重在基本手法和步法上进行大胆革新，创造出“快、狠、准、活”的技术风格和“以我为主、以攻为主、以快为主”的战术风格。

羽毛球在 1992 年成为奥运会的正式比赛项目，并设有男子单打、女子单打和男子双打、女子双打 4 个比赛项目。1996 年，在亚特兰大奥运会上，羽毛球比赛增设了混合双打项目，使其金牌总数达到 5 枚。

二、羽毛球基本规则

（一）羽毛球场地

羽毛球场地是专门用于羽毛球训练或比赛的长方形运动场地，长 13.4 米，双打宽 6.1

米，单打宽 5.18 米，网柱高 1.55 米，场地中央网高 1.524 米，双打边线处网高 1.55 米。

（二）比赛规则

1. 羽毛球比赛计分规则

（1）每球得分制，21 分制，3 局 2 胜。

（2）球出界或发球违例都算失分，线上属于界内。

（3）每回合中，取胜的一方加 1 分。

（4）当双方均为 20 分时，领先对方 2 分的一方赢得该局比赛。

（5）当双方均为 29 分时，先取得 30 分的一方赢得该局比赛。

（6）一局比赛的获胜方在下一局率先发球。

2. 羽毛球比赛单打规则

（1）在一局比赛开始时（比分 0：0）或发球方得分为偶数时，发球方在右半场进行发球；当发球方得分为奇数时，发球方在左半场进行发球。

（2）如果发球方取得一分，那么下一回合其继续发球。

（3）如果接发球方取得一分，那么下一回合其成为发球方，并在与分数相对应的位置发球。

3. 羽毛球比赛双打规则

（1）与单打一样，发球方得分为偶数时，发球方在右半场进行发球；当发球方得分为奇数时，发球方在左半场进行发球。

（2）如果发球方取得一分，那么下一回合其继续发球，且发球选手不变。

（3）如果接发球方取得一分，那么下一回合其成为发球方。

（4）当且仅当发球方得分时，发球方的两位选手交换左右半场。

4. 比赛期间休息与换边规则

（1）在一局比赛中，当领先的一方达到 11 分时，双方有 60 秒的休息时间。

（2）一局比赛结束，双方交换场地，可以有 2 分钟的休息时间。

（3）在决胜局中，当领先的一方达到 11 分时，双方交换场地。

（三）违例

1. 发球违例

（1）发球时过腕，指的是发球时球拍顶部要明显低于发球员的整个握拍手部。

（2）发球过腰，指的是发球时击球点高于发球员腰部。

（3）连击，指的是发球时球只能接触拍网一次，也就是说在球接触拍网后，撤拍再发力使球触及拍网发至对方场地是不允许的。

（4）两个动作，指的是发球动作必须一挥而就，中间不能有停顿。

（5）其他情况：未将球发在相应的区域内；球挂在网上或停在网顶；球过网后挂在网上；双打时，接发球员的同伴接到球或被球触及等。

2. 比赛进行中违例

（1）球落在场地界线外。

（2）球从网孔或网下穿过。

（3）球未从网上方越过。

（4）球触及天花板或四周墙壁。

（5）球触及运动员的身体或衣服。

（6）球触及场地外其他物体或人。

（7）球被击时停滞在球拍上，紧接着被拖带抛出。

（8）球在一个回合中被同一方队员多次击中。

（9）运动员的球拍、身体或衣服触及球网或球网的支撑物。

（10）过网击球。

第二节　羽毛球的基本技术

一、握拍方法

羽毛球的握拍方法总体上分为正手握拍和反手握拍两种。以下技术均以右手握拍为例。

（一）正手握拍

正确的握拍方法是先用左手拿住球拍杆，使拍面与地面垂直，然后张开右手，使手掌下部（小鱼际肌处）靠着球拍的握柄底托，虎口对着球拍柄窄的一面，小指、无名指、中指自然地并拢，食指与中指稍分开，自然地弯曲并贴在球拍柄上，如图 10-1 所示。在击球之前，握拍一定要放松、自然，在击球的瞬间才紧握球拍。

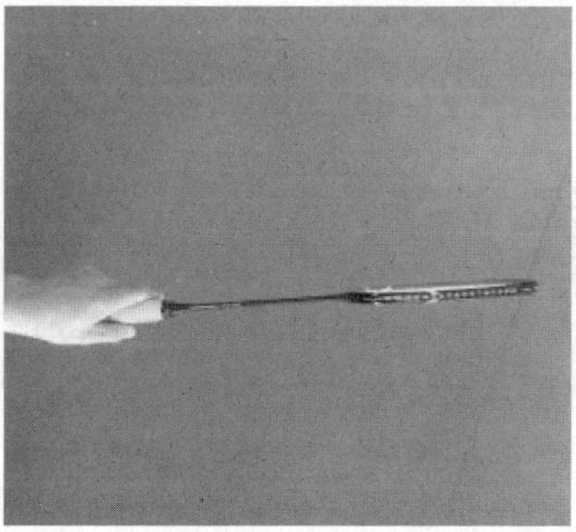

图 10-1　正手握拍

（二）反手握拍

在正手握拍的基础上，把球拍框往外转，拇指伸直贴在球拍柄的宽面上，食指、中指、无名指和小指并拢。反手握拍时，掌心与拍柄之间要留有空隙，这样握拍有利于手腕力量和手指力量的灵活运用，如图 10-2 所示。

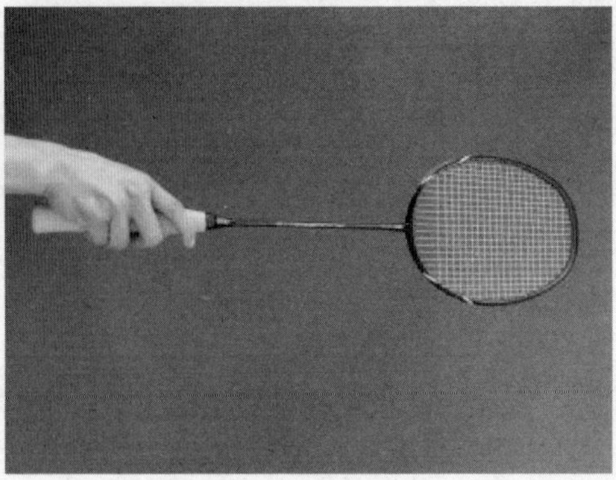

图 10-2 反手握拍

二、发球与接发球

（一）发球

发球是羽毛球运动的非常重要的基本技术之一。发球质量的好与坏，直接关系到运动员在比赛中是主动还是被动的，甚至直接关系到比赛的胜与负。

羽毛球运动的发球技术，按其动作划分，可分为正手发球和反手发球 2 种；按球在空中飞行的线路划分，可分为发高远球、发平高球、发平快球和发网前球 4 种，如图 10-3 所示；按比赛项目划分，可分为单打发球和双打发球 2 种。

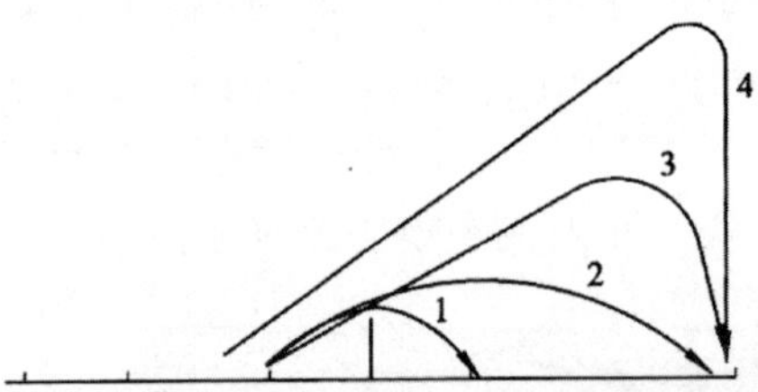

图 10-3 发球

1. 发球站位与准备姿势

（1）发球站位。发球站位指的是运动员在开始发球前，选择有利位置的选位方法。一般情况下，单打发球站位应选择在球场中线附近，运动员可站在规定场区内离前发球线 1～1.5 米处，双打发球站位则可站在靠近前发球线的地方。

（2）准备姿势如下。

① 正手发球：运动员两脚前后站立，两脚间距与肩同宽，侧身对网，左脚在前（脚尖向网），右脚在后（脚内侧对网），身体重心在后脚；右手持拍向右后侧自然举起，屈肘，左手持球举于身前胸腹之间，眼睛注视对方，发球时，重心由后脚移至前脚。

② 反手发球：运动员两脚前后站立，右脚在前，左脚在后，上身稍向前倾，重心在前脚，右手反手握拍将球拍摆在左腰侧前，右手肘部微屈稍抬高，拍框朝下，拍面稍

后仰，握拍手自然放松，左手持球于腹前腰下处，如图 10-4 所示。

图 10-4　反手发球

羽毛球比赛规则规定，发球时，发球员的两脚都必须有一部分与地面接触，且不得移动，直至将球发出；在击球瞬间，发球员的球拍必须先击中球托，与此同时整个球要低于发球员的腰部，拍杆应指向下方，从而使整个拍框明显低于发球员的整个提拍手部。初学者必须先弄懂这些规定，以免发球违例。

2. 正手发球

正手发球一般用于单打比赛中的发高远球、平高球、平快球，同时也可用于发网前球。

（1）正手发高远球。发高远球主要是指把球发得又高又远，使球飞行到对方底线上空时，几乎垂直下落，球的落点在对方场内端线附近。

动作要领：如图 10-5 所示，站位与准备姿势如上所述，发球时，重心由后脚移至前脚，持球手松开使球自然下落，紧接着右手持拍顺着从下而上的弧线自然地沿着身体向前上方挥拍，手部自然伸腕；球拍触球前的瞬间，前臂带动手腕向前上方“闪动”，手紧握拍柄，利用手腕、手指的爆发力以及拍面的前半部击球；击球瞬间，拍面正对出球方向，击球点在发球员的右前下方，击球后随惯性向左侧上方继续挥拍。

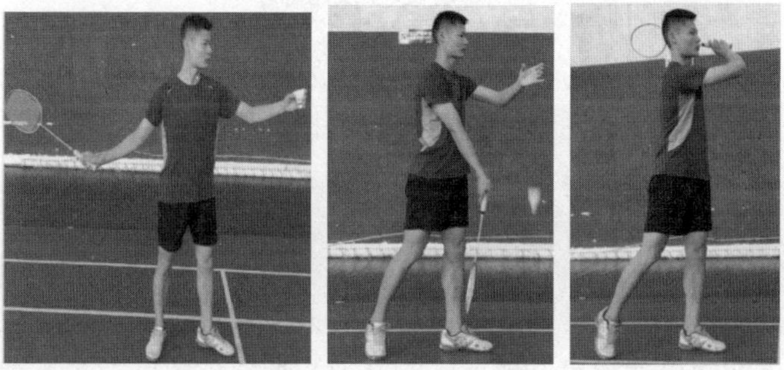

（a）　　（b）　　（c）

图 10-5　正手发高远球

（2）正手发平高球。平高球在空中的飞行弧度稍低于高远球，而飞行速度稍快于高远球，球较快地越过对方身体并落在对方场内端线附近。发平高球是发球抢攻的手段之一。

动作要领：站位与准备姿势同发高远球；挥拍击球时不要紧握拍柄，利用前臂挥动力量带动手腕、手指向前上方击球；拍面稍向前推送，球运行到最高点后逐渐下落至对方场内端线附近。

（3）正手发平快球。发平快球又称发平球，是把球发得又平又快，使球快速落在对方场内端线附近。平快球突袭性强，往往能使对方措手不及而造成失误或陷入被动局面。发平快球是发球抢攻的重要手段。

动作要领：准备姿势同发高远球，站位稍靠后些；击球瞬间，紧握拍柄，利用前臂挥动力量带动手腕、手指力量快速向前击球，使球越网而过、直插后场，向对方反手位部位或空当飞行。

3. 反手发球

反手发球一般用于发网前球和发平快球。这种发球方式主要是用拇指发力，以拇指及其他手指力量来控制球速和落点。所以，它有动作小、速度快、一致性强等特点，易于迷惑对方。一般情况下，双打比赛中，发球员多采用反手发球法。

（1）反手发网前球。其站位与准备姿势如前面所述。准备击球时，手腕内屈，击球瞬间，利用前臂带动手腕、手指力量向前横切推送，将球击出，如图 10-6 所示。发球时，挥拍较慢，力量较轻，球的落点近网，当球“贴”网后立即往下坠落时，落点在对方发球区内前发球线附近。

（a）（b）（c）

图 10-6　反手发网前球

（2）反手发平快球。站位与准备姿势同反手发网前球。击球时，手紧握拍柄，掌握好拍面角度，加快挥拍速度，注意“甩”腕与手指动作的配合，产生爆发力将球向前或前上方（平高球）击出。

（二）接发球

为了对付或克服发球员的发球，以求后发制人，接球员的接发球技术也就成为一项重要的基本功。下面简单介绍接发球技术的站位和准备姿势以及接发球方法。

1. 单打接发球站位和准备姿势

在右发球区接发球时，运动员应站在靠近中线且离前发球线约 1.5 米处接发球；在左发球区接发球时，运动员应站在该发球区内的中间位置接发球。

准备姿势：如图 10-7 所示，两脚前后开立，一般左脚在前，右脚在后，身体侧身对网，重心在前脚，后脚脚跟稍离地，双膝微屈，收腹含胸，左手自然抬起、屈肘，右手持拍于右身前，注意力集中，两眼注视对方。

图 10-7 单打接发球准备姿势

2. 双打接发球站位和准备姿势

由于双打比赛多采用发网前球（发高球或长球容易被对方扣杀）的方式，所以，双打比赛的站位和准备姿势要利于对付对方的网前球，或利于快速上网击球。

准备姿势与单打接发球准备姿势基本相同，身体重心可随意放在任一脚上，球拍要举高以争取主动；在右发球区接发球时，要注意防备发球员采用发平快球的方式突袭反手部位。

3. 接发球方法

接发球员应根据对方的发球路线、弧度、速度或发球质量，以及对方的技术特点等采取不同的接发球或回击办法。接发球的球路和落点变化应与战术相结合。

（1）当对方发高远球或平高球时，则可以用吊球或扣杀球进行回击。一般来说，接高远球是一次进攻的机会，回击得好就能掌握主动权。因此，初学者必须努力提高后场进攻的能力。

（2）当对方发网前球时，则可以用平高球、高远球、放网前球或半推球进行回击。如果对方发球的质量不高，或球离网顶较高过网，则可采用扑球进攻；如果对方企图发球抢攻，而自己的防守能力较差，则以放网前球或平推球为宜，落点要远离对方站位，控制住球，不让对方进攻；如果对方连续采用发球抢攻，则接发球一定要冷静、沉着，保证回球质量，不能让对方抢攻得手。

（3）当对方发平快球时，一般采用平推球或平高球还击，以快制快。由于接发球员回击的击球点比发球员的高，因此，下压得狠一些就可以取得主动权。其次也可采用高远球还击，以逸待劳，但不能仓促地回击网前球，否则，不仅击球质量不高，还会造成对方攻击。

三、击球技术

击球技术分为前场击球技术、中场击球技术、后场击球技术 3 种。

（一）前场击球技术

前场击球技术由前场搓球、勾对角球、平推球、扑球、挑高球和放小球等几种击球技术组成，每项击球技术都可由正、反手击球完成，击出直线、斜线等不同飞行路线的球。依据击球点位置的不同，前场击球可分为前场高手位击球和前场低手位击球两种。

前场击球由判断起动—移动引拍—完成击球—回收动作—再开始下一次击球前的判断起动这几个环节循环组成。

（二）中场击球技术

羽毛球单打中所运用的中场击球技术有接杀球和腾空抽杀球。接杀球由接杀放直线小球、接杀勾对角小球、接杀挑高球和接杀反抽球等几项击球技术组成。一般而言，腾空抽杀球的击球力量不是很大，但挥臂动作突然，速度较快。

（三）后场击球技术

后场击球有力量大、速度快、爆发力强、攻击力强等特点，是羽毛球运动中的一项主要击球技术，广泛运用于单、双打比赛中。然而，后场跃起这漂亮的一击，却只有在前场、中场各项技术的合理配合下才可能实现。

第三节　羽毛球的基本战术

大学生除了要掌握一定的基本技术、具备一定的体能素质和心理素质外，还要学习一些基本战术，才能在比赛中充分发挥自身的技术，击败对手。

一、单打的基本战术

单打的基本战术有拉吊突击进攻战术、发球抢攻战术、守中反攻战术、下压进攻控制网前战术和压底线战术。总之，战术的运用与选手个人的打法特点密切相关。选手要在熟知自身技术特点和身体条件的基础上，依据对手的实际情况，适时合理地运用战术，把握场上的主动权。

（一）拉吊突击进攻战术

拉吊突击进攻战术是利用快速的平高球、吊球、杀球以及网前搓、推、勾球，准确地将球击到对方场区的后场底线两角和前场网前两角。在双方控制与反控制的较量过程中，一旦对方出现回球质量不高或偏离中心位置等情况时，己方即可抓住机会，寻其空当突击进攻。因此，运用这种战术时，击球的落点角度要大，速度要快，要充分调动对方，使其最大限度地移动，抓住机会球进行快速突击，以取得较好的战术效果。

（二）发球抢攻战术

发球抢攻战术是指根据对方的站位、反击能力、接发球路线和当时的思想状态等情况，有目的、有意识地采用多变的发球，争取从发球开始就掌握场上的主动权，为自己创造进攻机会。这种战术用于对付经验不足和防守能力较弱的选手比较有效，特别是比赛进入关键时刻，比分出现相持状况时，通过打破常现、突热改变发球方式来形成发球抢攻之势，陷对手于被动，可有效地打破僵局。

（三）守中反攻战术

如果己方的防守能力好，足以抵挡对方的进攻，而对方又喜好盲目进攻且体力较差，则可选用守中反攻战术，这是一种后发制人的战术。运用这种战术时，先将各种来球回击至对方后场，以诱使对方发起进攻，在对方只顾进攻而疏于防守时，己方即可采取突击反攻，或当对方疲于进攻、体力耗尽、速度减慢时，己方再发起进攻。其特点是通过高球、推球以及适当的吊球、搓球、勾球等球路变化，与对方展开持久的抗衡，使其产生急躁的情绪，进而造成失误，或当对手陷于被动、进攻质量稍差时，己方即抓住有利时机进行反攻。

（四）下压进攻控制网前战术

下压进攻控制网前战术是先发制人的战术，以快速、凶狠、凌厉的进攻，从速度、力量上压住对方，速战速决。其特点是先以速度、力量不同的吊球、劈球、点杀球、轻杀球、重杀球将球下压，创造上网机会，以搓、推、勾球控制网前，将对方的注意力吸引至网前，再配合发平高球，以突击对方底线，创造中后场的进攻机会，并全力发起进攻。这种战术用于对付体形高大、步法移动慢、网前出手慢和接下手球吃力的选手较为有效。

（五）压底线战术

压底线战术是指反复用快速的高球、平高球、推球击至对方底线附近，特别是对方反手后场区域，使对方陷入被动，当其注意力集中在后场时，再发快吊球或突击点杀球进攻其前场空当。此种战术用于对付初学羽毛球的选手较有效，因为他们的技术不纯熟，特别是对方的反手后场的还击能力差时，进攻后场往往容易奏效。

二、双打的基本战术

双打的基本战术的目的是设法给对方制造混乱，调动对方，使其出现漏洞，或使对方由于位置错乱、进攻失误等而出现争吵、漏接等情况。

（一）攻中路战术

攻中路战术是当对方在防守状态下左右分边站位时，在进攻中要尽可能把球攻到对方两人之间的中场空当区域，造成对方因抢击球而发生碰撞，或因相互让球而出现漏接失误。这是对付配合不默契的对手的有效战术。

（二）攻人战术

如果对方两人中有一人的技术水平稍差，则集中力量攻弱者，不让他有调整的机会，这叫攻人战术。在运用这种战术的过程中，如果对方已经意识到己方的战术意图，加强了对弱者的保护时，己方可采用先盯住技术水平差者攻几拍，然后突然改为攻击技术水平强者的战术。

（三）后杀前封战术

后杀前封战术是双打中最常见的进攻战术之一。当处于主动状态并进行强攻时，一名选手在后场大力杀球进攻，另一名选手在网前努力封堵对方回击的球。

（四）守中反攻战术

守中反攻战术是为对付后场进攻能力差的对手或为消耗对方体力而采用的一种后发制人的战术。通过拉后场底线两角来诱使对方在左右移动中进攻，己方通过防守，伺机进行反攻。运用这种战术的前提条件是己方必须具备一定的防守能力，只有守住对方的进攻才能有反攻的机会。

（五）软硬结合战术

软硬结合战术是指利用吊网前或推半场等球路，使球向下飞行，创造机会，迫使对方起高球，被动防守。运用这种战术时，进攻的对象通常是对方上网接球后匆忙后退的那名选手。

第十一章

体操

体操以其艺术性与挑战性深受广大群众喜爱。本章主要介绍体操的概念、特点、保护与帮助，基本体操和队列队形练习，以及如何创编徒手体操，让大学生深入了解体操并运用体操进行锻炼，增强体质。

第一节　体操概述

体操一词来源于古希腊语，古希腊人将走、跑、跳、攀登、舞蹈、军事游戏等锻炼内容统称为体操。体操是当时所有运动的总称，且这一概念沿用了很长时间。直到 19 世纪末 20 世纪初，随着体育运动的发展，一些生理学家、医学家和体育学家对体育运动的本质和价值进行了深入的研究及科学的分类，体育一词才逐步取代了原来体操的概念，成了身体运动的总称，体操也开始在内容、方法上区别于其他的身体运动形式，成为独立的体育运动项目。

一、体操的概念

现代体操是通过徒手、持轻器械或在器械上完成不同类型与难度的单个动作、组合动作或成套动作，充分挖掘人的潜能，表现人的控制能力，并具有一定艺术要求的体育项目。体操在全民健身运动中扮演着重要的角色，它对人的发展、综合素质的提高有着非常明显的作用与功效。

对体操概念不同内涵的理解应该包括 3 个层面。

（1）竞技层面上的体操，即竞技体操，是人们口头交流时的习惯用语。

（2）基础层面上的体操，即队列队形、徒手体操、轻器械体操、利用器械的体操及竞技体操。

（3）拓展层面上的体操，即大体操，包括艺术体操、健美操、蹦床及舞蹈等运动项目。

二、体操的特点

体操和其他运动项目一样有着自身的特点。

（一）具有广泛的群众性

体操的内容十分丰富，人们可以根据年龄、性别、职业、身体条件、训练水平及不同的设备条件，因人、因时、因地制宜，选择适合自己的项目和动作进行练习，达到增强体质、增进健康和提高运动技术水平的目的。

（二）全面而有针对性地锻炼身体

体操动作灵活多样，如倒立、转体、屈伸、支撑、悬垂、滚翻和翻腾等。合理地选择锻炼项目和内容并坚持锻炼，能全面增强人体运动系统、内脏器官和神经系统的机能，促进人体的全面发展。同时，要想有针对性地锻炼身体的某些部位或发展某种身体素质，如肩关节的灵活性、腿部的柔韧性、臂部的力量等，可以选用有针对性的练习进行锻炼，以达到锻炼目的。

（三）广泛运用保护与帮助

保护与帮助不仅是一项安全措施，而且是体操教学与训练中特有的教学手段。对一些难度较大的或技术较复杂的动作内容，运用保护与帮助，既可以预防伤害事故的发生，又能帮助人们加速建立正确的动作技术概念。相互间的保护与帮助还能培养人们团结互助的良好作风。

（四）具有较强的艺术性

体操中包含很多有较强艺术性的内容。体操练习不仅要求人们完成技术动作，还要根据技术动作完成的质量和身体姿势评定其成绩。因此，在体操练习中，无论是单个动作还是成套动作，都要求人们协调、准确、优美、舒展地完成。广播体操、健美操、女子自由体操等都是在音乐伴奏下进行的，将音乐融于动作之中，来展现动作美、形体美、音乐美、服饰美和精神风貌的美，充分体现体操运动健、力、美的艺术魅力。

（五）不断创新

创新是体操的生命，没有创新就没有发展，也就没有竞争力。在体操的发展中，运动员除了要具备超群的身体和心理素质外，还必须在动作难度、连接、编排和风格等方面有所创新，这样才能获得比赛的胜利。同样，在徒手体操的创编中，要求人们根据不同的目的、任务，有创造性地选编动作，推陈出新，做到新颖而不落俗套，使徒手体操常做常新。因此，不断创新是体操发展的灵魂。

第二节　保护与帮助

一、保护与帮助的意义

（一）有利于练习者正确掌握动作与技能

保护与帮助是竞技体操教学与训练的特点之一，它既是一种安全措施，又是一种教学手段，是帮助练习者加速掌握动作、提高动作质量及预防运动创伤的必要手段与措施。保护是指在体操练习中，为防止伤害事故的发生而采取的一种安全措施。帮助是指给练习者一定的助力、提示等，使其加速掌握动作并建立正确的运动概念的一种教学手段。

（二）有利于练习者团结互助良好品质的形成

在保护与帮助下学习动作，能消除学生的顾虑，减轻他们的精神负担，使其集中精力、全身心投入学习中，加速动作技能的形成。同时，练习者在体操练习中，常常会处于非正常状态，由于对动作理解的不同，或其他某些因素的影响，他们可能出现失手、失误，从而造成意外伤害。及时进行保护与帮助，可以避免意外事故的发生。保护与帮助还是教学双方相互获得和传递信息的有效方法。在教学过程中，它能使练习者获得正确的时间、空间和肌肉感觉的信息，同时使教学者获得动作完成情况的反馈信息，进而及时发现、纠正错误动作及调整教学手段。

二、保护与帮助的方法

（一）保护的方法

在体操教学、训练和比赛中，为防止练习者发生意外事故，同时给予其心理支持而采取的安全措施叫保护。它包括未发生为现实的安全保障措施。保护分为他人保护、自我保护和利用器械保护 3 种。

1. 他人保护

他人保护是指当练习者因技术动作不熟练或因意外而发生危险时，保护者及时采取使其脱离险境的措施，保证练习者的安全。他人保护的常用方法有接、抱、挡、拦、拨等，主要是改变练习者的动作方向，顺势缓解或加快练习者的动作速度，从而避免因摔倒和掉下而给练习者带来危险和损伤。

2. 自我保护

自我保护是指练习者由于技术上的失误而发生意外时，独立运用特定的自救动作摆脱危险的方法。自我保护的方法通常有以下几种。

（1）落地摔倒时，顺势改变动作性质和身体姿势，以减小身体重要部位与地面的冲击力。

（2）从杠上掉下时，双手或单手及时紧握器械，尽量避免掉下或减缓掉下的速度。

（3）在练习时器械、设施、护具发生故障或自己手滑时，及时中止练习。

（4）练习时，如果由于环境、气候、技术等因素造成心理障碍时，应及时停止练习或请求在保护下进行练习。

3. 利用器械保护

在体操教学与训练中，合理地运用海绵垫、双杠棉护套、单杠保护腕套、护掌等护具，可以消除练习者的紧张和害怕心理，从而有效地加快学习进度。

（二）帮助的方法

1. 直接帮助

在体操练习中，帮助者为了使练习者更快地建立正确的动作概念，更好地掌握、改进和提高动作技术质量而实施的直接助力于练习者的措施叫直接帮助。通常采用的手法有托、顶、送、挡、拨、搓、扶、提、推等。

2. 间接帮助

帮助者不直接助力于练习者，而是通过信号、标志物和限制物等，帮助练习者正确掌握动作的用力时机、节奏和所在的空间和方位，使其尽快地掌握和完成动作的一种手段叫间接帮助。

（1）信号：运用语言、呼声和掌声及节拍器等，提示用力的时机、加快或减慢动作的节奏。

（2）标志物：通过放置一些安全的、醒目的物品，指示动作方向、幅度和范围，帮助练习者建立正确的空间感、正确掌握动作。

（3）限制物：通过设置一些安全的、醒目的物品，提示动作位置、高度等，帮助练习者改进动作和提高动作质量。

3. 利用器械帮助

在体操教学与训练中，常采用的帮助器械有保护滑车、保护腰带、轴承保护带、保护手套及各种形式的桌、凳和高台等。

第三节　基本体操

一、基本体操概述

（一）基本体操的概念

基本体操是一项普及运动。它是由身体各部位的各种动作，以不同的姿势、方向、路线、幅度、频率和节奏协同一致而组合成各种单个动作或联合动作的一项体育运动项目，并且要有一定的艺术性。基本体操中有徒手的练习，也有可持各种轻器械或在专门器械上进行的练习。

（二）基本体操的特点

基本体操的特点是动作简单、形式多样、内容丰富，并且根据对象的具体情况，内容可多可少，练习时间可长可短，强度可大可小，不论男女老幼、体弱体强均可选择性地进行练习。它是具有很强的广泛性和针对性的体育运动，已成为各级各类学校体育教学和训练中的重要内容，同时也成为机关、厂矿、部队等组织中的人员锻炼身体的良好手段。

（三）基本体操的内容

基本体操是体操的基本内容之一，它包括队列队形、徒手体操、轻器械体操、专门器械体操及利用其他各种器械而进行的身体练习等多方面内容。

轻器械体操是在徒手体操的基础上，通过手持哑铃、实心球、体操棍、跳绳、火棒、沙袋等轻器械进行的身体练习。

专门器械体操是指利用肋木、爬绳（竿）和体操凳等进行的身体练习。

（四）基本体操的作用

大学生练习基本体操可以提高身体素质、改善机能状况、塑造健美形体。

二、队列队形练习

队列队形练习包括队列动作和队形、图形的变化，是体育教学、军事训练、团体操训练和表演的主要内容。它在体育教学中占有特殊的、重要的地位，能使人体态端正，养成动作准确、反应迅速、动作协同一致的组织纪律性和集体主义精神。准确地指挥队列队形的能力是体育教师必备的专业技能之一。

队列练习是指大学生按照一定的队形，做协同一致的动作。

队形练习是指在队列练习的基础上所做的各种队形和图形的变化。队列队形练习分为队列练习和队形练习两部分。队列练习有原地队列动作和行进间队列动作。队形练习有图形行进、队形变换、散开和靠拢等。

（一）队列队形练习的意义和作用

（1）端正身体姿势，振奋精神，养成良好的训练作风。

（2）加强组织性、纪律性和整体观念。

（3）严密课堂组织，以利于完成课堂任务。

（4）活跃课堂气氛，调动大学生学习的积极性。

（二）队列队形练习的基本术语

（1）列：左右并列成一条直线称为列。一般从左到右按高矮顺序排列。

（2）横队：由“列”组成的队形。一般队伍的横宽大于纵深。

（3）路：前后排成一条直线称为路。一般从前到后按高矮顺序排列。

（4）纵队：由“路”组成的队形。一般队伍的纵深大于横宽。

（5）间隔：相邻两人或两队左右之间的间隙。间隔通常约 10 厘米（两肘之间的距离），需要时，可调整队列人员之间的间隔。

（6）距离：相邻两人或两队前后的间隙。距离通常约 75 厘米（前一名队员的脚跟至后一名队员的脚尖），需要时，可调整队列人员之间的距离。

（7）翼：队形的左右两端称为翼。左端为左翼，右端为右翼。横队或纵队方向变换时，处在转弯内侧的为轴翼，另一侧为外翼。

（8）基准：被指定作为动作的目标。

（9）伍：二列及二列以上横队中，前后重叠者称为伍。若各列人数相等，各伍人数等于列数，则为满伍；若不相等，则为缺伍，缺伍应缺到最后一列。

（三）队列队形练习的内容

1. 队列练习

（1）单人动作。单人动作包括立正、稍息、原地转法、行进、立定、行进间转法及坐下、蹲下、起立等。

（2）班（队）动作。班（队）动作包括集合、解散、看齐、报数及队列变换、行进间队列变换等。

2. 队形练习

（1）原地队形。原地队形有横队、纵队、方队、弧形、梯形、圆形、三角形等。

（2）行进间队形。行进间队形有横队、纵队、方队及其队形变化。

① 一路纵队的行进间练习有绕场行进、对角线行进、蛇形行进、圆形行进、“8”字形行进、螺旋形行进等。

② 二路纵队的行进间练习有分队走、合队走、并队走、裂队走、交叉行进、错肩行进等。

（四）队列队形练习时的基本要求

1. 对练习者的要求

（1）一切行动听指挥，坚决执行命令。

（2）精神振奋，严肃认真，行动迅速。

（3）出入队伍要报告，不准自由行动。

2. 下达口令的要领

（1）要清楚、准确、洪亮、节奏明显，掌握好音节。

（2）发音部位要正确。

（3）注意音色、音量的分配。

（4）突出主音。

三、徒手体操

徒手体操是根据人体各部位的特点，将举、踢、摆、振、蹲、转体、绕环、屈伸、跳跃等一系列徒手动作，以不同的方向、路线、幅度、频率和节奏，按照一定的顺序编排而成的身体练习，包括单人动作、双人动作和集体动作。

（一）单人动作

单人动作包括头部动作、上肢动作、躯干动作、下肢动作和全身动作。

（二）双人动作

双人动作是在单人动作的基础上，两人互相协调配合进行的身体练习。它可分为助力性动作、对抗性动作和协同性动作。

（1）助力性动作：指的是一人帮助另一人做动作，如一人帮助另一人拉肩、搬腿、体前屈等。

（2）对抗性动作：指的是两人互相用力对抗做动作。它可分为 3 种情况。

① 两人同时做克制性用力动作，如两人侧向成弓步，单手互握互拉等。

② 既做克制性用力动作，又做退让性用力动作，如两人面向成弓步，两手互握、两臂依次用力互推等。

③ 一人做克制性用力动作，另一人做退让性用力动作，如两人面向成弓步，两手互握，一人两臂用力前推，另一人退让，轮转进行。

（3）协同性动作：指的是两人互相帮助或彼此依附地同时做动作，如两人背向成弓步且两手互握互拉，两人面向拉手蹲跳等。

（三）集体动作

集体动作是指在双人动作的基础上，多人互相配合进行的身体练习。

第四节　徒手体操的创编

一、创编原则

创新编排是基本体操的生命力，只有不断地创新编排才能保持基本体操的活力。基本体操的创编原则是人们经过长期的实践，总结成功经验，研究和探索其客观规律，将实践获得的经验与科研成果归纳、升华为理论认识，从而提出的用于指导基本体操动作创编的原则。

（一）针对性原则

创编一节动作和整套动作时，首先应根据练习的目的和任务选择内容，再针对年龄、性别、健康水平选择相应的动作，动作既要简单易学又要有价值。

（二）科学性原则

1. 注意全面锻炼身体

整套动作的内容要能全面影响身体，动作部位应包括上肢、下肢及躯干等；身体素质应包括速度、力量、柔韧、协调、灵活等；动作方向应包括前、后、左、右等，要使身体得到全面锻炼。

2. 合理安排运动量

整套动作的运动量要符合人体活动的规律，由小到大。因此，动作的编排应由局部到全身，由慢到快，一般开始 3 节为四肢的局部活动，中间 3 节为躯干活动，后 3 节为全身的跳跃和整理活动。

（三）创造性原则

基本体操的内容十分丰富，编制整套动作时，创编者不仅可以根据实际情况选择各种不同的动作，而且应该针对不同要求创造性地编选内容，不能千篇一律、枯燥乏味。创编者可以通过改变身体姿势，变换动作的方向、幅度、速度、路线，不同部位相互配合等方法，创编新颖多变、优美协调、具有锻炼实效的动作，以提高练习者的练习兴趣，加强练习效果。另外，创编者还可以交叉引入不同项目，如融入舞蹈、武术等。

二、创编方法

（一）成套动作的创编

根据创编原则，明确用途和实际情况后，首先确定整套动作的节数、特点和重复拍数，然后按节序选编每节动作。成套操的节数一般为 9 节，可根据情况增减。

（二）一节动作的创编

创编一节动作大致有以下 7 种方法，每节动作的创编都涉及不同方法的综合运用。

（1）身体各部位的配合。在突出主要部位的前提下考虑怎样配合。

（2）不同类型动作的组合。

（3）不同方向的组合。

（4）不同做法的变化。

（5）不同形式的做法。

（6）不同重复次数的组合。如在每节 4 拍的动作中，绕环 1 次、2 次或 3 次。

（7）各种动作采用不同幅度、路线、速度、频率的变化组合。编排轻器械体操动作，还必须注意以身体运动为主，以器械动作为辅。

三、徒手体操动作的记写

（一）记写内容

成套徒手体操是由若干单节徒手体操组成的。单节徒手体操的记写内容有动作节序、动作名称、动作节拍、动作图解、动作做法、要求及注意事项等。

（二）记写要求

1. 动作名称

动作是依据体操的目的和动作的性质来命名的。一般来讲，一节操是多个身体部位的参与和多种活动方法的综合，因此动作的命名有 3 种方法：按身体主要运动部位命名、按主要动作方法命名和综合命名。

2. 动作图解

图解要生动、形象、直观，比例要协调；通常用单线图或双线图；图解要与文字表达一致。

3. 动作做法

动作做法的记写是用规范术语完整记写动作的开始姿势（预备姿势）、动作部位、动作方向、动作形态、动作方法、结束姿势等。

第十二章

健美操

健美操是集音乐、舞蹈、体操、表演于一体的体育项目，它不仅可以促进人体的新陈代谢，帮助人们塑造自然、匀称、健美的身材，让人精力充沛，而且还有助于人们培养优美的姿态、健康的心态和乐观向上的生活态度，因而深受广大群众的喜爱。本章重点阐述健美操的起源与发展、分类与特点、基本动作与基本技术，以及健美操的创编。

第一节　健美操概述

健美操是近几十年发展起来的一项新兴的体育运动项目，它起源于传统的有氧健身操，融体操、音乐、舞蹈、表演于一体，通过徒手或手持轻器械和专门器械的练习，达到健身、健美和健心的目的，具有竞技性、娱乐性和观赏性。

一、健美操的起源与发展

（一）古代舞蹈时代——“健”与“美”的形成阶段

古希腊人对人体美的崇尚举世闻名，他们认为在世界万物中，只有人体的健美才是最匀称、最和谐、最庄重、最有生气和最完美的。古希腊人对人体健美的崇尚与追求，以及把音乐与体操相结合的主张，是现代健美操形成和发展的基础。

（二）健美体操阶段

被称为“体操运动之父”的约翰·古茨·穆尔在其著作中指出：“体操应能使人感到愉快，体操练习应能使人得到全面发展。”他的思想对体操的发展有着深远的影响。瑞典体操学派的创始人佩尔·亭里克·林把解剖学、生理学的知识用于体操，强调身体各部位及身心应协调发展，培养健美状态。瑞士教育家雅克·克尔克罗兹设计了一种将肌肉活动与音乐伴奏相结合的音乐体操，他所设计的这套音乐体操是为了通过自然的身体活动来发展学生的音乐感和节奏感。上述各种体操流派的教育思想、教学方法和动作技术，都与现代健美操有着密不可分的联系。

（三）现代健美操的兴起与发展阶段

健美操作为一项独立的体育项目，兴起于20世纪60年代末70年代初。这一时期，随着信息产业、电子技术的快速发展，人们的体力活动减少，脑力工作增加，生活水平显著提高，营养摄入过多，因此出现了一系列的健康危机，如肥胖、心血管疾病，以及由各种压力引起的心理问题等，从而使人们认识到了“健康”的重要性。尤其在发达国家，人们为了抵御这种健康危机，发明了各种各样的健身方法，如慢跑步、骑自行车、打球等，通过一系列的有氧运动来达到减肥、健身、保健的作用。

1969年，杰姬·索伦森综合了有氧运动的特点，并结合爵士舞和非洲民间舞，创编了一种操、舞结合的健身舞。这种舞形式新颖，具有娱乐性和较强的节奏感，它与自然而大幅度的动作融为一体，对现代健美操的形成产生了深远的影响。人们开始热衷于既能增进健康又能健美体态，还可作为娱乐、消遣、表现自我的方式的健美操。健美操吸收了有氧运动和体操中的徒手动作，以及长跑、舞蹈等的动作和运动原理，从而形成一种相似于而又不同于某类运动的、独立的新兴运动项目。

现代健美操传入我国是在20世纪80年代初。1992年2月，中国大学生体育协会健美操艺术体操分会在北京成立，该协会每年举行一届大学生健美操艺术体操锦标赛。健美操作为全国大学生运动会的正式比赛项目，标志着我国高校健美操运动已进入一个崭新的发展阶段。

二、健美操的分类与特点

（一）健美操的分类

健美操内容丰富、形式多样、种类繁多。根据当今世界和我国健美操运动的发展状况及未来的发展趋势，按照不同的目的和任务，健美操可分为健身性健美操和竞技性健美操两大类。

1. 健身性健美操

健身性健美操也称“大众健美操”，其练习的主要目的是锻炼身体、保持健康。从成套编排和动作设计来看，健身性健美操动作简单、活泼、流畅，讲究针对性和实效性；节奏感强，节奏速度适中，每10秒为20～24拍。健身性健美操是在有氧供能条件下进行的练习，并按照一定的顺序来锻炼身体的各个部位，对健身强体、减少脂肪有明显的作用。为了保证一定的运动负荷和锻炼的全面性，健身性健美操的动作多有重复，并均以对称的形式出现。健身性健美操的分类如下。

（1）按年龄结构分为老年健美操、中年健美操、青年健美操、少儿健美操、幼儿健美操等。这类健美操可称为年龄系统健美操。它是根据人的不同年龄阶段的不同生理、心理、体态、体能等特征，有针对性地编排的健美操。

（2）按练习的目的和任务分为姿态健美操、形体健美操、拉丁健美操、瑜伽操、减肥健美操、搏击健美操、街舞等。随着社会的发展和生活水平的提高，人们健身的需求越来越多样化，近年来出现了多种新的徒手健美操练习形式。这类健美操主要是为突出某种目的，如培养人的正确姿态、改善体形、去掉多余的脂肪、增强动作的节奏韵律或提高动作的力量和力度等而创编的，其主要练习目的是提高人体的心肺功能和有氧代谢能力。

（3）按人体解剖结构的活动部位分为头颈健美操、肩部健美操、胸部健美操、腹部健美操、腿部健美操、臀部健美操等。这类健美操具有较强的针对性，是为锻炼人体的某个部位而创编的。

（4）按练习形式分为徒手健美操、持轻器械（哑铃、手铃、健身球、橡皮筋、绳等）健美操、专门器械（健美操垫、踏板、动感单车等）健美操、特殊场地健美操（水中健美操、高温室健美操等）等。

（5）按性别分为女子健美操和男子健美操。

2. 竞技性健美操

竞技性健美操是在健身性健美操的基础上发展而成的，其主要目的是"竞赛"。竞技性健美操的定义是："在音乐伴奏下，完成连续的、复杂的和高强度的动作的能力，该项目起源于传统的有氧健身舞。"竞技性健美操以成套动作为表现形式，必须展示连续的动作组合、柔韧性、力量以及 7 种基本步伐的综合使用，并结合有一定难度的动作，完美地完成整套动作。

竞技性健美操比赛的项目有男子单人、女子单人、混合双人、三人、五人、有氧舞蹈、有氧踏板。

（二）健美操的特点

健美操与其他体育项目相比，具有以下 4 个主要特点。

1. 健身美体的实效性

健美操是随着时代的发展和人们对美的追求日益增强，以人体解剖学、人体生理学、体育美学、体育心理学等多学科理论为基础，以健身美体为目的而创立的。与其他体育项目相比，健美操讲究动作大方，强调力度和弹性，趋向不停顿地连续走、跳、跑，使练习者消耗过剩的脂肪，增强肌肉力量，提高协调性、灵敏性，学会健美的体态表现。

2. 鲜明的律动性与时代性

健美操是集音乐、舞蹈、体操、表演于一体的具有鲜明特色和强烈时代感的新型体育项目。节奏强烈的流行音乐、富有时代感的时尚动作以及自娱自乐的心情宣泄，都迎合了当代青年的精神需求。健美操焕发出来的活力和感染力，吸引了无数青年加入锻炼的行列。健美操与艺术体操、花样游泳、自由体操、技巧等具有音乐伴奏的体育项目相比，其音乐伴奏因其动作风格特点的需要而更强调旋律的激昂振奋、节奏的鲜明强劲。健美操的音乐多取材于迪斯科、爵士、摇滚等现代音乐，加上讲力度、求速度、变化快、节奏感强的肢体动作，使健美操体现了一种鲜明的律动感，充满着青春活力。

3. 广泛的适应性

健美操能够健身美体，符合现代人的需要。在激昂振奋的音乐声中舒筋活骨、自娱自乐，人们能感受到欢快奔放的情感，因此健美操深受广大群众的喜爱。健身性健美操的动作套路形式多样，节奏有快有慢，套路有长有短，动作有难有易，运动量和运动强度的大小可任意调节，适合不同阶层、不同行业、不同年龄、不同性别、不同体质的人们进行锻炼。各种人群都能找到适合自己的健美操练习方式，都能从健美操练习中得到乐趣。此外，练习健美操对场地、器材条件要求不高，练习起来简便安全，适合不同地区、不同条件的单位或部门开展。综上所述，健美操具有广泛的适应性。

4. 健身的安全性

健身性健美操所设计的运动负荷及运动节奏，充分考虑了由运动产生的一系列刺激结果的可行性，因此，它适合一般体质的人甚至弱体质的人进行锻炼。人们在平坦的地面上，在欢快的音乐声中，跟随快慢有序的节奏进行运动，十分安全，而且有效。

第二节　健美操的基本动作

形式多样的健美操组合动作都是在基本动作的基础上变化和发展而来的。正确的健美操基本动作是培养良好动作姿态和身体姿态的前提与保障。健美操的基本动作是健美操的核心，是组成各类健美操的基本元素，其内容丰富，简单易学。

健美操的基本动作主要由下肢动作、上肢动作及躯干动作组成。

一、健美操的下肢动作

健美操下肢动作包括基本步法、肌肉的伸展和力量练习。我们主要学习基本步法。基本步法是健美操动作中最小的单位，是健美操练习的一个重要部分。练习者通过基本步法的练习，能够培养自身的协调性、韵律感。

健美操的基本步法根据人体运动时对地面的冲击力大小分为无冲击步法、低冲击步法和高冲击步法三大类。

根据国际竞技健美操规则，竞技性健美操的基本步法分为踏步、后踢腿跑、弹踢腿、吸腿跳、踢腿跳、开合跳、弓步跳 7 类。其中后踢腿跑、吸腿跳、开合跳、弓步跳属于高冲击步法、踏步属于低冲击步法。

（一）无冲击步法

无冲击步法指的是两脚始终接触地面的动作。无冲击步法分为弹动、半蹲、弓步、提踵，如图 12-1～图 12-4 所示。

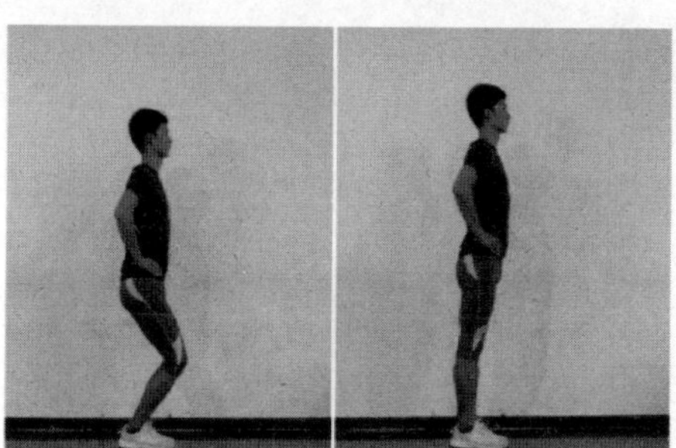

（a）　（b）

图 12-1　弹动

（a）　（b）

图 12-2　半蹲

（a）（b）

图 12-3 弓步

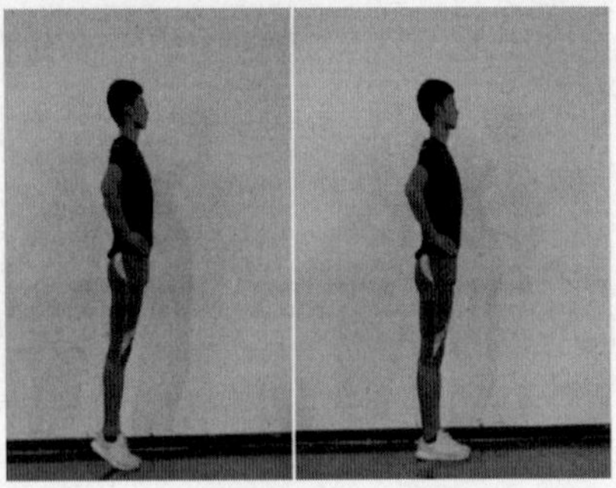

（a）（b）

图 12-4 提踵

（二）低冲击步法

低冲击步法指的是始终有一只脚着地，无腾空的动作。低冲击步法的分类如表 12–1 所示。

表 12–1 低冲击步法分类

分类	踏步类	点地类	迈步类	单脚抬起类
动作描述	此类动作两腿依次抬起；在下落时，膝、踝关节有弹性地缓冲	此类动作两腿有弹性地屈伸；点地时，支撑腿稍屈，另一条腿伸直（脚尖或脚跟点地）	此类动作是指一只脚先迈出一步，同时移动身体重心，另一只脚点地、并步或抬起	此类动作支撑腿有控制地屈膝弹动，另一条腿以各种形式抬起，同时收腹、立腰
主要动作	• 踏步 • 走步 • 一字步 • V 字步 • 漫步	• 脚尖前点地 • 脚跟前点地 • 脚尖侧点地 • 脚尖后点地	• 并步 • 迈步点地 • 迈步屈腿 • 迈步吸腿 • 侧交叉步	• 吸腿 • 踢腿 • 弹腿 • 后屈腿

1. 踏步类

（1）踏步如图 12-5 所示。两腿原地依次抬起，依次落地。在下落时，踝、膝关节依次有弹性地缓冲。

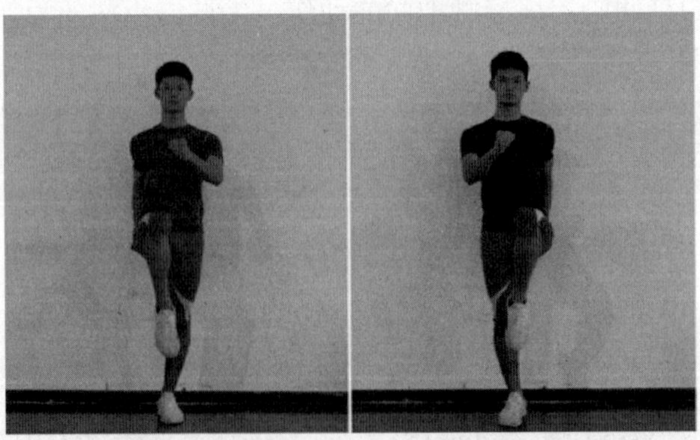

（a）（b）

图 12-5 踏步

（2）走步如图 12-6 所示。迈步向前走 4 步或向后退 4 步。向前走时，脚跟先着地，过渡到全脚掌着地；向后走时则相反。在落地时，膝、踝关节有弹性地缓冲。

（a）　　（b）

图 12-6　走步

（3）“一”字步如图 12-7 所示。一只脚向前一步，另一只脚并于前脚，然后再依次还原。向前迈步时，先脚跟着地，过渡到全脚掌着地。前后均要有并脚过程；每一拍动作中，膝关节始终有弹性地缓冲。

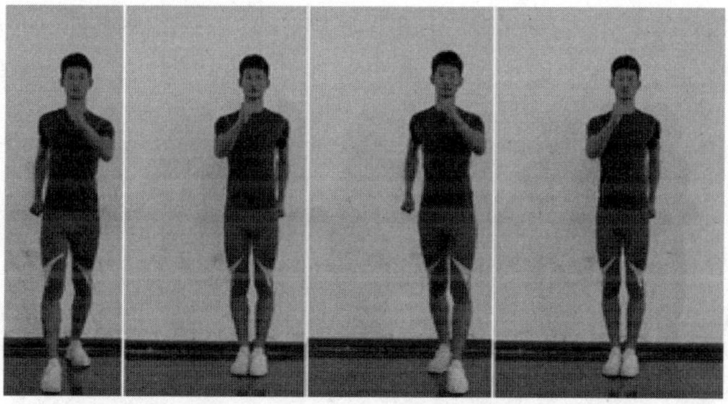

（a）　　（b）　　（c）　　（d）

图 12-7　“一”字步

（4）“V”字步如图 12-8 所示。一只脚向侧前方迈一步，另一只脚随之向另一侧前方迈一步，两脚开立，屈膝，然后再依次退回原位。

（a）　　（b）　　（c）　　（d）

图 12-8　“V”字步

（5）漫步如图 12-9 所示。一只脚向前迈出，重心随之前移，落地后另一只脚稍抬起，然后原地落下。两脚始终保持交替落地，身体重心随动作前后移动，但始终在两脚之间。

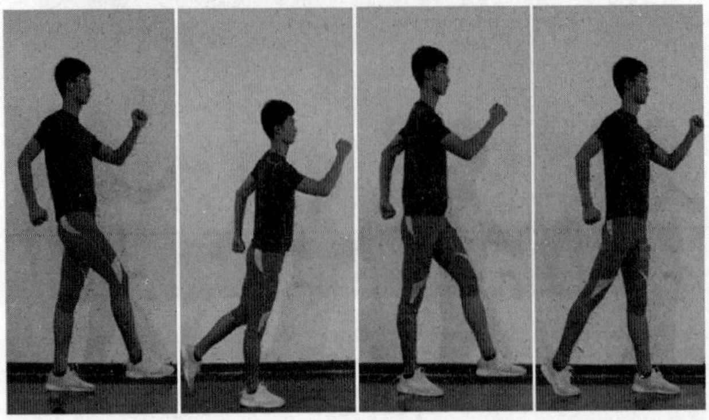

（a）（b）（c）（d）

图 12-9 漫步

2. 点地类

点地类如图 12-10 所示。一条腿稍屈膝站立，另一条腿伸出，脚尖或脚跟点地，然后还原到并腿姿势。抬腿时，支撑腿始终保持屈膝站立，并且随动作有弹性地屈伸。

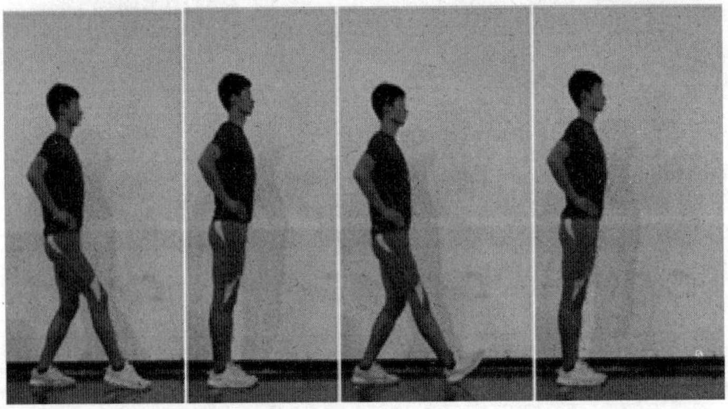

（a）（b）（c）（d）

图 12-10 点地类

3. 迈步类

（1）并步如图 12-11 所示。一只脚迈出，另一只脚随之并拢，再向反方向迈步。两膝始终保持弹动，动作幅度和力度可随实际情况而定。

（2）迈步点地如图 12-12 所示。一只脚侧迈一步，移重心，另一只脚（脚尖或脚跟）向前或侧点地。两膝同时有弹性地屈伸，重心移动轨迹成弧形；上身不要扭转。

（3）迈步屈腿如图 12-13 所示。一只脚迈出一步，双腿屈膝半蹲，另一条腿后屈，还原后向反方向迈步。

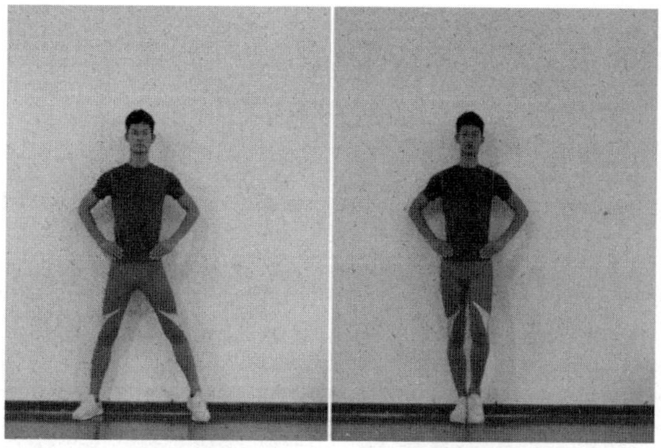

（a）　　（b）

图 12-11　并步

（a）　　（b）

图 12-12　迈步点地

（a）　　（b）

图 12-13　迈步屈腿

（4）迈步吸腿如图 12-14 所示。一只脚迈出一步，另一条腿屈膝抬起，还原后向反方向迈步。

（5）侧交叉步如图 12-15 所示。一只脚向侧迈一步，另一只脚在其后交叉，随后再向侧迈一步，两脚并拢，屈膝点地。第一步脚跟先落地，身体重心随着脚步快速移动，保持膝、踝关节的弹动。

（a）　（b）

图 12-14　迈步吸腿

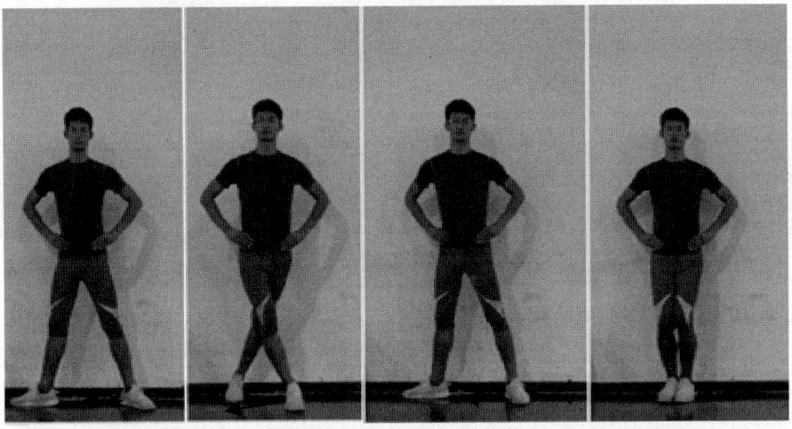

（a）　（b）　（c）　（d）

图 12-15　侧交叉步

4. 单脚抬起类

（1）吸腿如图 12-16 所示。一条腿屈膝抬起，落下还原。抬起腿的大腿上抬，超过水平位置。上身保持正直。

（2）踢腿如图 12-17 所示。一条腿稍站立，另一条腿抬起，然后还原。抬起腿不需要抬很高，但也要上抬到一定高度，保持上身正直。

（3）弹腿如图 12-18 所示。一条腿站立，另一条腿先向后屈，然后向前下方弹踢，还原。腿弹出时要有一定的限度，保持上身正直。

（4）后屈腿如图 12-19 所示。一条腿站立，另一条腿向后屈膝，放下腿还原。支撑腿保持弹性，两膝靠拢。

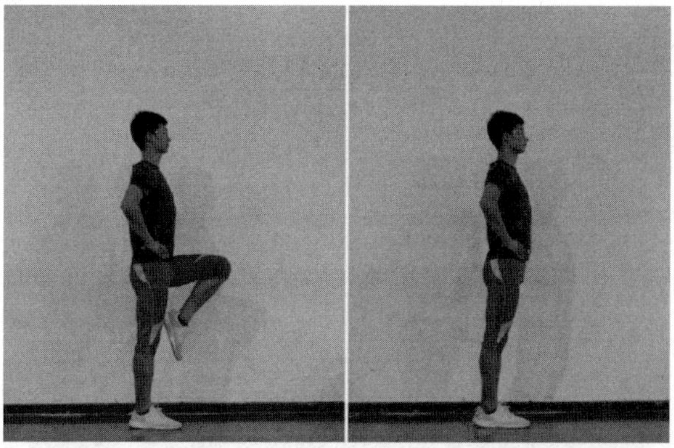

（a）　　　　　　　　　　（b）

图 12-16　吸腿

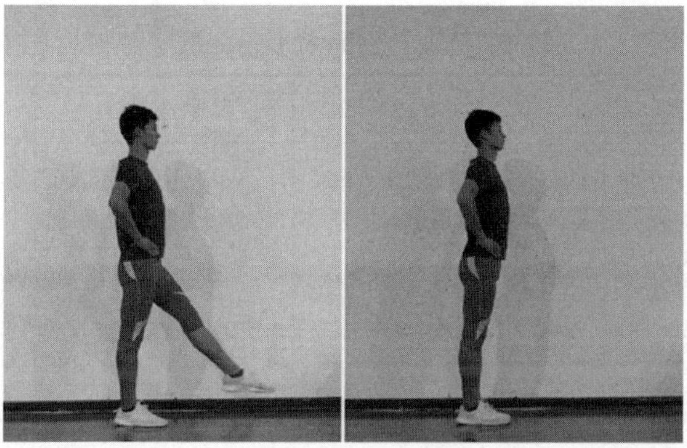

（a）　　　　　　　　　　（b）

图 12-17　踢腿

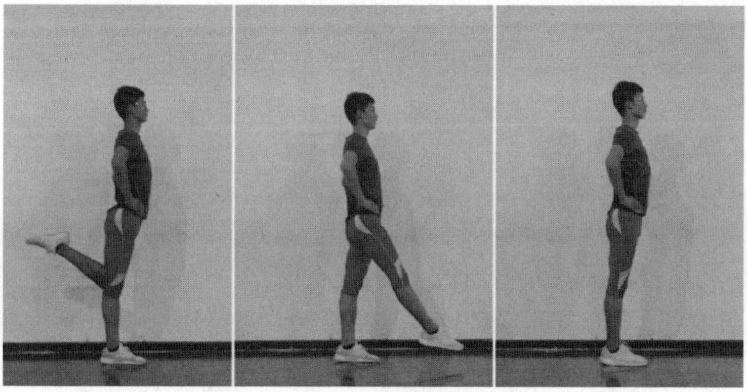

（a）　　　　　　（b）　　　　　　（c）

图 12-18　弹腿

（三）高冲击步法

高冲击步法指的是两脚同时瞬间离开地面的动作。高冲击步法的分类如表 12−2 所示。

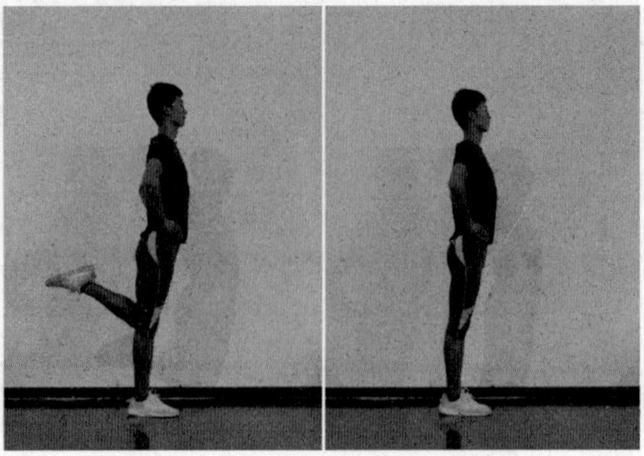

（a）　　（b）

图 12-19　后屈腿

表 12-2　高冲击步法分类

分类	迈步起跳类	双脚起跳类	单腿起跳类	后踢腿跑类
动作描述	此类动作是指一脚迈出，重心移动，跳起，单脚或双脚落地	此类动作是指双脚起跳、双脚落地的动作	此类动作是指先抬起一条腿，另一条腿跳起的动作	此类动作是指两腿依次蹬地离开地面，轻快跑跳
主要动作	• 并步跳 • 迈步吸腿跳 • 迈步后屈腿跳	• 并腿纵跳 • 开合跳 • 弓步跳	• 吸腿跳 • 后屈腿跳 • 弹踢腿跳 • 摆腿跳	• 后踢腿跑 • 侧并小跳（小马跳）

1．迈步起跳类

（1）并步跳如图 12-20 所示。一只脚迈出一步，两腿并拢跳起，手掌合十。落地缓冲有控制。

（a）　　（b）　　（c）

图 12-20　并步跳

（2）迈步吸腿跳如图 12-21 所示。一只脚迈出一步，另一条腿屈膝抬起，还原后向反方向迈步。

（a）　　（b）

图 12-21　迈步吸腿跳

（3）迈步后屈腿跳如图 12-22 所示。一只脚迈出一步，另一条腿后屈，还原后向反方向迈步。

（a）　　（b）

图 12-22　迈步后屈腿跳

2. 双脚起跳类

（1）并腿纵跳如图 12-23 所示。两脚并拢跳起，落地缓冲有控制。

（a）　　（b）

图 12-23　并腿纵跳

（2）开合跳如图 12-24 所示。并腿跳起，分腿落地，再由分腿跳起，并腿落地。分腿屈膝蹲时，两脚自然外开，膝关节沿脚尖方向屈，脚跟落地。

（a）　（b）　（c）　（d）

图 12-24　开合跳

（3）弓步跳如图 12-25 所示。并腿向上跳起，前后分腿落地，接着再由前后分腿向上跳起，并腿落地。落地时，膝关节有弹性地缓冲。分腿落地时，双脚的脚尖都朝向身体前方，并且基本在一条直线上。

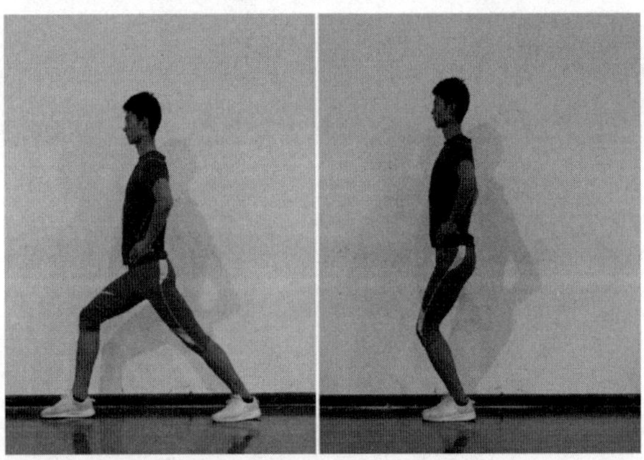

（a）　（b）

图 12-25　弓步跳

3. 单腿起跳类

（1）吸腿跳如图 12-26 所示。一条腿屈膝抬起，另一只脚跳起，落下还原。支撑腿保持屈膝弹动，抬起腿的大腿上抬，超过水平位置，上身保持正直。

（2）后屈腿跳如图 12-27 所示。一条腿站立，另一条腿向后屈膝，单腿起跳，落下还原，支撑腿保持弹性，两膝靠拢。

（3）弹踢腿跳如图 12-28 所示。一条腿站立，另一条腿先向后屈，然后向前下方弹踢，同时起跳，还原腿弹出时要有一定的限度，保持上身正直。

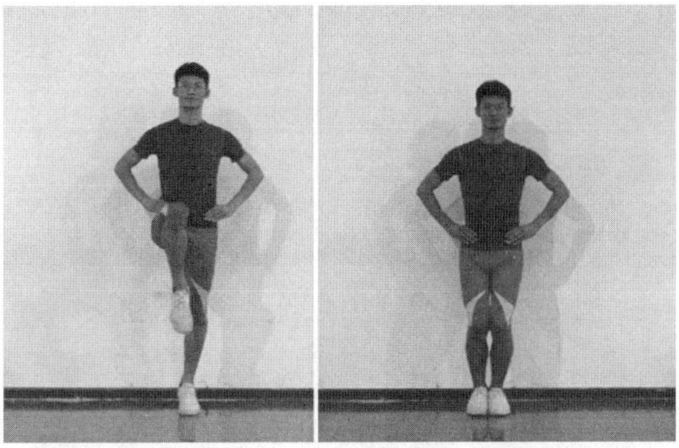

（a）　　（b）

图 12-26　吸腿跳

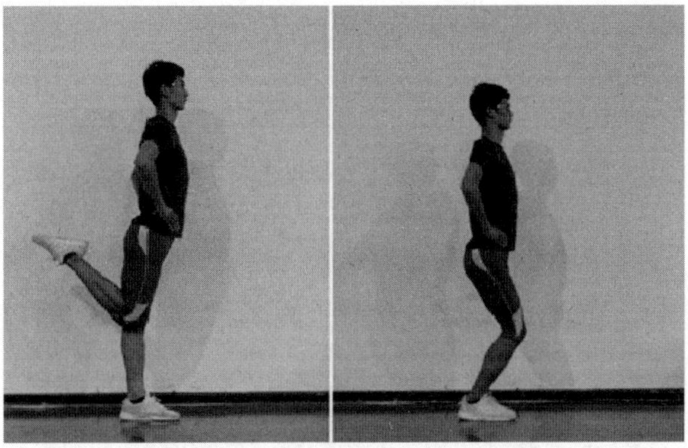

（a）　　（b）

图 12-27　后屈腿跳

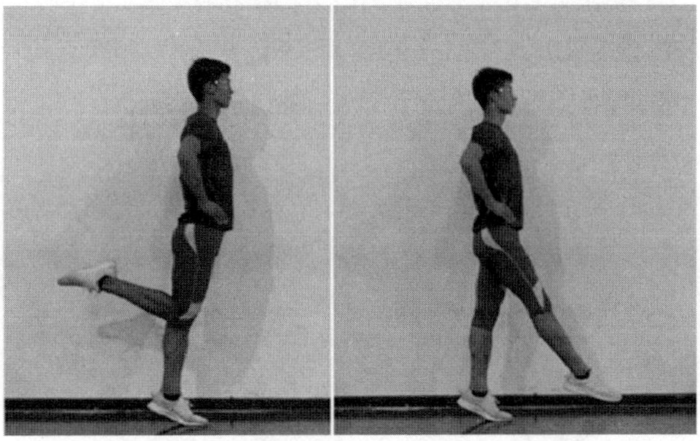

（a）　　（b）

图 12-28　弹踢腿跳

（4）摆腿跳如图 12-29 所示。一条腿站立，另一条腿做摆动，起跳，还原。

4. 后踢腿跑类

（1）后踢腿跑如图 12-30 所示。两脚依次腾空，一只脚落地缓冲，另一条腿后屈，两臂配合下肢前后摆动。膝、踝关节有弹性地缓冲，落地时由前脚掌着地。

（a）　　　　（b）

图 12-29　摆腿跳

（a）　　　　（b）

图 12-30　后踢腿跑

（2）侧并小跳（小马跳）如图 12-31 所示。以右脚起步为例。左脚蹬地跳起，同时右脚向侧迈步落地，随后左脚并右脚点地；然后反方向做一次，动作相同，方向相反。两脚轻松蹬地，身体重心随之平稳移动，注意膝、踝的弹动。

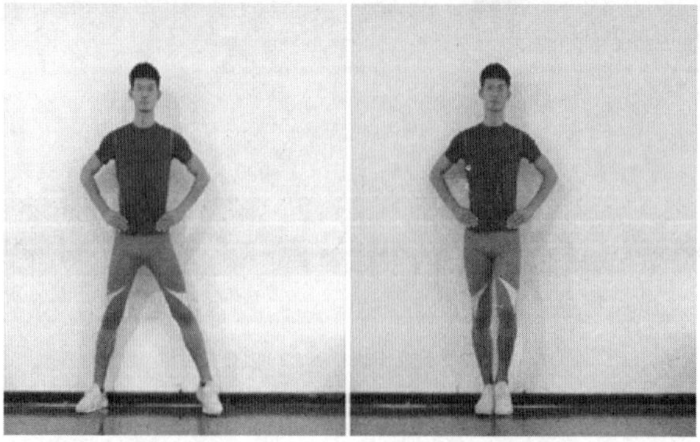
（a）　　　　（b）

图 12-31　侧并小跳

二、健美操的上肢动作

上肢动作是由手臂的自然摆动、力量练习以及基本体操的徒手动作和舞蹈动作组成的，其目的是丰富健美操的动作。这里只介绍传统有氧健美操常用的上肢动作和手型。

（一）上肢动作

（1）自然摆动：屈肘前后摆动，同时或依次摆动。

（2）臂屈伸：上臂固定，肘部屈伸。

（3）屈臂提拉：手臂由下举提至胸前平屈。

（4）直臂提拉：手臂由下举提至平举或侧平举。

（5）冲拳：握拳由腰部冲至某位置。如向前冲拳、向上冲拳。

（6）推：手掌由肩部侧推至某位置。

（二）手型

健美操的手型较多，这些手型是从爵士舞、芭蕾舞、西班牙舞、武术等的手型中吸收和发展而来的。选用不同的手型可以使手臂动作更加生动活泼。常见的手型如下。

1. 掌

常见的掌有并掌（见图 12-32）、开掌（见图 12-33）、花掌（见图 12-34）、立掌（见图 12-35）。

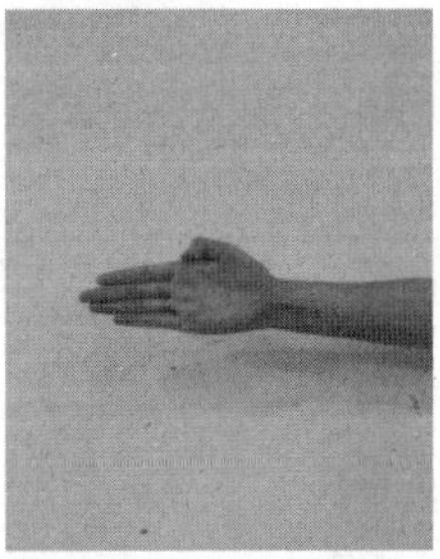

图 12-32　并掌

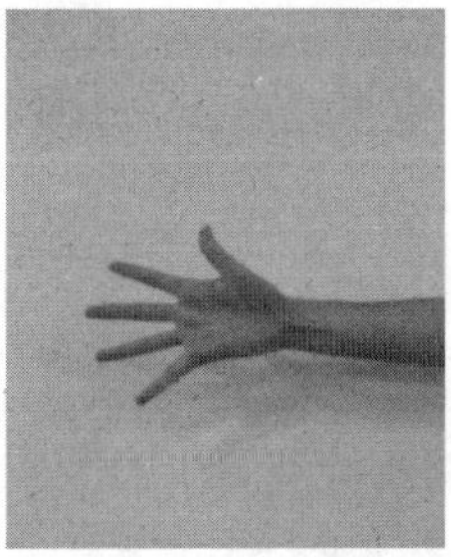

图 12-33　开掌

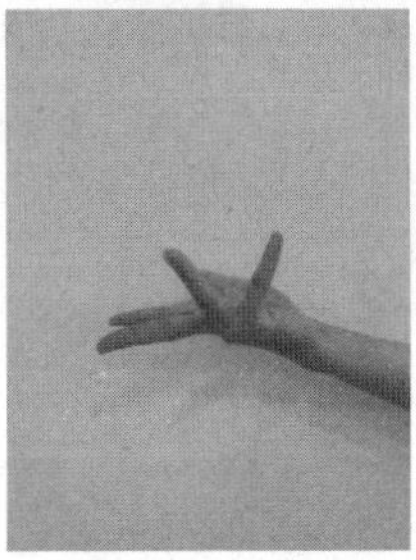

图 12-34　花掌

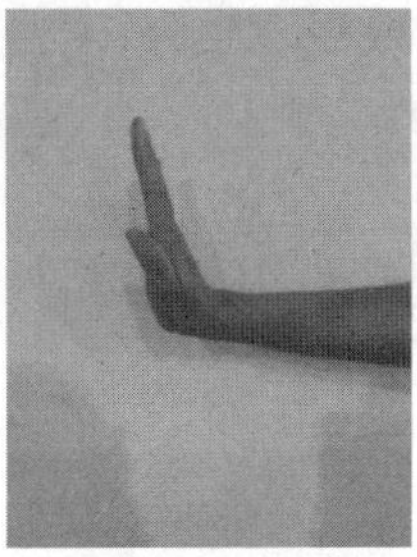

图 12-35　立掌

2. 拳

常见的拳有实心拳（见图 12-36）、空心拳（见图 12-37）。

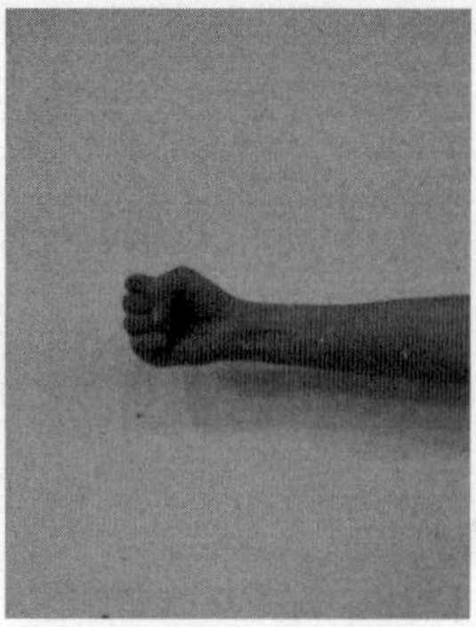

图 12-36　实心拳

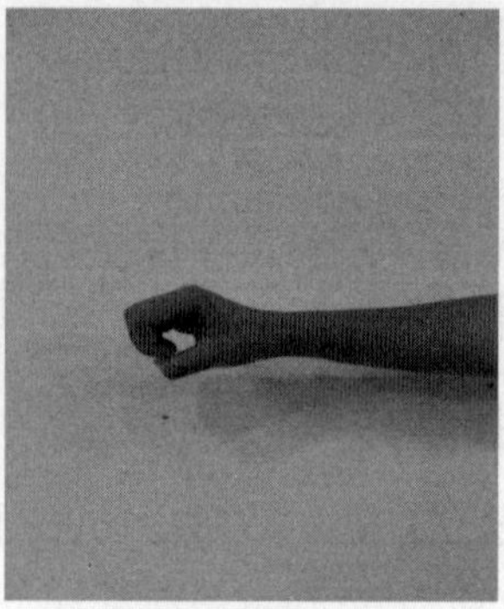

图 12-37　空心拳

3. 指

常见的指有“一”指（见图 12-38）、点赞指（见图 12-39）、“V”指（见图 12-40）、剑指（见图 12-41）、“OK”指（见图 12-42）、响指（见图 12-43）。

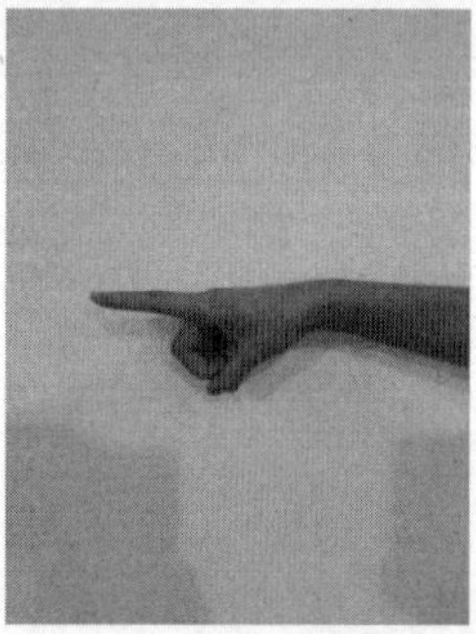

图 12-38　“一”指

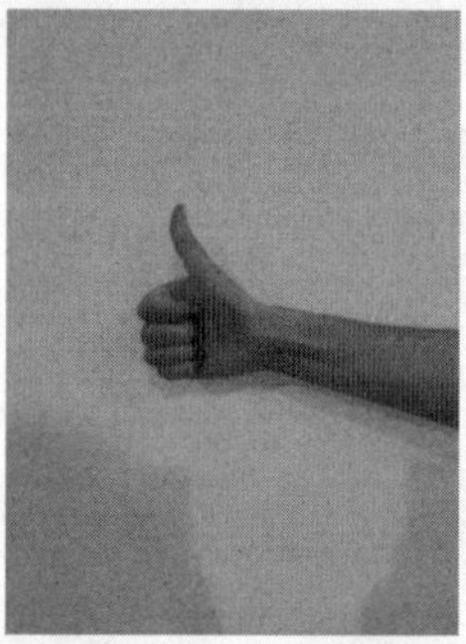

图 12-39　点赞指

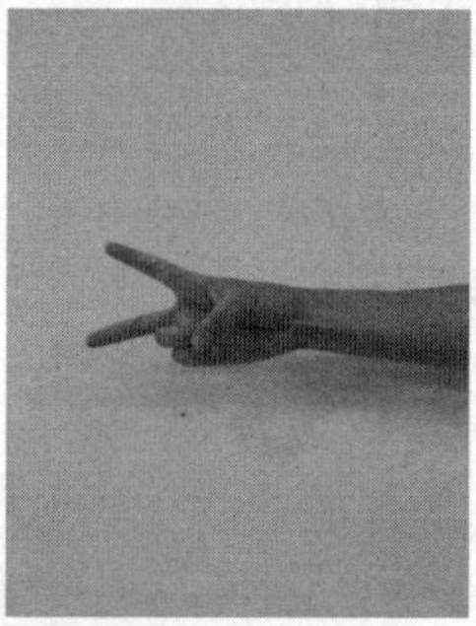

图 12-40　“V”指

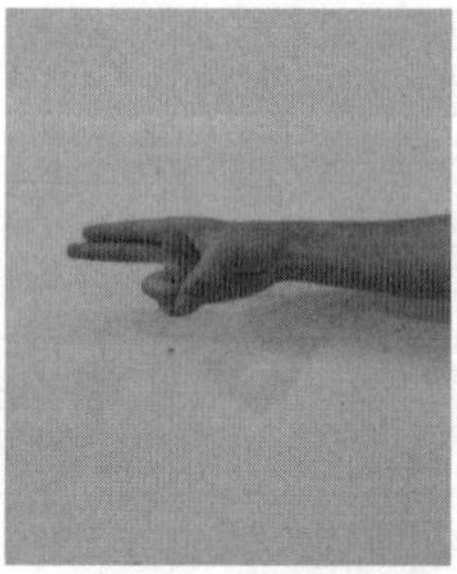

图 12-41　剑指

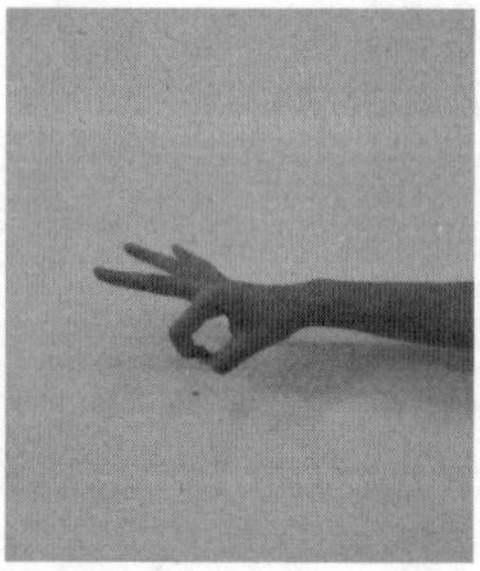

图 12-42　“OK”指

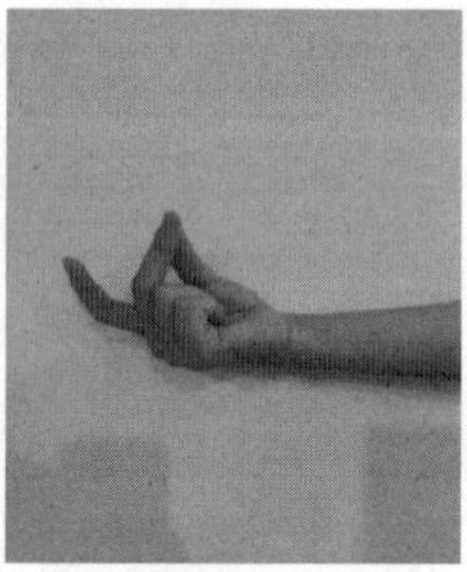

图 12-43　响指

三、健美操的躯干动作

在健美操运动中，躯干是最富表现力的部位。躯干动作包括胸部动作、腰部动作和髋部动作。

（一）胸部动作

1. 含胸和展胸

（1）含胸：两肩内含，胸部内收。

（2）展胸：挺胸外展。

2. 振胸

振胸指的是胸部急速做内含和外展的弹性动作，振动要迅速、富有弹性。

（二）腰部动作

1. 腰屈

腰屈具体包括腰前屈、腰后屈和腰侧屈。腰屈时要求屈体幅度大，侧屈上身时不要有前倾动作，背部要挺直。

2. 转腰

转腰指的是下肢固定、上身沿垂直轴的扭转，具体包括腰左转、腰右转。转腰时要求上身直立扭转，两腿保持不动，脚后跟不能抬起。

3. 腰绕

腰绕（腰绕环）指的是下肢固定，上身沿垂直轴做弧形或圆形运动。腰绕时要求动作到位，速度稍慢。

（三）髋部动作

1. 顶髋

顶髋指的是一侧腿支撑并伸直，另一侧腿屈膝，用力将髋关节急速水平顶出，上身保持正直。具体包括髋的左顶、右顶。

2. 提髋

提髋指的是髋关节急速向一侧上提。具体包括髋的左提、右提。

3. 摆髋

摆髋指的是髋关节做钟摆式的移动动作。具体包括髋的左摆、右摆。

4. 髋绕和髋绕环

髋绕和髋绕环指的是髋关节做弧形或圆形的移动动作。具体包括由左向右或由右向左绕或绕环。

第三节 健美操的基本技术

我们在健美操训练中无时无刻不在关注这样一个内容，即专项技术。健美操的专项技术无疑就是“弹动”和“控制”，这是健美操运动的技术特征，也是健美操技术区别于其他运动项目技术的重要特点之一。

常见健美操基本技术如下。

一、落地技术

健美操的落地技术主要指的是落地缓冲技术。落地缓冲的主要目的是使身体尽可能保持稳定，同时减少地面对关节、肌肉的冲击力，以免造成运动损伤。健美操的落地技术为：落地时，由脚跟着地过渡到全脚掌着地，或由前脚掌着地过渡到全脚掌着地，然后迅速屈膝、屈髋缓冲。

二、弹动技术

健美操的弹动主要依靠踝关节、膝关节、髋关节的屈伸来完成，它的主要作用是减少运动对关节的冲击力，从而减少运动对人体造成的损伤。值得注意的是，在屈伸的过程中，腿部的肌肉要协调用力，这样才能有效地防止损伤，产生流畅的弹动动作。

三、半蹲技术

半蹲时，身体重心下降，臀部向后下 45 度方向用力，膝关节不应超过脚尖，腰腹部、臀部和大腿肌肉收缩，上身保持正直，重心在两腿之间，起落要有控制。分腿半蹲时，脚尖自然外开，应特别注意膝关节弯曲的方向要与脚尖的方向一致，避免脚尖或膝关节内扣或过度外开。

四、身体控制技术

在整个非特殊条件下的运动过程中，身体应该保持自然挺拔的姿态，头部稍稍昂起；颈椎、胸椎、腰椎处于正常生理曲线的位置，并始终保持腰腹部和背部肌肉收缩，避免因腰腹部的摆动和无控制而可能引起的腰部损伤；四肢应避免“过伸”。

五、操化动作技术

操化动作是竞技性健美操成套动作的重要组成部分，成套动作的 1/3～1/2 的部分基本由操化动作组成。操化动作确定了健美操的风格意识，反映了成套动作的主题思想，突出了运动员的个性特征，是健美操成套动作中最具特色的部分。操化动作由手臂动作和步法组成，通过方向、路线、节奏、速度、幅度及高低起伏的变化来表现操化动作的多样性、复杂性、新颖性和独特性。

第四节　健美操的创编

健美操健美身心的效果取决于健美操本身的质量。只有那些具有较强锻炼功效、运动负荷及难度适宜、富有魅力的健美操才能激起人们的锻炼兴趣，使其全身心地投入练习，并取得良好的效果。因此，健美操的创编是开展健美操运动的前提。

一、全面性原则

全面发展身体是健美操的锻炼宗旨，因此，全面性是健美操创编的基本原则。坚持全面性的原则主要体现在以下几个方面。

（一）身体各部位活动全面

为了达到全面发展身体的目的，在创编成套健美操时，要尽可能充分动员整个机体参与运动（有针对性的动作组合及短套路除外），使身体各部位的肌肉、关节、韧带及内脏器官得到全面锻炼。成套健身性健美操的动作一般包括头、颈、肩、胸、髋、腰、腹、背和四肢的运动，要尽可能全面地包含每个部位的动作类型。

（二）动作的时空变化丰富

和其他体育项目一样，健美操的动作也是在一定的时间、空间中进行的。它的时间表象（速度、频率、持续时间）和空间表象（方向、路线、幅度、力度）的变化丰富与否直接影响着健美操对人体锻炼的效果。因此，创编健身性健美操时应当考虑到动作的方向有上下、左右、前后、斜向等变化，动作的路线有长短、曲直的搭配，动作的幅度、速度、力度方面有大小、快慢、强弱的对比。

二、针对性原则

创编健美操除了自始至终要遵循全面性的基本原则外，在具体创编时还要针对不同的任务、对象、场地、器材等情况和特点，使创编切合实际、有所侧重、有的放矢，以取得实效。坚持针对性的原则主要体现在以下几个方面。

（一）视任务创编

健美操可以根据不同的锻炼任务分为姿态形体操、医疗保健操、素质练习操等。在创编时，动作的选择和量的分配可根据任务的不同而有所侧重。例如，为培养正确的身体姿态而创编姿态形体操时，要选择比较规范的动作和造型，系统地设计整个套路；为防治颈椎病而创编医疗保健操时，要多设计一些“以头颈动作为主，以身体其他部位动作为辅”的全方位的组合动作；为发展下肢力量而创编素质练习操时，则要多设计一些走、跑、跳的动作，并且变换节奏、速度，以调节运动负荷。

（二）因人而异创编

不同年龄、性别、职业、身体状况、运动水平、文化层次的练习者对健美操的需求和接受能力都有所不同，因此要根据不同对象的生理、心理特点，创编内容、风格、难度、速度及运动负荷等方面有所区别的健美操。在创编女子青年操时应注意，动作要舒展优美、柔中有刚、刚柔相济，小关节活动要丰富，多设计一些舞蹈性强的操化动作，以展示女子曼妙的身姿，满足其想要进行协调性活动的需求，同时还要特别注意多设计一些发展腰腹部力量的动作。

（三）因地制宜创编

创编健美操除了要考虑不同的任务和对象的具体情况外，还要考虑场地、器材等实际条件。如果没有良好的地面条件，则不宜创编更多卧地的动作。如果具备一定的器材设备，则可创编一些轻器械健美操，以增加运动负荷，进一步增强肌力，丰富健美操的内容，变化动作形式。常用的健美操练习器材有踏板、小垫子、椅子、哑铃、沙锤、花球、实心球、体操棍等。

三、合理性原则

（一）逐渐过渡

运动时从头或脚开始，逐渐过渡到肩、胸、腰、髋及四肢和整个躯干。身体运动由局部到整体，由慢至快，由弱至强，高潮在跳跃运动中。第三部分是整理动作，一般为全身放松和踏步调整，动作速度渐慢，伴以深呼吸，使心率逐步恢复。

（二）科学安排运动负荷

健美操运动的总时间可根据任务、对象来设计安排。成套健美操一般为 3～4 分钟（适合早操、课间操），也有 20 分钟左右甚至 1 小时左右的系列健美操（健身中心的专门锻炼，适合课外活动）。无论是哪种健美操，其运动强度都应当符合健身指标的要求，同时其运动负荷的安排也应当符合人体运动合理的生理曲线要求。

四、艺术性原则

健美操既是一种锻炼身体的手段，又是一种形体艺术。它和艺术体操、花样滑冰等含有较多艺术成分的体育项目一样，其本身应具有较强的艺术魅力，方能吸引广大练习者，使其全身心地投入运动。因此，艺术性原则也是健美操创编中应当遵循的一个体现健美操特点的原则。坚持艺术性的原则主要体现在以下几个方面。

（一）音乐选配的艺术性

音乐是健美操的灵魂，它影响着健美操的风格、结构、速度、节奏；音乐选配得好，容易激发创编者的创作灵感和练习者的锻炼激情。因此，在选配音乐时，创编者除了注意音乐要与健美操的风格统一外，还要注意健美操是健、力、美的统一体，要强调美与力的结合，所以健美操的音乐旋律要动听，力求新颖，富于变化，节奏鲜明、强劲、规整，速度适中。

（二）动作设计的艺术性

健美操动作设计的艺术性主要体现在：整套健美操的动作风格除了要符合创编目的

和练习对象外，还要鲜明统一，切忌一节操老成持重，另一节操稚气十足；一节操古朴典雅，另一节操则颇具爵士风。只有在统一中求变化，才符合形式美的基本法则。健美操的节数一般较多，往往几节操都用于锻炼身体的同一部位，创编时除了要选择一些具有锻炼实效的动作外，还要力求不断变换、动作创新。广泛吸收和借鉴体操、舞蹈、武术等艺术性较强的项目的动作并加以操化是十分必要的。

第十三章

水上运动与定向运动

水上运动指的是全部过程或主要过程在水下或水上进行的各种形式的体育活动和比赛；定向运动通常是在崇山峻岭、瀚海大川等自然环境中开展，参与者通过完成精心设计的活动，可以达到磨炼意志、陶冶情操、完善人格的目的。本章主要介绍水上运动、定向运动的技术要求及注意事项，使大学生对各项目的知识和技能有所了解。

第一节　游泳

游泳指的是人在水的浮力作用下向上漂浮，凭借浮力，利用肢体摆动，使身体在水中有规律地运动的技能。

目前，标准的游泳姿势主要包括蛙泳、自由泳、仰泳、蝶泳 4 种。

一、蛙泳

蛙泳，顾名思义，就是一种模仿青蛙游泳动作的游泳姿势，如图 13-1 所示。蛙泳省力、易坚持、实用价值大。这一游泳姿势适合有氧运动锻炼者采用。

图 13-1　蛙泳

游泳者采用蛙泳姿势时有利于观察前方是否有障碍物，避免碰撞物体。练习蛙泳时，人体俯卧于水面，两臂在胸前对称，直臂侧下屈划水；两腿对称，屈伸蹬夹水。呼吸、手和腿的配合至关重要。

二、自由泳

自由泳，又称爬泳或捷泳，如图 13-2 所示。自由泳阻力小、速度快且均匀、省力。这一游泳姿势适合有氧和无氧运动锻炼者采用。

练习自由泳时，双手应尽可能地多抓，以增加进力。手的动作周期可分成入水、抓水、划水、推水、出水、空中移臂几个部分。

图 13-2　自由泳

三、仰泳

仰泳，又称背泳，是一种人体仰卧于水面的游泳姿势。采用仰泳泳姿时，游泳者的脸部朝上，浮于水面上，与蛙泳相反。这一游泳姿势多适合中老年人和体质较弱者采用。仰泳最大的特点在于呼吸方便，但由于背对游泳方向，因而很难控制游泳方向。

仰泳与其他泳姿相比，最大的不同点在于入水方式。其他泳姿都是跳入水中，而仰泳是从水面开始。仰泳的技术环节分为仰泳身体姿势、仰泳腿部技术、仰泳手臂技术、仰泳配合技术 4 部分。

四、蝶泳

蝶泳，又称海豚泳，是在蛙泳的技术动作的基础上演变而来的。当蛙泳技术发展到第二阶段时，在游泳比赛中，有些运动员采用两臂划水至大腿后提出水面，再从空中迁移的技术。从外形看，这种技术动作类似蝴蝶展翅飞舞，所以称之为“蝶泳”。

蝶泳的技术复杂、节奏感强、易疲劳，需要游泳者有较好的上肢力量和腰腹部力量，以及较强的协调能力。采用该泳姿的多为专业运动员。

五、游泳的健身价值

（一）改善心血管系统的功能

游泳对于改善心血管系统的功能有很大帮助。一般认为，运动量越大、运动项目越刺激、流汗越多、疲劳程度越明显的运动，对于健康而言越有益。但对于心血管系统来说，有氧运动才是改善其功能的最佳方式。长期进行游泳锻炼，会使心脏体积出现运动性增大、心肌收缩更有力、每搏输出量增加等。

（二）提高呼吸系统的机能

一般的运动形式对于提高呼吸系统的机能有一定的帮助，但效果远远不如游泳。由于密度的原因（水的密度比空气的密度大 800 余倍），游泳会迫使呼吸肌用更大的力量进行呼吸，这样就可以增大呼吸肌的力量，提高呼吸系统的机能，快速有效地提高肺活量。

（三）改善肌肉系统的能力

和其他运动相比，游泳是一项全身参与的项目，有更多的肌群参与进来，能够提高肌肉的力量和协调性。游泳需要克服较大的阻力，又是周期性的运动，长期进行游泳锻炼能够使肌肉的力量、速度、耐力和关节的灵活性得到提高。

（四）治疗康复

由于冷水的刺激，长期进行游泳锻炼能增强机体抵御寒冷、适应环境的能力，能提高免疫机能，可以预防感冒等疾病，使身体日益强壮。

第二节　划龙舟

划龙舟，俗称龙舟竞渡，又叫赛龙舟、划龙船，如图 13-3 所示，是我国的传统体育活动，也是端午节的一项重要习俗，深受我国各族人民的喜爱。

一、划龙舟的基本技术

划龙舟的基本技术是在充分发挥运动员机体能力的基础上，合理有效地完成龙舟动作的方法。划龙舟的基本技术包括握桨方法、船上坐姿、划桨技术、集体配合 4 个部分。

图 13-3　划龙舟

划龙舟的方式有站姿和坐姿两种。运用站姿划法要求运动员具备良好的腿部、腰部肌肉力量与耐力。

二、划龙舟的注意事项

（1）需运用正确的技术动作，避免出现不合理的或错误的动作而影响划龙舟的质量。

（2）在平常的训练中，运动员要加强对身体素质的训练，不断提高划桨技术，培养团队的默契，更有效地发挥技术水平。

（3）不断制定、更新、运用比赛战术。运动员要熟练掌握每一项技术、战术，以更大限度地发挥自身的技术水平。

（4）教导并要求运动员在训练中节省能量，始终保持旺盛的精力，避免在后程出现体力不支的情况，确保在比赛中能够合理分配体能。

第三节　定向运动

定向运动是指选手利用一张详细、精确的地图和一个指北针，按顺序到达地图上所标记的每个地标，用时最短的人获胜的活动。定向运动有很大的趣味性和挑战性，其地点通常设在森林、郊外、公园或大学校园。图 13-4 所示为内江师范学院东部校区定向越野地图。

瑞典是第一个开展定向运动的国家，最初的形式比较简单，只是一项军事体育运动。顾名思义，定向的概念就是在地图和指北针的帮助下，寻找、探索不被人所知的地带。后来，定向运动逐渐演变为一项国际比赛项目，目前欧洲国家尤其是北欧国家开展的定向运动比赛的水平较高。

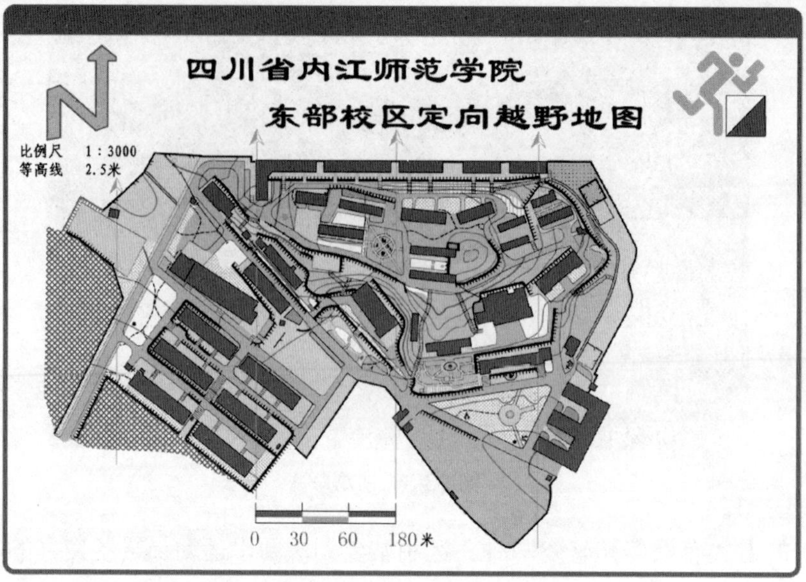

图 13-4 内江师范学院东部校区定向越野地图

一、定向运动的要求

定向运动既是一种户外休闲、娱乐活动，又是一种竞技运动，它对选手的体力及智力要求较高。参加定向运动除指北针和地图外，不需要其他特殊的设备。

二、定向运动的价值

定向运动是一项非常健康的智能型体育项目，是智力与体力并重的运动。它不仅能强健体魄，而且还能培养人独立思考、独立解决所遇到的困难的能力。

三、定向运动的分类

（一）按运动工具分类

定向运动按运动工具的不同可分为以下 2 种。

（1）徒步定向：如传统定向越野跑、接力定向、积分定向、夜间定向、五日定向、公园定向等。

（2）工具定向：如滑雪定向、山地自行车定向、摩托车定向等。

（二）按性别分类

定向运动按性别的不同可分为男子组和女子组 2 种。

（三）按年龄分类

定向运动按年龄的不同可分为青年组、老年组和少年组 3 种。

（四）按技术水平分类

定向运动按技术水平的不同可分为初级组（体验组和家庭组）、高级组和精英组 3 种。

（五）按参加人数分类

定向运动按参加人数的不同可分为个人单项、个人双项和集体项 3 种。

四、定向运动的器材与设备

定向运动的器材又名“定向越野器材”，或者简称“定向器材”，是开展定向课程、定向越野赛事和定向运动拓展必须具备的器材装备，其中包括指北针、号码布、检查卡片、点标旗、点签器和专业定向地图。

附　录

峨眉武术操微课视频

微课
第 1 讲　峨眉武术操概述

微课
第 2 讲　基本手型、步型；手法、步法

微课
第 3 讲　抱拳礼、起势与 1-2 节动作

微课
第 4 讲　3-4 节动作

微课
第 5 讲　5-6 节动作

微课
第 6 讲　7-8 节动作

微课
第 7 讲　抱拳礼、起势与 1-2 节动作

微课
第 8 讲　3-4 节动作

微课
第 9 讲　5-6 节动作

微课
第 10 讲　7-8 节动作

微课
武术考核

峨眉武术套路（一）微课视频

微课
第 1 讲　峨眉武术流派

微课
第 2 讲　基本身型、手型，步型、步法

微课
第 3 讲　起势与 1-3 式动作

微课
第 4 讲　4-6 式动作

微课
第 5 讲　7-8 式动作

微课
第 6 讲　9-11 式动作

微课
第 7 讲　12-13 式动作

微课
第 8 讲　考核

峨眉武术套路（二）微课视频

微课

峨眉武术概述

微课

第 1 讲　基本手型、步型；手法、腿法

微课

第 2 讲　抱拳礼与 1-3 式

微课

第 3 讲 4-6 式

微课

第 4 讲　7-9 式动作

微课

第 5 讲 10-12 式

微课

第 6 讲 13-15 式

微课

考核